Rainer Karlsch
Uran für Moskau

Rainer Karlsch

Uran für Moskau

Die Wismut –
Eine populäre Geschichte

Ch. Links Verlag, Berlin

Die Deutsche Nationalbibliothek verzeichnet diese Publikation in der Deutschen Nationalbibliografie; detaillierte bibliografische Daten sind im Internet über www.dnb.de abrufbar.

4., durchgesehene und aktualisierte Auflage, September 2011

Schönhauser Allee 36, 10435 Berlin, Tel.: (030) 44 02 32-0
www.christoph-links-verlag.de; mail@christoph-links-verlag.de
Umschlaggestaltung: KahaneDesign, Berlin,
unter Verwendung eines Fotos von den Spitzkegelhalden in Schlema in der zweiten Hälfte der 1950er Jahre; Rückseite: Abbau der Halden im Jahr 2006 (Archiv der Wismut GmbH)
Druck und Bindung: Druckerei F. Pustet, Regensburg

ISBN 978-3-86153-427-3

Inhalt

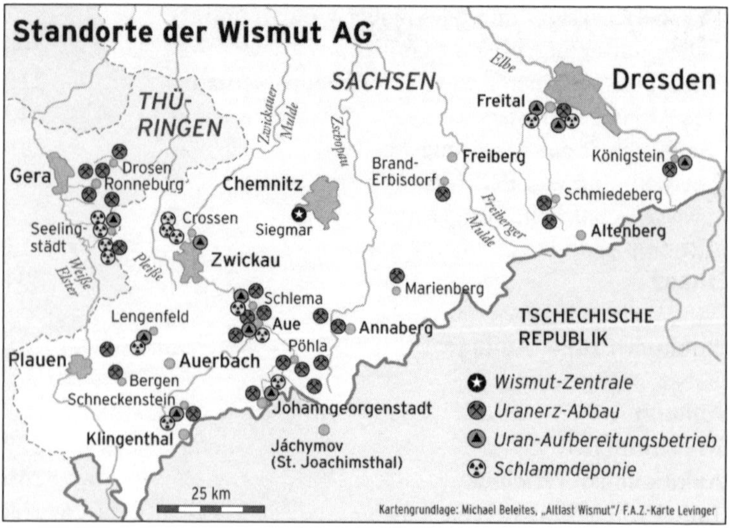

Wichtige Wismut-Standorte in Sachsen und Thüringen

Die Vorgeschichte

Auf dem Weg ins Atomzeitalter

Mit der »Pechblende« fing alles an. Der Begriff stammt aus der Blütezeit des Bergbaus im Erzgebirge. Die Bergleute suchten nach Silber und anderen wertvollen Metallen. Stießen sie bei ihrer schweren Arbeit auf Pechblende, so bedeutete dies nichts Gutes. Mit seinem Glanz wie Pech täuschte das Mineral die Häuer. Sie hatten keine Verwendung für das schwarze, ins Grünliche und Bräunliche spielende, mitunter fettglänzende Mineral und warfen es auf Halde.

»Pech« stand demnach für die Farbe des Minerals und sagte auch etwas über dessen Unwert aus. Als »Blende« wurden Mineralien bezeichnet, die aufgrund ihres spezifischen Gewichts einen Metallgehalt vermuten ließen, der aber mit den damaligen Verhüttungstechniken nicht gewinnbar war. Kurzum, kleine Mengen Pechblende wurden schon seit Jahrhunderten gefördert, nur waren es nutzlose Funde. Der Aufschwung der Naturwissenschaften im ausgehenden 18. Jahrhundert führte dann zu neuen Erkenntnissen über die natürlichen Elemente. So beschrieb der österreichische Mineraloge Ignaz Edler von Born, der zu den führenden Mitgliedern der Wiener Illuminaten gehörte und Mozart zur Figur des Sarastro in seiner Oper »Die Zauberflöte« inspirierte, in seinem 1772 erschienenen Katalog der Mineralien von Sankt Joachimsthal (heute: Jáchymov) die Pechblende als Mineral.[1] Der Chemiker Martin Heinrich Klaproth fand in dem Mineral schließlich 1789 ein neues Element, das er zunächst Uranit nannte. Die Namensgebung war eine Referenz an den 1781 entdeckten Planeten Uranus. 1790 wurde das neue Element in Uranium umbenannt. Klaproth hatte für seine Analysen Material aus einer Johanngeorgenstädter Mine verwendet. Dies war kein reines Uranmetall, sondern Uranoxyd (UO_2). Uran kommt nämlich in der Natur nicht als reines Metall vor, sondern in Form von oxidierten Mineralien. Davon gibt es mehr als 200, wobei die Pechblende das

Wichtigste ist. Inzwischen ist das alte Wort »Pechblende« kaum noch gebräuchlich, stattdessen ist zumeist nur noch von »Uran« bzw. »Uranerz« die Rede.

Nach der Entdeckung Klaproths sollten noch mehr als 60 Jahre vergehen, bis das schwarze Mineral erste wirtschaftliche Bedeutung erlangte. Der Hüttenchemiker Adolf Patera stellte 1852 aus Pechblende die ersten Uranfarben her. Sie wurden zum Färben von Glas und Keramik verwendet. Der Einsatz der fein gemahlenen Uranverbindungen verlieh dem berühmten böhmischen Glas eine hellgrüne Farbe.[2] Aus Uranfarbe hergestellte orange, gelbe oder leuchtend rote Glasuren fanden außerdem bei der Färbung von Geschirr oder als architektonisches Beiwerk Verwendung.

Die Preise für die einst wertlose Pechblende stiegen an. Sie wurde nun sogar von den Halden geklaubt und an die Glasindustrie verkauft. Jetzt witterte auch der Staat ein Geschäft. Die Finanzverwaltung der österreichisch-ungarischen Doppelmonarchie nahm sich des neuen Gewerbes an. Sie veranlasste ab 1854 die Verarbeitung von Pechblende zu Uranoxydnatron (Urangelb) in einem Nebengebäude der staatlichen Silberhütte von Joachimsthal.[3] Bis 1860 wurden dort ungefähr 7,4 Tonnen Uranfarben hergestellt. In den folgenden Jahren stieg die Produktion weiter an.

Seit 1871 firmierte das Joachimsthaler Unternehmen unter dem Namen »Königlich-Kaiserliche Uranfarbenfabrik«. Ihren Höhepunkt erreichte die Herstellung von Uranfarben schließlich 1921 bis 1930. In dieser Dekade wurden über 154 t Uranfarben produziert.[4] Das Uranerz dafür kam überwiegend aus den prosperierenden Joachimsthaler Minen. Doch auch in Sachsen, in alten Minen des Silberbergbaus nahe Schneeberg und Johanngeorgenstadt, wurden kleinere Mengen Pechblende gefördert und für die Herstellung von Farben verwendet. Bereits seit 1825 wiesen die Statistiken des Oberbergamtes Freiberg die Uranproduktion und die Erlöse aus dem Verkauf aus.[5] Ein halbes Jahrhundert lang beschränkten sich die industriellen Anwendungsmöglichkeiten der Pechblende nur auf die Uranfarbenherstellung. Gänzlich andere Perspektiven sollten sich für den seltenen Rohstoff dann dank der Forschungen französischer Physiker eröffnen.

Die Pechblende rückte ins Zentrum wissenschaftlichen Interesses, als Henri Becquerel, Professor für Physik an der École Polytechnique in Paris, seinem deutschen Kollegen Wilhelm Conrad Röntgen nachzueifern versuchte und sich 1896 der Erforschung

Bergleute beim Füllen von Erzkübeln im »Werner-Schacht« bei Joachimsthal (um 1930).

Zerkleinerung von Uranerz in der Radiumfabrik von Joachimsthal (um 1930).

Ein Stück Pechblende aus der Lagerstätte Niederschlema-Alberoda.

der neuen unsichtbaren Strahlen (»Röntgenstrahlen«) zuwandte. Becquerel begann mit verschiedenen Mineralien, darunter auch Uransalzen, zu experimentieren. Nachdem er einige Präparate in einem dunklen Raum abgelegt und darauf eine Fotoplatte gelegt hatte, bemerkte er, dass die Platte geschwärzt wurde, obwohl kein Licht einfallen konnte. Dies war der Beweis dafür, dass eine neue Strahlung auftrat, die sich anders als sichtbares Licht verhielt. Becquerel hatte mit seinem Versuch die Radioaktivität entdeckt, ohne den Begriff schon zu benutzen und die ganze Tragweite seiner Entdeckung zu erkennen. Der erste Schritt auf dem Weg ins Atomzeitalter war getan.

Die polnisch-französische Physikerin Marie Curie bezog sich in ihrer Doktorarbeit auf die Arbeiten Becquerels und kam zu weitreichenden Schlüssen. Sie beschrieb die vom Uranerz spontan abgegebene Strahlung und benutzte dafür als Erste das Wort »Radioaktivität«. Im Dezember 1898 identifizierte sie gemeinsam mit ihrem Mann in einem Stück Uranerz ein neues Element: Radium. Es wies eine um viele Millionen höhere Radioaktivität als Uran auf. Für ihre Arbeiten zur Radioaktivität wurde Henri Becquerel, Pierre Curie und Marie Curie 1903 gemeinsam der Nobelpreis für Physik verliehen.

Radiumbäder, Radiumcreme und Leuchtfarben

Die Forschungen zur Radioaktivität der inzwischen weltberühmten drei französischen Wissenschaftler regten die Phantasie vieler ihrer Kollegen, aber auch von Scharlatanen an. Im Zuge einer ungebremsten Fortschrittseuphorie suchten sie nach Nutzungsmöglichkeiten für Uran und Radium.

Eine wichtige Rolle für die Akzeptanz der Radioaktivität spielte die Entdeckung natürlicher Strahlung in Heil- und Badewässern, deren gesundheitsfördernde Wirkung man aus Erfahrungen kannte. Radioaktive Wässer gab es im Erzgebirge in großer Zahl und einige wurden bereits seit langem als Heilquellen genutzt. Zu den ersten gehörte eine 1666 in der Stadt Ronneburg in Thüringen entdeckte Mineralquelle, die aber bald wieder in Vergessenheit geriet. Erst hundert Jahre später wurde die Urquelle, später die Eulenhofer Quelle, erschlossen. Der an Gicht leidende Herzog Friedrich der Dritte von Sachsen-Gotha ließ den Brunnen tempel-

rechts: Radiumbadesalz mit Fichtennadelöl (um 1930).

unten: Uran wurde über Jahrhunderte vor allem für das Färben von Kristallglas verwendet.

artig überbauen. Jedes Jahr kam er nach Ronneburg und kurierte sein Leiden. Der prominente Gast trug dazu bei, dass Ronneburg ein bedeutender Badeort mit herrlichen Kur- und Promenadenanlagen wurde. Anfang des 20. Jahrhunderts verlor das Radiumbad jedoch seine Vorrangstellung an andere Kurorte und stellte den Badebetrieb 1935 ganz ein.

Auch in Joachimsthal war die Heilwirkung der örtlichen Quellen seit langem bekannt. Bereits die Silberbergleute nutzten das Wasser, um ihre rheumatischen Erkrankungen zu behandeln. Als Kaiser Matthias II. (1612–1619), der ebenfalls an Rheuma litt, davon erfuhr, ließ er Wasser aus Joachimsthal sogar bis nach Wien schaffen.

Zu einem Boom von Heilbädern kam es wenige Jahre nach der Entdeckung des Radiums. Die Heilwirkung der Quellen berühmter Bäder wurde nunmehr ausschließlich auf die Existenz des Radons zurückgeführt, was sich später als Irrtum herausstellen sollte. Radon ist ein radioaktives chemisches Element aus der Zerfallskette Uran-Radium-Radon. Es besitzt zahlreiche Isotope, wobei das stabilste das Isotop Rn-222 mit einer Halbwertzeit von nur 3,8 Tagen ist. Rn-222 tritt aus kristallinen Gesteinsverbänden aus und wird vom Wetterstrom transportiert. Anfang des 20. Jahrhunderts wurde es als Radium Emanation (»aus Radium Herausgehendes«) bezeichnet. Es war diese Emanation, der man Heilwirkung zuschrieb. Das radonhaltige Wasser wurde als »Lebenselixier« gepriesen.[6] Ärzte gingen davon aus, dass die Lebenskraft des Körpers mit milder Strahlung positiv zu beeinflussen sei.

Der Bäderaufschwung begann 1906 in Joachimsthal, zunächst auf bescheidenem Niveau. Bäcker Josef Kuhn eröffnete in seinem Haus zwei Badekabinen. Ein Bergmann brachte ihm in Holzeimern Wasser vom nahe gelegenen »Werner-Schacht«. Das Geschäft florierte: Ein Bad kostete drei Kronen – dies entsprach ungefähr dem Preis für zwei gute Mahlzeiten.

Die radioaktiven Thermalquellen in Joachimsthal erregten schließlich auch das Interesse der Wissenschaft. Knapp ein Jahr nachdem Bäckermeister Kuhn seinen einträglichen Nebenbetrieb aufgenommen hatte, kamen die Wiener Physiker Heinrich Mache und Stefan Meyer nach Joachimsthal, um den radioaktiven Gehalt der dortigen Quellen zu untersuchen. Das Wasser, das sie aus dem »Werner-Schacht« entnahmen, wies bis zu 8100 Becquerel (Bq) pro Liter auf. Das Becquerel, benannt nach dem oben vorgestellten französischen Physiker, gibt die Anzahl der Atome an, die pro Sekunde zerfallen. Ein höherer Wert, als der von Mache und Meyer in Joachimsthal ermittelte, war bis dahin nirgends auf der Welt gemessen worden.

Ihre Untersuchungen regten das Wiener Ministerium für öffentliche Arbeiten dazu an, in Joachimsthal den Bau eines großen Kurhotels namens »Radium Palace« zu unterstützen. Das luxuriöse Hotel wurde 1912 eröffnet und galt als das erste Radiumkurhotel der Welt.[7] Seinen Wiener Besitzern brachte es allerdings kein Glück. Nach dem Ersten Weltkrieg wurde das »Radium Palace« an eine englische Firma verkauft, die es ihrerseits 1922 an den tschechoslowakischen Staat veräußerte. Diese Wechsellagen der Konjunktur waren vor dem Ersten Weltkrieg nicht vorauszusehen. Allgemein wurde das Kurwesen in Verbindung mit dem »Wunder des Radiums« als attraktiver neuer Gewerbezweig angesehen.

In Sachsen wollte man den neuen Trend nicht verpassen. Angeregt von der Entwicklung in Joachimsthal, erteilte das sächsische Finanzministerium dem Leiter des Hüttenmännischen Instituts der Bergakademie Freiberg, Professor Carl Schiffner, im Jahr 1908 den Auftrag, die Zusammenhänge zwischen Uranlagerstätten und Bodenwässern zu untersuchen.[8] Gemeinsam mit dem Arzt Max Weidig machte sich Schiffner an die Arbeit. Auf Anraten von Richard Friedrich, Werkbaumeister des Oberschlemaer Blaufarbenwerkes, analysierten sie auch die Aktivität der Wässer des berühmten »Markus-Semmler-Stollens«.[9] Friedrich führte diese Forschungen dann mit großer Akribie mehrere Jahre weiter.

Unterdessen war im voigtländischen Brambach in der »Neuen Quelle« mit mehr als 30 000 Bq/l die bis dahin weltweit stärkste »Radiumquelle« gemessen worden. Kurz darauf eröffnete 1912 in Brambach ein Kurbetrieb. Die Kleinstadt warb nach dem Ersten Weltkrieg in Verkennung der möglichen gesundheitsschädlichen Nebenwirkungen des Radiums damit, »stärkstes Radiummineralbad der Welt« zu sein. Der offizielle Ortsname lautete daher ab 1922 bis zum Beginn der 1960er Jahre »Radiumbad Brambach«.

Oberschlema hingegen schien den Anschluss verpasst zu haben, zumal sich der sächsische Staat nicht noch an einem weiteren Kurbad beteiligen wollte. Trotzdem engagierten sich Werkbaumeister Friedrich und der Schneeberger Stadtrat Felix Geitner für die Aufnahme eines Kurbetriebes. Selbst der Ausbruch des Ersten Weltkrieges konnte sie nicht davon abhalten, ihre Pläne, wenn auch in kleinerem Maßstab als ursprünglich beabsichtigt, umzusetzen. Im September 1915 wurde die Radiumbad Oberschlema-Schneeberg GmbH gegründet und der Bau eines dreigeschossigen Kurhauses begonnen. Im Mai 1918 konnte der Kurbetrieb offiziell eröffnet werden.

Die Inflationsjahre (1921–1923) überstand das Radiumbad Oberschlema mehr schlecht als recht. Danach stabilisierte sich das Unternehmen, und jährlich wurden mehr als 10 000 Gäste registriert. In der NS-Zeit wurden die Kureinrichtungen erweitert und ausgebaut. Das Oberschlemaer Kurhotel galt inzwischen als eines der modernsten im Reich.

Auch der Joachimsthaler Kurbetrieb erlebte in der ersten Tschechoslowakischen Republik, die nach dem Zerfall der österreichisch-ungarischen Monarchie am 28. Oktober 1918 gegründet worden war, einen Aufschwung. Eine Welle von Grundstücksspekulationen und der Bau neuer Bäder, Hotels und Pensionen folgten.

Alles in allem schienen die einstigen Silberbergbaustädte eine neue Bestimmung als Kurorte gefunden zu haben. Ihre Entwicklung sollte jedoch in eine andere, unvorhergesehene Richtung gelenkt werden.

Neben den Radiumbädern entstand Anfang des 20. Jahrhunderts noch ein weiterer Gewerbezweig, der unmittelbar auf der Entdeckung der Radioaktivität basierte. Zahlreiche Firmen begannen mit der Herstellung von Radiumpräparaten. Sie dienten Medizinern zur Krebsbekämpfung und zur Behandlung von Hautkrankheiten. Radium wurde auch als »Hausmittel« gegen rheumatische Erkrankungen und Nervenentzündungen angepriesen.[10]

Joachimsthal entwickelte sich zum Zentrum der Herstellung und des Vertriebs solcher Produkte. 1925 wurde eine Badeapotheke eröffnet, die auch die damals sehr populäre radioaktive Salbe verkaufte.

Selbst in der Lebensmittelindustrie und Kosmetik kam Radium zum Einsatz. Da man den Radonbädern allgemein eine Heilwirkung zusprach, und dies nicht nur in Europa, sondern auch in den USA und Kanada, wollten andere Branchen am legendären Ruf des neuen Elements ebenfalls partizipieren. Es kam zu einem regelrechten Boom der mit Radium versetzten Produkte. Eigens dafür wurde 1927 in der Tschechoslowakischen Republik die Firma

Das moderne Radiumkurbad in Oberschlema verzeichnete in der NS-Zeit bis 1942 steigende Besucherzahlen (1939).

»Radiumchema« gegründet. Sie produzierte mit Radium behandelte Seife und Haarshampoo. Die Faszination der Radioaktivität machte sogar vor den örtlichen Brauereien nicht halt, die 1930 ein Radiumbier auf den Markt brachten. Auch in der Kosmetik fand Radium Verwendung. Gesichtscreme, Haarwasser, Zahnpasta, ja selbst Schokolade und Kekse wurden mit Radium präpariert. Die radioaktive Zahnpaste »Doramad« sollte »einen leichten Reiz auf das Zahnfleisch und alle Mundhöhlenorgane« ausüben und dadurch die »natürliche Selbstheilung« befördern.[11] In den USA warb eine Firma, die radioaktiv behandelte Hautcreme herstellte, mit dem Slogan, die Kunden würden sich damit die Energie der Sonne direkt auf ihre Haut holen können.

Hergestellt wurden auch verschiedene Geräte, mit denen man Wasser mit radioaktiver Strahlung anreichern konnte. In den USA erfand man dafür wohlklingende Handelsnamen, wie »Sauber-mann Radium Emanation Activator«. Die Geräte fanden weite Verbreitung, zumal die Werbung eine Verlangsamung des natürlichen Alterungsprozesses suggerierte.

Radioaktive Tabletten sollten der Darmreinigung dienen. Traurige Berühmtheit erlangte das amerikanische Arzneimittel »Radiathor«. Es wurde dem Trinkwasser zugesetzt und enthielt eine

Mischung aus Radium und Thorium. Erst als ein prominenter Industrieller aus Pittsburgh, Golfchampion der Amateure in den USA, 1932 an einer Radiumvergiftung starb, ebbte die Radiumeuphorie in der Lebensmittel- und Kosmetikindustrie allmählich ab. Der Mann hatte in zweieinhalb Jahren etwa 1400 Dosen »Radiathor« getrunken.[12]

Von der Auergesellschaft AG Berlin hergestellte radioaktive Zahncreme »Doramad« (ca. 1935).

Abgesehen von dem kurzen, aber heftigen Boom in der Lebensmittelindustrie sollte sich die Leuchtfarbenherstellung als das dauerhaft wichtigste Anwendungsgebiet für Radiumpräparate erweisen. Flugzeugarmaturen und Armbanduhren wurden mit Radium bemalt.

Zu den Unternehmen, die sich in Deutschland mit der Herstellung von Radiumpräparaten befassten, gehörten die Buchler GmbH in Braunschweig, die Auergesellschaft in Berlin, die Allgemeine Radium AG Berlin und die Radium Chemie AG in Frankfurt/M.[13] Verarbeitet wurden überwiegend Uranerze aus Joachimsthal.

Ein großer Konkurrent erwuchs den tschechoslowakischen Uranminen im Jahr 1922. Die belgische Firma Union Minière du Haut Katanga – bis heute einer der weltweit führenden Verarbeiter seltener Metalle und Erden – hatte reichhaltige Uranvorkommen im Kongo erschlossen und verdrängte Joachimsthal vom ersten Platz im Handel mit Uranerzen. Der Abbau der Katanga-Lagerstätten führte zu einem Preissturz bei Radium, während der Weltwirtschaftskrise von 1929 bis 1933 ging dann auch die Nachfrage drastisch zurück. Nachdem am »Großen Bärensee« in Kanada reichhaltige Uranvorkommen entdeckt worden waren, konnte Anfang der 1930er Jahre die kanadische Gesellschaft Eldorado Goldminen mit ihrem Radiumwerk in Port Hope (State Ontario) die Spitzenposition in der Radiumproduktion übernehmen.

So entfielen 1937 66 Prozent der Weltradiumproduktion auf Kanada, 15 Prozent auf Belgisch-Kongo, 11 Prozent auf die Tschechoslowakische Republik und 8 Prozent auf die USA und andere Staaten, darunter Deutschland.[14]

Angesichts der geringen Produktion wurden nur kleinste Mengen Radium gehandelt. Für die Gewinnung von einem Gramm Radium waren bei theoretisch voller Ausbeute mindestens zwei Tonnen Uranerz und in der Praxis noch wesentlich größere Mengen nötig.[15] Vor dem Ersten Weltkrieg kostete ein Gramm Radium in den USA mehr als 100 000 Dollar.

Werbung für das schwach radioaktive Haarwasser »Sulforadon« aus Böhmen (um 1930).

Angesichts der langen Halbwertzeit des Radiums von 1590 Jahren wird es praktisch nicht verbraucht. Dies begünstigte die Ausbildung eines Leihwesens. Die Präparate wurden in Glas- oder Platinröhrchen verschweißt und versandt. Auf den Markt kam das Radium fast ausschließlich in Form von Radiumsalzen.

Vor allem die USA, Großbritannien und das Deutsche Reich bemühten sich um die Anlage einer strategischen Radiumreserve.[16] Die Militärs rechneten mit einem stark steigenden Bedarf an Radiumfarben in der Flugzeug- und U-Bootindustrie. Insofern erhielt auch das Uranerz, aus dem das Radium extrahiert wurde, den Rang eines rüstungswichtigen Rohstoffes. Einige Hundert Tonnen Uranerze schienen für diese Zwecke ausreichend zu sein.

Der Umgang mit Radium war alles andere als ungefährlich. Es kam zu Krankheits- und Todesfällen unter Wissenschaftlern, Laboranten und insbesondere Mitarbeitern von Radiumfabriken. In den Anfangsjahren der Radiumindustrie wurden sie als »Strahlenmärtyrer« bezeichnet, da sie ihre Gesundheit der Wissenschaft geopfert hatten. Die Strahlenkrankheit war jedoch viel älter.

Als die Militärs darangingen, ihre Radiumbestände aufzustocken, konnten sie noch nicht ahnen, dass Uranerze nicht nur zur Radiumgewinnung taugten, sondern alsbald den Grundstock für die schrecklichste Vernichtungswaffe bilden sollten, die die Menschheit je entwickelt hatte: die Atombombe.

Am Anfang stand eine scheinbar harmlose Versuchsreihe, die Otto Hahn und sein Assistent Fritz Strassmann am Kaiser-Wilhelm-Institut für Chemie (KWI) in Berlin kurz vor Weihnachten 1938 abschlossen. Sie hatten durch den Beschuss von winzigen Mengen Uran mit Neutronen Radium erzeugen wollen, doch anstatt ein paar Teilchen aus dem Uran herauszuschlagen, hatten sie die Uranatome in zwei Teile gespalten.

Hahn mochte es zunächst nicht glauben. Er fragte seine ehemalige Kollegin Lise Meitner, die aus Deutschland hatte fliehen müssen, brieflich um ihre Meinung. Wie alle maßgebenden Atomphysiker ihrer Zeit, so war auch Lise Meitner der Überzeugung gewesen, dass ein Atomkern unmöglich gespalten werden könne. Wollte man den äußerst kompakten, von massiven Kräften zusammengehaltenen Kern mit einem einzigen Neutron auseinanderbrechen, wäre das in etwa so, als würde man einen Kieselstein auf einen Felsblock werfen in der Hoffnung, dass dieser dadurch in zwei Teile auseinanderfällt.

Meitner und ihr Neffe, der Physiker Otto Frisch, kamen nun auf die Idee, dass in einem besonders schweren Kern wie dem des Urans aufgrund der zunehmenden Ladung die Oberflächenspannung insgesamt herabgesetzt sein müsste. Analog dazu kann man sich einen wassergefüllten Ballon vorstellen, dessen Haut umso dünner wird, je größer und schwerer der Ballon ist. In diesem Zustand reicht dann unter Umständen ein Stoß mit dem Finger (oder mit einem einzelnen Neutron) aus, um den Atomkern zerplatzen zu lassen.

An sich war damit das Rätsel der Kernspaltung gelöst. Meitner und Frisch kamen noch zu einem weiteren Schluss: Die beiden Bruchstücke des Urans mussten zusammen theoretisch um einiges leichter sein als das ursprüngliche Atom. Wohin die übrige Masse verschwunden war, leuchtete den beiden sofort ein: ein Teil des Kerns war in Energie umgewandelt worden, in sehr viel Energie.

Hahn und Strassmann veröffentlichten am 6. Januar 1939 die Ergebnisse ihrer Versuchsreihe. Die sensationellen Erkenntnisse verbreiteten sich in der Weltgemeinschaft der Physiker in Windeseile. Das faszinierendste Moment der neuartigen Kernreaktion war die enorme Energiefreisetzung. Aber die wichtige Frage, ob Neutronen bei diesem Prozess freigesetzt würden, hatte Hahn übersehen. Unabhängig voneinander bestätigten dann jedoch mehrere Physiker in Frankreich und den USA die Annahme, dass bei einer Kernspaltung eine zusätzliche Neutronenproduktion (Lawineneffekt) auftreten würde, womit weitere Atomkerne gespalten würden (Kettenreaktion). Hierdurch könnten enorme Energiemengen frei werden, was sich auch militärisch nutzen ließ. Kurz darauf verschwand das Thema aus den wissenschaftlichen Journalen. Noch war völlig unklar, ob sich eine Atombombe wirklich bauen ließe, aber den Verantwortlichen in Großbritannien, Frankreich, Deutschland und den USA schien das Thema so brisant, dass darüber nicht mehr publiziert werden durfte. Noch vor Beginn des von Hitler ausgelösten Zweiten Weltkrieges begann damit zunächst der wissenschaftliche und später dann auch der industrielle Wettlauf um die Atombombe.

Die »Schneeberger Krankheit«

Bereits in den alten Silberminen des Erzgebirges hatten Chronisten Ende des 15. Jahrhunderts das Auftreten einer seltsamen Krankheit registriert.[17] Sie setzte häufig in relativ jungem Alter ein und nahm unter Husten und Atemnot einen tödlichen Ausgang. Viele Bergleute starben, noch bevor sie das 40. Lebensjahr erreicht hatten. Der Berg mache die Männer krank, so hieß es. Wegen des eigenartigen Krankheitsverlaufs und ihrer regionalen Begrenzung wurde sie »Bergsucht« bzw. »Schneeberger Krankheit« genannt. Schon der Begründer der modernen Montanwissenschaft, Georg Bauer, genannt Agricola, studierte Mitte des 16. Jahrhunderts als Stadtarzt von Joachimsthal die »Bergsucht«. Als Erster erkannte er, dass diese rätselhafte Krankheit durch die verpestete Luft und den Staub in den Bergwerken ausgelöst wird.[18] Agricola plädierte dafür, die Bewetterung der Minen, also ihrer Belüftung, zu verbessern. Ein weitsichtiger Rat.

Den Anstoß für eine lange währende wissenschaftliche Diskussion über die Ursachen der »Bergsucht« gab der wohl berühmteste Arzt des Mittelalters Theophrast Bombast von Hohenheim, genannt Paracelsus. Sein 1534 verfasstes, aber erst 1567 veröffentlichtes Werk »Von der Bergsucht oder Bergkranckheiten drey Bücher« regte spätere Generationen zu weiteren Forschungen an.

Seitdem man Mitte des 19. Jahrhunderts mit dem systematischen Abbau von Uranerzen begonnen hatte, häuften sich die Fälle von Lungenkrebs. Dem Studium der »Bergsucht« widmeten sich daraufhin der Schneeberger Bergarzt Härting und der Bezirksarzt von Schwarzenberg, Hesse. Nach intensiven, über zwei Jahrzehnte geführten Untersuchungen berichteten beide erstmals 1879 über ihre Erkenntnisse. Sie hatten bei Bergleuten, die im Alter von 30 bis 35 Jahren »bergfertig« waren und nach einer Erkrankung der Atmungsorgane ca. zehn Jahre später verstarben, die »Bergsucht« zweifelsfrei als Lungenkrebs identifiziert. Bereits 1881 wurde deshalb der »Schneeberger Lungenkrebs« im »Handbuch des öffentlichen Gesundheitswesens« als Berufskrankheit ausgewiesen.

Die Arbeiten von Härting und Hesse fanden weltweit Beachtung. In den USA griffen Mediziner nach dem Zweiten Weltkrieg auf ihre Studien zurück, um vor den Risiken des Uranbergbaus zu warnen. Ihre Fachkollegen und Minenbesitzer hielten ihnen die besonderen Bedingungen des Schneeberger und Joachimsthaler Reviers entgegen. Die schlechte Ernährung der Bergleute in einer Armutsregion sowie die Degeneration der Einwohnerschaft wurden für das Auftreten der »Schneeberger respektive Joachimsthaler Krankheit« verantwortlich gemacht. Im amerikanischen Uranbergbau könne so etwas nie passieren. Ein fataler Irrtum, der die Diskussion über Jahre in eine falsche Richtung lenkte. Erst in den späten 1950er Jahren stand zweifelsfrei fest, dass die Inhalation von Radon, insbesondere der verschiedenen Radonfolgeprodukte (»Radontöchter«), zu Lungenkrebs führt.

Es lag eigentlich nahe, den hohen Radongehalt in den Minen und die krebserregende Wirkung der Strahlung in Verbindung zu bringen. Einen ersten wichtigen Schritt in diese Richtung unternahm der Zwickauer Bergdirektor Müller in einem Gutachten zur Erkrankung eines Schneeberger Bergmanns. Nach der Beschreibung des Krankheitsbildes erklärte er: »Ich betrachte daher den Schneeberger Lungenkrebs als eine besondere Berufskrankheit der Gruben, deren Gesteine Radium enthalten und deren Luft mit starker Emanation beladen ist.«[19] Doch Müllers Erkenntnisse blieben umstritten. Die Einordnung der »Schneeberger Krankheit« sorgte auch weiterhin für Diskussionsstoff: Handelte es sich um einen Krebs, um Tuberkulose oder um eine Staublunge?

Die sächsischen Gesundheitsbehörden veranlassten schließlich zwischen 1922 und 1926 Reihenuntersuchungen von Bergleuten. Die Ergebnisse sorgten für Aufsehen. Von 154 erfassten Schneeberger Bergleuten waren zwischenzeitlich 21 verstorben, bei mindestens 13 von ihnen wurde Lungenkrebs als Todesursache angegeben.[20]

Die geologischen Verhältnisse von Schneeberg und Joachimsthal wiesen weitgehende Übereinstimmungen auf. Daher war verschiedentlich die Frage aufgetaucht, ob sich bei den Joachimsthaler Bergleuten ähnliche Erkrankungsfälle zeigten wie in Schneeberg. Anfang 1929 publizierte Professor Dr. Julius Löwy von der Universitätsklinik Prag Ergebnisse von Untersuchungen zweier an Lungenkrebs verstorbener Joachimsthaler Bergleute. Die Parallelen zu den Schneeberger Krankheitsverläufen waren unverkennbar: »Die Bergverhältnisse in Joachimsthal und Schneeberg scheinen eine gewisse Ähnlichkeit insofern zu haben, als in Schneeberg der Emanationsgehalt der Luft 50, in Joachimsthal 40 Macheeinheiten beträgt und der Staub in beiden Bergwerken arsenhaltig ist. Wir haben also dieselben ursächlichen Momente, wir haben dieselben Krankheitssymptome und wir können auf dieselbe Diagnose schließen.«[21]

Die »Schneeberger Krankheit« wurde im Mai 1925 in die Liste der Berufskrankheiten aufgenommen.[22] Ungeklärt blieben allerdings die versicherungsrechtlichen Konsequenzen.

Auch in der Tschechoslowakischen Republik tat man sich mit der Anerkennung der »Joachimsthaler Krankheit« als Berufskrankheit schwer. Die Uranminen waren nach Gründung der Tschechoslowakischen Republik in Staatsbesitz übergegangen. Zunehmend traten deutsche Ärzte und die Sudetendeutsche Partei von Konrad Henlein als Sachwalter der Interessen der Joachimsthaler Bergleute auf, denn es handelte sich ausschließlich um Deutsche. Die »Joachimsthaler Krankheit« wurde von ihnen für eine Propaganda gegen den tschechoslowakischen Staat genutzt. Die Sudetendeutsche Partei machte die Prager Behörden im Verein mit der tschechischen Leitung des Joachimsthaler Bergbaus dafür verantwortlich, dass der Arbeitsschutz in den Minen und im Radiumwerk über Jahre sträflich vernachlässigt worden war und geschädigte Arbeiter nach ihrem Ausscheiden aus dem Unternehmen ein elendes Dasein fristeten und rasch verstarben. Niemand außer Adolf Hitler und seine Nationalsozialistische Deutsche Arbeiterpartei (NSDAP) könnte helfen, so suggerierte es die Propaganda der Nazis. Die Sudetendeutsche Partei verlangte die Anerkennung der Joachimsthaler Bergleute als selbständige Berufsgruppe und erarbeitete eine Gesetzesvorlage »zum Schutz der mit der Gewinnung und Verarbeitung von Radium beschäftigten Personen«.[23] Der Antrag wurde von der tschechoslowakischen Nationalversammlung abgelehnt.

Strahlenschutz oder »Vernichtung durch Arbeit« in den Uranminen?

Die »Sudetenkrise« erreichte im Herbst 1938 ihren Höhepunkt. »Gelöst« wurde sie schließlich durch das Münchener Abkommen vom 29. September 1938, mit dem die britische und französische Außenpolitik auf Kosten des tschechoslowakischen Staates einen drohenden Krieg mit dem Deutschen Reich verhindern wollte. Im Ergebnis des schändlichen Abkommens wurde das Sudentengebiet im Oktober 1938 an Deutschland abgetreten. Die Grenzgebiete von Böhmen und Mähren, einschließlich Joachimsthal, gehörten nun zum Deutschen Reich. Die Joachimsthaler Bergwerke und die Radiumfabrik wurden noch im Oktober deutsches Eigentum.

Das Reichswirtschaftsministerium forderte die deutsche Radiumindustrie zur Betriebsführung in Joachimsthal auf. Daraufhin erfolgte am 7. März 1939 die Gründung der St. Joachimsthaler Bergbau GmbH.[24] Das Stammkapital der Gesellschaft wurde zu gleichen Teilen auf die Auergesellschaft AG Berlin, die Chininfabrik Buchler & Co. Braunschweig und die Treibacher Chemische Werke AG verteilt. Die Gesellschaft betrieb mit staatlichen Zuschüssen die Joachimsthaler Minen und beschäftigte etwas mehr als 200 Bergleute.[25] Nach Kriegsbeginn wurden die Grubeneinrichtungen modernisiert und die Förderung etwas gesteigert. Zu einem massiven Ausbau kam es jedoch nicht.

Die alliierten Nachrichtendienste waren über die Situation in Joachimsthal im Bilde. Sie kamen zu dem Ergebnis, dass es dort keinerlei Anzeichen für außergewöhnliche Aktivitäten gebe.[26]

In die Zeit der deutschen Besatzung fielen sowohl Überlegungen zur Verbesserung des Gesundheitsschutzes der Bergleute als auch ein verwerflicher Plan eines Mediziners.

Der Leiter des gewerbeärztlichen Dienstes von Sachsen, Dr. Ar-

Das Relief über der alten Apotheke von Joachimsthal zeigt einen Bergmann mit einem Stück Pechblende.

tur Brandt, ordnete eine Reihenuntersuchung aller Joachimsthaler Bergleute an.[27] In seinem Bericht vom Sommer 1939 wurden drei schwerwiegende Gesundheitsgefahren erörtert: Lungenkrebs infolge radioaktiver Bestrahlung, Staublunge sowie radioaktive Bluterkrankungen. Nennenswerte Erfolge im Kampf gegen den Lungenkrebs vermochte Dr. Brandt nicht zu nennen. Selbst eine Begrenzung der Tätigkeit unter Tage auf 15 Jahre versprach seiner Meinung nach keinen ausreichenden Schutz. Die von der NS-Propaganda vor der Besetzung des Sudetengebietes nach Kräften geschürten Ängste vor der Bergkrankheit drohten nun auf die neuen Herren im Revier zurückzufallen.

Ende März 1940 fand eine vom Amt für Gesundheit und Volksschutz der Deutschen Arbeitsfront (DAF) geleitete Arbeitstagung über die »Joachimsthaler Bergkrankheit« statt. Auf dieser Tagung berichteten unter anderem Dr. Artur Brandt, der Betriebsleiter der Joachimsthaler Bergbau GmbH, Kurt Patzschke, und der Leiter des Frankfurter Kaiser-Wilhelm-Instituts für Biophysik, Professor Dr. Boris Rajewsky, über ihre neusten Erkenntnisse zur Bergkrankheit.

Rajewsky galt damals als der führende Fachmann auf dem Gebiet der Biophysik.[28] Bereits seit 1937 hatte er sich mit der Messung des Radongehalts in Luft und Wasser des Schneeberger Reviers befasst. Diese Untersuchungen führten schließlich zum Aufbau einer Außenstelle seines Instituts in Oberschlema. Das von Dr. Adolf Krebs geleitete Institut diente fortan als Zentralstelle der schon seit einiger Zeit laufenden medizinischen Überwachung der Uranminen von Joachimsthal, Schneeberg und Johanngeorgenstadt. Systematisch wurden nunmehr Kontrollmessungen der Radonkonzentration in Minen des Uranbergbaus durchgeführt.

Die Auswertung der Forschungen ergab eine mehrfache Gefährdung der Uranbergleute: »Zusammenfassend wird festgestellt, dass folgende Krankheitserscheinungen auftreten: 1. Lungenkrebs, 2. Silikose, 3. Blutbildveränderungen, 4. Tuberkulose. Die ersten 3 Krankheitserscheinungen sind zusammengefasst die Joachimsthaler Bergkrankheit. Sie hängen direkt mit der Arbeit zusammen, während die Tuberkulose nicht direkt durch die Arbeit bedingt ist, aber durch die Emanation verschlimmert wird.«[29]

Der betriebliche Arbeitsschutz sollte durch eine neue Bergpolizeiverordnung geregelt werden. Am 21. November 1940 erließ daraufhin das Bergamt Karlsbad eine »vorläufige bergpolizeiliche Verfügung über Schutzmaßnahmen für die Belegschaft der St. Joachimsthaler Bergbau GmbH«.[30] Dies war der weltweit erste Versuch, der Strahlengefahr im Uranbergbau durch umfassende Schutzmaßnahmen, die dem damals neusten Stand der medizinischen Forschung entsprachen, zu begegnen.

Den Fortschritten in der Erkenntnis der Strahlenkrankheit stand jedoch keine vergleichbare Verbesserung der Lebensverhältnisse der Bergleute gegenüber. Die Kriegswirtschaft hatte zu gravierenden Einschnitten in das Wirtschaftsleben geführt. Auch der Uranbergbau in Joachimsthal wurde als kriegswichtig eingestuft. Da den Bergleuten trotz aller inzwischen eingeleiteten Schutzmaßnahmen nicht ausreichend geholfen werden konnte, schlug Dr. Brandt folgende »endgültige Lösung des Joachimsthaler Problems« vor: »1. Im Joachimsthaler Bergbau werden in Zukunft grundsätzlich keine vollwertigen deutschen Arbeiter beschäftigt; der Betrieb ist entweder mit bestimmten ausländischen Arbeitskräften oder auch mit Strafgefangenen durchzuführen. Begründung: es ist nicht zu verantworten, dass wertvolle Volksgenossen eine Arbeit leisten müssen, die bei längerer Verrichtung mit einer gewissen Sicherheit zum frühzeitigen Tod durch Lungenkrebs führt. Wenn der Staat die Gewinnung von Radium im Interesse des deutschen Volkes für notwendig hält, dann sind hierfür grundsätzlich Kräfte einzusetzen, die bei vorzeitigem Ableben für das deutsche Volk keinen Verlust bedeuten. Ein Ersatz von mindestens zwei Drittel der deutschen Gefolgschaft durch ungelernte fremde Arbeitskräfte wird betriebstechnisch für möglich gehalten.«[31]

Die Vorschläge von Dr. Brandt wurden an ca. 40 staatliche Dienststellen, die Deutsche Arbeitsfront, die Versicherungen usw. gesandt. Doch keine einzige Stelle griff die rassisch motivierten Vorschläge auf. Das Oberbergamt Freiberg wies darauf hin, dass sich die SS bereits 1939 vergeblich um den Einsatz von Häftlingen bemüht habe. Die Betriebsleitung der Joachimsthaler Bergbau GmbH lehnte den Einsatz von Häftlingen ebenfalls ab. Geradezu empört äußerte sich das Bergamt Karlsbad: »Der Vorschlag des Herrn Brandt würde aber eine Diffamierung der bergmännischen Arbeit und eine Verletzung des Standesbewusstseins und der Tradition des Joachimsthaler Bergmannes bedeuten. Dies würde zu den unheilvollsten Folgen führen und in der Geschichte des deutschen Bergbaus eine erstmalige Erscheinung sein.«[32]

Richtungweisend war eine Stellungnahme von Boris Rajewsky vom 15. März 1943. Er unterstützte die Argumentation von Dr. Brandt nur im Hinblick auf eine Sonderregelung der Sozialversicherung. Als wichtigsten Punkt erachtete Rajewsky die Verbesserung der Arbeitsverhältnisse in den Gruben und eine entsprechende Regelung der Arbeitsdauer unter Tage. Den Ersatz deutscher Arbeiter durch Sträflinge oder Ausländer lehnte auch er ab.[33] Damit verschwand Brandts verbrecherischer Plan in der Schublade.

Stagnierende Uranerzförderung während des Krieges

Warum kam es nicht zu einer Ausweitung der Uranerzförderung während des Krieges? Hätte dies nicht im Sinne des NS-Regimes gelegen? In der Tat gehörte zur NS-Wirtschaftspolitik die verstärkte Nutzung einheimischer Rohstoffe. Daher erfuhr die Lagerstättengeologie eine Belebung. Im Vordergrund stand die Suche nach Erdöl, Eisenerzvorkommen und rüstungswichtigen Nichteisenmetallen.

Mitte 1939, d.h. noch vor Kriegsbeginn, wurde der Uranverein gegründet. Über hundert Wissenschaftler von Kaiser-Wilhelm-Instituten und Universitäten wurden zu einer Forschungsgruppe, zunächst unter Leitung des Reichserziehungsministeriums, dann des Heereswaffenamtes (HWA), zusammengeschlossen.[34] Sie blieben an ihren jeweiligen Einrichtungen tätig, befassten sich aber nun vorwiegend mit Fragen der Atomphysik. Erklärtes Ziel war die Kernenergiegewinnung für militärische Zwecke.

Dafür stellten Uranerze und -verbindungen wichtige Rohstoffe dar. Natururan enthält zu mehr als 99 Prozent das Isotop U-238, zu rund 0,7 Prozent das Isotop U-235 und zu einen winzigen Teil auch das Isotop U-234. Um Atombomben herzustellen, waren zwei Wege denkbar: die technisch höchst aufwendige Isotopentrennung, da nur das seltene U-235 spaltbar und somit für den Bombenbau geeignet ist, oder aber die Umwandlung von U-238 in das künstliche, ebenfalls spaltbare Element Plutonium (Pu-239) in einem Reaktor. Dies klingt weniger kompliziert, als es in der Praxis ist. Um überhaupt Reaktorexperimente beginnen zu können, mussten Uranverbindungen zu Uranpulver oder besser noch zu hochreinem Uranmetall verarbeitet werden. Die Urangewinnung im Bergbau stand also lediglich am Beginn einer Kette aufwendiger Arbeitsschritte.

Für die experimentellen Arbeiten nutzte der Uranverein hauptsächlich belgisches Uran, das von der Union Minière in Belgien aufbereitet und von der Degussa im Frankfurt/M. und der Auergesellschaft in Oranienburg zu Uranoxyd sowie zu hochreinem Uranmetall verarbeitet wurde. In geringerem Umfang kamen auch Uranerze aus Joachimsthal und Schneeberg zum Einsatz.

Angesichts der anfangs bescheidenen Dimensionen der deutschen Atomforschung blieb die Nachfrage nach Uranverbindungen überschaubar. Die vorhandenen Vorräte reichten erst einmal aus. Der Engpass waren nicht die Uranerze, sondern die Fertigungstechnologie und die Kapazitäten für die Herstellung von metallischem Uran.

Im Frühjahr 1942 ließ das Oberkommando des Heeres (OKH) dann auch noch mehr als 1200 Tonnen Uranverbindungen in Belgien – das war der weltweit größte Vorrat – beschlagnahmen. Damit konnte der Bedarf der Radiumindustrie und der physikalischen Forschungseinrichtungen gedeckt werden. Außerdem konnten Uranerze auch noch aus einer neuen Lagerstätte nahe

Ministerialdirigent Prof. Dr. Erich Schumann (1898–1985), Leiter der Forschungsabteilung des Heereswaffenamtes, war von 1939 bis 1942 verantwortlich für das deutsche Uranprojekt.

Schmiedeberg (Kowary) in Niederschlesien bezogen werden. Insofern gab es im Deutschen Reich keinen Uranengpass.

Kleinere Mengen Uranerze und Radium wurden von der Rohstoffgesellschaft GmbH (Roges) in Frankreich gekauft.[35] Die deutschen Radiumproduzenten zeigten sich auch am Erwerb der portugiesischen Uranmine Fontinha interessiert.[36] Die Arbeiten kamen dort aber nicht über ihr Anfangsstadium hinaus. Aktiv wurde das Radiumsyndikat außerdem in Bulgarien und Spanien, wo man Beteiligungen an Uranminen erwarb.

Verschiedentlich kamen Geologen auch auf mögliche neue Uranerzlagerstätten zu sprechen. In Sachsen spielte der Geologe Friedrich Wernicke von der Freiberger Lagerstättenforschungsstelle eine wichtige Rolle.[37] Er konstatierte 1938 das Vorhandensein von Uranerzlagerstätten in einem größeren Gebiet und vermutete zu Recht, wie sich später erweisen sollte, in Joachimsthal, im Annaberger Bezirk und in Johanngeorgenstadt in größeren Tiefen Pechblendevorkommen. Seine Schlussfolgerung lautete: »Auch die zusätzliche Gewinnung der seltenen Metalle Uran, Radium und

Wismut stellt einen erfreulichen Zuwachs für die deutsche Metallbilanz dar. Die Möglichkeit, auch außerhalb von St. Joachimsthal Uranerze zu erschließen, ist gegeben.«[38]

Trotzdem kam es während des Krieges zu keiner groß angelegten Neuerkundung im Erzgebirge. Mit der Uranlagerstättenerkundung beschäftigte sich der Uranverein nämlich nur am Rande. So berichtete Paul Harteck, der sich hauptsächlich mit Verfahren zur Herstellung von schwerem Wasser und der Uranisotopentrennung befasste, am 27. Januar 1943 dem Oberkommando des Heeres über einen Forschungsbericht von Professor Wilhelm Petraschek, Direktor des Instituts für Geologie und Lagerstättenlehre der Montanischen Hochschule Leoben (Österreich), über die Uranlagerstätten der Erde. Petraschek war von seinen Auftraggebern offensichtlich im Unklaren darüber gelassen worden, zu welchem Zweck sie das Uran benötigten. Daher erfasste er in seinem Gutachten nur Lagerstätten, die aus seiner Sicht mit einem wirtschaftlich vertretbaren Aufwand abgebaut werden konnten. Dazu Harteck: »Es war jedoch Herrn P. offenbar nicht klar gewesen, dass die Gewinnung von Uran als Selbstzweck sogar bei erhöhten Produktionskosten für uns von Interesse ist.«[39] Harteck empfahl eine Überarbeitung des Gutachtens.

Ebenfalls bemüht wurde der Geologe Hanfrit Putzer vom mineralogisch-petrographischen Institut der Universität Straßburg, der eine Studie über die Uranvorkommen in Europa erarbeiten sollte.[40] Im Frühjahr 1944 wurde dann auch noch Prof. Lietz vom Mineralogischen Institut der Universität Hamburg herangezogen, um einen Bericht über die Uranvorkommen in Deutschland zu verfassen.[41] Praktische Konsequenzen hatten all diese Einzelarbeiten nicht mehr.

Erst nach der bedingungslosen Kapitulation des Deutschen Reiches sollte sich der Wert dieser Forschungsarbeiten erweisen. Es war eine Ironie der Geschichte, dass ausgerechnet auf deutschem Territorium ein Großteil der Uranverbindungen für die erste sowjetische Atombombe gewonnen werden sollte.

Stalins Atomprojekt und die »Uranlücke«

Die Anfänge des sowjetischen Atomprojektes

Als in der Sowjetunion ein Atomprojekt, zunächst auf akademischer Basis, begonnen wurde, waren die beiden größten europäischen Diktatoren, Stalin und Hitler, noch Verbündete.

Vom Erzreichtum Sachsens wussten sowjetische Geologen, zumal einige von ihnen an der Bergakademie in Freiberg studiert hatten. Dass aber ausgerechnet die dortigen Uranerzvorkommen eine entscheidende Rolle für das sowjetische Atomprojekt spielen sollten, lag bei Beginn des Zweiten Weltkrieges außerhalb des Vorstellbaren.

Am 30. Juli 1940 wurde beim Präsidium der Akademie der Wissenschaften der UdSSR eine »Urankommission« gebildet. Aufgabe der Kommission war es, die Erforschung des Metalls und seiner Eigenschaften zu beschleunigen sowie die entsprechenden Arbeiten zu koordinieren.[1] Die Kommission legte jedoch keine besondere Eile an den Tag. Die meisten sowjetischen Physiker hielten den Bau einer Atombombe entweder für unmöglich oder erst in Jahrzehnten für realistisch.

Es gab aber auch andere Stimmen. So berechnete Juli Chariton bereits zeitig die kritischen Massen für Bomben aus U-235 und Plutonium.[2] Noch weiter ging eine Forschergruppe des Physikalisch-Technischen Instituts in Charkow. Unter maßgeblicher Mitwirkung des aus dem Deutschen Reich emigrierten Physikers Fritz Lange erarbeiteten sie ein Patent für eine Uranbombe und wandten sich 1940 an den Ministerrat der UdSSR.[3] Doch wieder einmal galt der Prophet nichts im eigenen Land. Die Wissenschaftler aus Charkow waren ihrer Zeit voraus. Der Ministerrat hielt andere Projekte für vordringlicher.

Unterdessen hatte die Urankommission einen Forschungsplan verabschiedet und eine Uranerkundungsexpedition nach Mittelasien entsandt. Zu größeren Anstrengungen mochte sich die Akademie der Wissenschaften jedoch nicht entschließen. Auf einer

Der Atomphysiker Georgi N. Flerow (1913–1990), hier als Leutnant der Roten Armee, forderte Stalin 1942 auf, unverzüglich mit einem Atomprojekt zu beginnen.

Konferenz, die Ende November 1940 in Moskau stattfand, wurden die Befürworter eines industriellen Atomprojektes, mit dem Leningrader Kernphysiker Igor Kurtschatow an der Spitze, ausdrücklich gebremst. Seine Behauptung, dass die Atomenergie von herausragender militärischer und wirtschaftlicher Bedeutung sei, wurde von der Leitung der Akademie der Wissenschaften nicht akzeptiert.

Nach dem deutschen Überfall auf die Sowjetunion im Juni 1941 schien es erst recht keine Chance mehr für die Fortsetzung der Arbeiten der Urankommission zu geben. Viele Wissenschaftler meldeten sich zur Front oder wurden mit praktischen Aufgaben in der Rüstungsforschung betraut. Doch kaum dass die deutsche Offensive auf Moskau abgewehrt war, rückte die Uranfrage wieder ins Blickfeld.

Der junge Physiker Georgi Flerow schrieb Briefe an Sergej Kaftanow, den Volkskommissar für höhere Bildung und Beauftragten des Verteidigungskomitees für wissenschaftliche Fragen, und später auch an seinen Lehrer Kurtschatow. Flerow forderte in flammenden Worten endlich den Beginn eines Atombombenprojektes. Doch er erhielt auf seine Briefe und Telegramme keine Antwort. Die Granden der sowjetischen Physik verhielten sich passiv. Sie wollten es nicht riskieren, viel Geld in ein Projekt zu stecken, dessen Erfolgschancen völlig ungewiss erschienen.

Ausschlaggebend dafür, dass sich schließlich doch etwas bewegte, waren Spionageberichte über die Atomforschung im Deutschen Reich, in Großbritannien und den USA.[4] Im Februar 1942 fielen sowjetischen Truppen die Dokumente eines deutschen Offiziers in die Hände. Sein Notizbuch enthielt angeblich eine Liste von Materialien, die man für den Bau einer Atombombe benötigte, sowie Kalkulationen über die Energiefreisetzung bei der Zündung einer kritischen Masse von U-235.[5] Unklar war, was ein deutscher Offizier mit solchen Kenntnissen in der Nähe des Asowschen Meeres suchte. Jedenfalls war das Notizbuch der erste Hinweis darauf, dass die Deutschen intensive Atomforschung betrieben. Jetzt kamen Kaftanow Zweifel, ob er die Mahnungen Flerows nicht doch ernst nehmen sollte. Er verfasste einen kurzen Bericht über das deutsche Material und sandte ihn an Partei- und Staatschef Josef Stalin.[6]

Weitere Informationen kamen aus der Schweiz. In Genf leitete der ungarische Kartograph Sándor Radó – Deckname »Dora« – den wohl wichtigsten Spionagering des militärischen Nachrichtendienstes der Roten Armee (GRU).[7] Allein in Deutschland verfügte sein Ring über mindestens 17 Agenten. »Dora« erhielt präzise Informationen aus dem OKH über deutsche Truppenbewegungen, Angriffspläne und neue Waffensysteme. Am 10. Mai 1942 berichtete er erstmals auch über die Aktivitäten der Deutschen auf dem Gebiet der Atomforschung. Seine Informanten hatten herausgefunden, dass der Beschuss von U-235 mit Neutronen zur Kernspaltung und Energiefreisetzung führen müsse. Eine Kettenreaktion werde innerhalb von ein bis zwei Sekunden so viel Energie freisetzen, dass man damit »eine ganze Stadt oder eine große Fläche zerstören könne«.[8] Außerdem hatte der GRU vom Chef des tschechischen Geheimdienstes aus London Hinweise auf das Interesse der Deutschen an Uranerzgruben in Portugal und Spanien erhalten.[9] All diese Informationen zusammengenommen ließen kaum einen anderen Schluss zu, als dass in Deutschland ein Atomprojekt begonnen worden war. Stalin schenkte den Berichten zunächst keine besondere Beachtung, zumal die nach wie vor höchst kritische Lage an den Fronten alle Konzentration erforderte.

Flerow, der inzwischen bei einer militärischen Aufklärungseinheit gelandet war, wusste von den ersten offiziellen Reaktionen

Prof. Dr. Igor W. Kurtschatow (1905–1960) leitete ab Februar 1943 das sowjetische Atomprojekt. Er starb im Alter von 55 Jahren an den Folgen einer Strahlenkrankheit.

noch nichts. Er hatte bei seinen zahlreichen Vorstößen nichts erreicht und fühlte sich, wie er später erklärte, wie jemand, der versuchte eine Mauer niederzureißen, indem er mit dem Kopf dagegenrannte.[10] In seiner Verzweiflung griff er zu einem letzten Mittel. Er schrieb im April 1942 einen Brief an Stalin persönlich. Im Anschreiben an Stalins Sekretär hob er hervor, dass die »Uranfrage sich jetzt in einem solchen Stadium befindet, wo allein die persönliche Teilnahme des Genossen Stalin irgend etwas helfen kann«.[11] Sträflich wäre es, so Flerow, die Arbeiten an der Atombombe auf die Zeit nach dem Krieg zu verschieben. Ob Stalin den Brief gelesen hat, ist nicht bekannt. Das Schreiben landete auf dem Schreibtisch von Kaftanow.

Direkt zu Stalin waren aber Meldungen aus dem Ausland gelangt. Geheimdienstchef Lawrenti Berija hatte Stalin erstmals am 10. März 1942 über die britische Atomforschung informiert.[12] Die wichtigsten Informationen stammten von einem deutschen Emigranten, dem Physiker Klaus Fuchs, der die GRU-Meldungen aus dem Deutschen Reich ergänzte.

Welches Atomprojekt die sowjetische Führung letztlich mehr beunruhigte, das deutsche oder das britisch-amerikanische, von dem der Geheimdienst auch erfuhr, ist schwer zu sagen. Rückschauend meinte zumindest Flerow, dass den sowjetischen Atomphysikern damals deutlich geworden wäre: »Wenn irgendjemand die Atombombe machen kann, dann werden dies nicht die Amerikaner, nicht die Engländer, nicht die Franzosen, sondern namentlich die Deutschen sein. Sie, die Deutschen, hatten eine ausgezeichnete Chemie, die Technologie zur Gewinnung von metallischem Uran, sie führten Experimente zur Isotopentrennung mit Zentrifugen durch und sie verfügten über herausragende Physiker. Schließlich hatten die Deutschen schweres Wasser und Uranbestände.«[13]

Jedenfalls sah man sich in Moskau nunmehr zum Handeln veranlasst. Im August 1942 lud das Staatliche Verteidigungskomitee (GKO) die besten sowjetischen Physiker nach Moskau ein, um die Perspektiven eines Uranprojektes zu beraten. Stalin war empört, dass ein junger Laborant, der besagte Flerow, und nicht die Mitglieder der Akademie die Gefahr erkannt hatte, die von den ausländischen Atomprojekten ausging.

Nun ging man daran, ein eigenes Projekt zu starten, das direkt dem Politbüro unterstellt wurde. Zum organisatorischen Verantwortlichen ernannte Stalin erst einmal Außenminister Wjatscheslaw Molotow. Die wissenschaftliche Leitung übernahm schließlich im Februar 1943 der 38-jährige Igor Kurtschatow, der über herausragende wissenschaftsorganisatorische Fähigkeiten verfügte. Kurtschatow scharte eine kleine Gruppe überwiegend junger Wissenschaftler um sich und begann mit der Ausarbeitung eines Forschungsplans, der in seinen wesentlichen Punkten durch die Spionageerkenntnisse angeregt worden war. Im Frühjahr 1943 schrieb er an Berija: »Nach Sichtung des [Nachrichtendienst-]Materials bin ich zu dem Schluss gekommen, dass es für unseren Staat und unsere Wissenschaft von unschätzbarem Wert ist.«[14]

Die »Uranlücke«

Ein großes Problem für die im Aufbau befindliche sowjetische Atomindustrie bestand nun darin, dass die Erkundung von Uranvorräten in der Sowjetunion nicht recht vorangekommen war. Die Gründe dafür waren vielschichtig. So verfügte das zaristische Russland nicht über eine eigene Radiumindustrie und auch nicht über Uranfarbenfabriken. Daher gab es auch keine von diesen Industriezweigen ausgehende Nachfrage nach Uranerzen.[15]

Erst mit der Gründung der »Urankommission« 1940 sollte die Suche nach Uranvorkommen einen neuen Stellenwert bekommen. Ein erster Erkundungstrupp wurde in die Region von Taschkent geschickt. Die Ergebnisse der Suche waren ernüchternd. Der Leiter der Gruppe Alexander Fersmann bezifferte die dort potentiell abbauwürdigen Uranvorräte lediglich auf 10 Tonnen pro Jahr.[16]

Im Sommer 1943 gab die Akademie der Wissenschaften der UdSSR Studien über die Radium- und Uranvorräte der Welt in Auftrag.[17] Mehrere Geologen stellten daraufhin alle verfügbaren Daten zusammen. Sie zogen u.a. auch Börsenberichte aus New York zu Rate. Die Studien verdeutlichten den großen Vorsprung der USA bei der Radium- und Urangewinnung. Auf Platz zwei folgte Belgien, das in seiner afrikanischen Kolonie Kongo über ergiebige Uranerzlagerstätten verfügte. An dritter Stelle wurde Deutschland genannt. Die Sowjetunion tauchte in den Statistiken der führenden Uranförderländer gar nicht auf.

Die Förderung von Uranerzen und ihre Verarbeitung zu Uranverbindungen bewegten sich in der Sowjetunion auf einem bescheidenen Niveau. Aufgrund des geringen Metallgehalts der mittelasiatischen Uranerze konnten daraus nur wenigen Tonnen Uranverbindungen gewonnen werden.[18] Das Uranerz stammte hauptsächlich aus usbekischen Bergwerksbetrieben in Taboschar, Uigursai und Adrasman sowie Maili-Su in Kirgisien. In diesen vier Betrieben waren 1944 gerade einmal 150 Bergleute tätig.

Der sowjetische Außenhandel bemühte sich daher, in den USA Uranverbindungen zu kaufen. Nachdem kleinere Mengen in die Sowjetunion geliefert worden waren, unterband dann der Leiter des amerikanischen Atomprojektes, General Leslie R. Groves, jeglichen Uranexport.

Ende November 1944 stellten Berijas Beauftragte eine ernüchternde Rechnung auf.[19] Für 1945 rechneten sie mit einer Produktion von höchstens acht bis zehn Tonnen Uranverbindungen. In diesem Tempo hätte man noch sieben bis zehn Jahre benötigt, um die für den Bau von Reaktoren erforderlichen Mengen herzustellen. Das erschien Berija viel zu langsam. Er drängte auf die Forcierung der Erkundungsarbeiten.

Am 8. Dezember 1944 unterzeichnete Stalin einen 30-Punkte-Plan zur Ausweitung der Uranerzsuche und -verarbeitung. Im Mittelpunkt standen dabei der Ausbau der Förderung in den mittelasiatischen Minen und die Bildung eines Instituts für Spezialmetalle beim sowjetischen Geheimdienst NKWD. Letzteres sollte die Herstellung von metallischem Uran übernehmen. Für die Umsetzung des Plans wurden Experten von der Front abgezogen, materielle Ressourcen mobilisiert sowie Natural- und Geldprämien in Aussicht gestellt.[20]

Das Problem der meisten bis dahin erschlossenen sowjetischen Uranerzvorkommen bestand darin, dass der Metallgehalt des Erzes im Durchschnitt nur bei 0,175 Prozent lag. Demgegenüber wurden in einigen kanadischen und amerikanischen Minen und in Belgisch-Kongo Erze mit einem wesentlich höheren Metallgehalt von 2 bis 5 Prozent abgebaut.

Da die bisher in der Sowjetunion erkundeten Uranvorräte nicht ausreichten und sich ein Teil der Lagerstätten in kaum erschlossenen, weit von den Zentren entfernten Regionen befand, richteten sich die Begehrlichkeiten des NKWD schon vor Kriegsende auch auf Lagerstätten außerhalb der sowjetischen Landesgrenzen.

Der an allen Fronten vorrückenden Roten Armee folgten zahllose Beutekommandos und Spezialeinheiten, darunter auch kleine Gruppen von Geologen. Ein erster Erkundungstrupp wurde Ende November 1944 auf Anweisung des Rates der Volkskommissare (später Ministerrat) nach Bulgarien geschickt.[21] Am 12. Januar 1945 sandten die Spezialisten einen Bericht über die Ergebnisse ihrer Erkundung in der Region Goten an Berija, der umgehend den Abbau der aufgespürten Uranerzvorkommen anordnete und den angehenden bulgarischen Regierungschef und ehemaligen Leiter der Kommunistischen Internationale, Georgi Dimitroff, über das sowjetische Interesse an der Lagerstätte in der Nähe des Dorfes Buchowo informierte.

Nur rund zwei Wochen später erließ das Oberste Verteidigungskomitee (GKO) eine Verfügung. Darin hieß es: »1. In Bulgarien ist die Suche, Erkundung und Förderung von Uranerz in der Uranlagerstätte Goten und Umgebung sowie die geologische Erforschung anderer bekannter oder erschließbarer Lagerstätten von Uranerzen und Materialien zu organisieren. 2. Das Volkskommissariat für Auswärtige Angelegenheiten der UdSSR (W. Molotow) wird beauftragt, mit Vertretern Bulgariens über die Gründung einer gemischten Bulgarisch-Sowjetischen Aktiengesellschaft mit sowjetischer Aktienmehrheit zur Durchführung geologischer Erkundungen anderer bekannter oder erschließbarer Lagerstätten von Uranerzen und -mineralien in Bulgarien zu verhandeln.«[22] Noch im Oktober 1945 wurde eine sowjetisch-bulgarische Bergbau-Gesellschaft gegründet. Den Abbau des Uranerzes mussten politische Häftlinge übernehmen.

Legenden:
Das Uran und die spätere Besatzungszoneneinteilung

Anfang Juli 1944 war Kurtschatow vom Militärgeheimdienst GRU über den Stand der Forschungsarbeiten am Atomproblem im Deutschen Reich und den USA informiert worden. Er hakte nach und erbat weitere Informationen über die Ausrichtung der Tätigkeit in Deutschland: »Es wäre von besonderem Interesse, herauszufinden, wie viel Uranoxyd in Joachimsthal in den Jahren 1942, 1943 und 1944 gefördert werden konnte und ob es in Deutschland noch andere neue Uranvorkommen gibt.«[23] Selbst einen Bezug von Uranerzen aus Schweden hielt Kurtschatow für möglich: »Dort sind in den vergangenen Jahren große Salzvorkommen dieses Elements entdeckt worden (in den Schiefern im Süden und Osten der Provinz Nerike (Zentralschweden). Es wäre interessant zu erfahren, wie die Uranerzgewinnung in Schweden verläuft und wie das geförderte Uran genutzt wird.«[24]

Derart angespornt, versuchten die sowjetischen Geheimdienste, noch Genaueres über die Standorte, Firmen und Wissenschaftler des deutschen Atomprojektes herauszufinden und weitere Informationen über Uranlagerstätten zu erlangen. Auch von Widerstandskämpfern wurden im Erzgebirge Informationen gesammelt. Es kursieren darüber zahlreiche Geschichten vom heimlichen Studium alter Bergwerkskarten und anderer Unterlagen. Der Schriftsteller Stefan Heym hat diese in seinem bekannten Roman »Schwarzenberg« zu der Legende verdichtet, dass die Sowjets dank dieser Spionageaktionen schon vor Kriegsende bestens über das Ausmaß der Uranlagerstätten in Sachsen und Thüringen informiert gewesen wären.

Angesichts ihres Wissensvorsprungs hätten sie dann in den Verhandlungen mit den Amerikanern und Briten über die künftige Einteilung der Besatzungszone dafür gesorgt, dass Sachsen und Thüringen zur sowjetischen Besatzungszone kamen. Diese These gewinnt scheinbar noch an Plausibilität angesichts der Tatsache, dass große Teile Sachsens und ganz Thüringen im April/Mai 1945 zuerst von amerikanischen Truppen besetzt wurden.

So interessant die Spekulation über die Abgrenzung der Besatzungszonen infolge der alleinigen sowjetischen Kenntnis von Uranlagerstätten im Erzgebirge auch sein mag, es ist nicht mehr als ein nachträgliches Gedankenspiel, das mit den damaligen Entscheidungsprozessen wenig zu tun hat. Zwar existierte seit Jahrhunderten ein Wissen über Uranvorkommen im Erzgebirge, das gegebenenfalls noch durch das Studium geologischer Unterlagen vertieft werden konnte. Wie reichhaltig die Vorkommen allerdings waren und ob sich ihr Abbau lohnte, dies konnte man nur mittels geologischer Erkundungsbohrungen klären. Und nicht zuletzt: Die künftigen Grenzen der Besatzungszonen waren bereits im September 1944 festgelegt worden, d.h. zu einem Zeitpunkt, als das Uranproblem für Stalin noch nicht zentral war.

Die Hinterlassenschaften des deutschen Atomprojektes

Während die Sowjetunion für ihr Atomprojekt in Bulgarien, der ČSR und in kleinerem Maßstab auch in Polen, Rumänien, Ungarn, China und Korea die dortigen Uranerzvorkommen ausbeuten konnte, versprach die Besetzung eines Teils von Deutschland auch einen wichtigen technologischen und personellen Zugewinn.[25]

Etwa ab Mitte 1944 hatte das NKWD damit begonnen, sich auf die materielle und personelle »Ausschlachtung« der deutschen Atomforschung vorzubereiten.

Verantwortlich dafür war NKWD-Generalmajor Awraamij P. Sawenjagin, ein gelernter Bergmann.[26] Sawenjagin hatte in den dreißiger Jahren als Direktor eines metallurgischen Kombinats in Magnitogorsk und eines Bergbaukombinates in Norilsk gearbeitet und war 1937 zum Stellvertretenden Minister für Schwerindustrie aufgestiegen. Im Jahr 1941 wurde Sawenjagin zum Stellvertreter Berijas ernannt und war ab dem Frühjahr 1945 für die geheimdienstliche Absicherung des Atomprojektes verantwortlich.

Am 24. März 1945 schlug Berija vor, sowjetische Atomphysiker in das alsbald besiegte Deutschland zu schicken, um dort Ausrüstungen für das sowjetische Atomprojekt zu beschlagnahmen. Zur Begründung hieß es: »Die einheimischen Betriebe stellen solche

Ausrüstungen und Geräte nicht her, und es ist nicht möglich, sie im Ausland zu bestellen.«[27]

Anfang April 1945 stießen sowjetische Truppen in Schlesien auf einen Uranbergbaubetrieb nahe Schmiedeberg. Dessen Untersuchung wurde umgehend angeordnet: »An die zweite ukrainische Front sollte man einige Geologen und Erzverarbeitungsspezialisten schicken, um sowohl das genannte Lager als auch den Uranbetrieb vor Ort zu beurteilen und um Vorschläge ihrer Nutzung zu unterbreiten.«[28]

Wenige Tage später erhielt Berija Hinweise darauf, dass die französischen und belgischen Uranreserven 1942 ins Deutsche Reich geschafft worden waren. Das NKWD vermutete einen Teil der Rohstoffe in Schlesien.[29] Tatsächlich war jedoch der größte Teil dieser Vorräte in ein Salzbergwerk nahe Staßfurt gebracht worden. Die Amerikaner erbeuteten dort Mitte April 1945 in einer Kommandoaktion ca. 1100 Tonnen Uranverbindungen, wenige Tage bevor sowjetische Truppen die Stadt erreichten.

Unterdessen hatte die Rote Armee Wien eingenommen. Auch dort suchte man nach den Hinterlassenschaften des deutschen Atomprojektes und nach Uran. Der Physiker Igor Golowin berichtete am 4. Mai 1945: »Aus den gefundenen Dokumenten lässt sich schließen, dass es in Deutschland ein ›Radiumsyndikat‹ gab, das sich mit der Verarbeitung radioaktiver Vorkommen und Radium- und Uranerzbergbau beschäftigte. Ein Mitglied dieses Syndikats war die österreichische Firma Treibacher Chemische Werke AG, die in Kärnten in der Nähe von Klagenfurt ansässig war. Es muss auch unbedingt angemerkt werden, dass sich stromaufwärts der Donau, im Bereich Gaistein, radioaktive Quellen befinden, sich folglich also auch radioaktive Erze befinden können.«[30]

Anfang Mai 1945 stießen Einheiten der 1. Ukrainischen Front auf das verlassene Forschungslabor von Dr. Kurt Diebner und die Reste seines Versuchsreaktors auf dem Gelände der Heeresversuchsanstalt Kummersdorf, nahe Gottow, südlich von Berlin. Sie fanden dort auch noch etwas metallisches Uran, Uranoxyd und Radium. Dies wurde Kurtschatow gemeldet. Der Professor hielt die Funde in Gottow für so bedeutsam, dass er Berija am 5. Mai um die sofortige Entsendung einiger seiner besten Mitarbeiter nach Berlin unter Leitung von NKWD-Offizieren bat.[31]

Flerow fragte Kurtschatow, warum er nicht auch mit nach Deutschland fliegen wolle. Darauf erwiderte dieser: »Denken Sie an die Zukunft bzw. an das, was unsere Nachkommen vielleicht eines Tages sagen werden, wenn sie erfahren, dass Kurtschatow in Berlin war.«[32] Der Leiter des sowjetischen Atomprojektes fürchtete, dass das NKWD sich zu stark an den deutschen Wissenschaftlern orientieren würde. Er wollte keinesfalls die Rolle seiner Mitarbeiter durch den erwarteten Know-how-Transfer aus dem besiegten Deutschland geschmälert sehen.

Noch vor ihrem Abflug wurden die Wissenschaftler uniformiert und vom NKWD mit Informationen versorgt. Unter anderem verwies man sie auf die Auergesellschaft als wichtigen Uranverarbeiter.[33] Bereits am 7. Mai kamen Flerow, Arzimowitsch, Chariton und Kikoin in Berlin an.[34] Sie fuhren in Begleitung von Generaloberst W. A. Machnew, Beauftragter für den Sektor Wissenschaft und Technik und Verbindungsoffizier zur sowjetischen Akademie der Wissenschaften, und weiteren NKWD-Offizieren nach Kummersdorf. Dazu heißt es in einem am nächsten Tag verfassten Bericht: »In der deutschen Stadt Kummersdorf (10 km östlich von Luckenwalde) ist eine technische Anlage zur Gewinnung von Atomkernenergie aus Uran gefunden worden, die sich nun unter dem Schutz unserer Truppen befindet.«[35] Die Reste der Reaktoranlage wurden nach dem Besuch der sowjetischen Physiker nach Moskau zum Laboratorium Nr. 2 geschafft.

Am Tag der bedingungslosen deutschen Kapitulation suchten die sowjetischen Physiker das Kaiser-Wilhelm-Institut für Physik in Berlin-Dahlem und am 10. Mai das noch weitgehend intakte Privatlabor von Manfred von Ardenne in Berlin-Lichterfelde auf.[36] Der Baron verfasste auf Anraten von Machnew ein Schreiben an Stalin. Es endete wie folgt: »Mit dem heutigen Tage stelle ich der sowjetischen Regierung sowohl meine Institute als auch mich selbst zur Verfügung.«[37]

Nur Stunden später sandte Machnew ein Telegramm an Berjia und meldete, was sein Kommando bisher in Berlin erreicht hatte. In Berlin und Kummersdorf wurde »Uran im Gesamtwert von 105 Mio. Rubel nach unseren Preisen sowie Radium und schweres Wasser im Wert von 150 000 Dollar beschlagnahmt«.[38]

Am 11. Mai begab sich Flerow mit Lew Arzimowitsch auf die Suche nach dem Forschungsleiter der Auergesellschaft, Dr. Nikolaus Riehl. Von dessen bereits verhörtem Kollegen Karl-Günter Zimmer hatte der NKWD den entscheidenden Hinweis auf Riehls Ausweichstelle in Kagar, einem Dorf nahe Rheinsberg, erhalten.[39]

Dorthin fuhren Flerow und Arzimowitsch. Sie fanden Riehl und nahmen ihn mit zu Sawenjagins Hauptquartier in Berlin-Friedrichshagen. Dort wurde Riehl verhört und musste Berichte über den Verbleib der Uranvorräte der Auergesellschaft und anderer Firmen, die Produktionsverfahren zur Herstellung von metallischem Uran und anderes mehr verfassen.[40]

Insgesamt waren die Aktionen des NKWD in Berlin von großer Eile geprägt. Künftig sollte Berlin von den vier Siegermächten gemeinsam verwaltet werden. Wie viel Zeit bis zur Herstellung dieses Status noch verblieb, war unklar.

Einen gewissen Abschluss der ersten Phase der sowjetischen Beuteaktionen markierte ein von Stalin am 15. Mai unterzeichneter Beschluss des Obersten Verteidigungskomitees »über die Ausfuhr von Ausrüstungen, Materialien, Organisationen und Betrieben aus Deutschland, die mit der Atomforschung und der Uranproduktion zu tun hatten«.[41] Darin wurden aufgeführt: das Kaiser-Wilhelm-Institut für Physik in Berlin-Dahlem, das Institut von Manfred von Ardenne in Berlin-Lichterfelde, das Institut der Reichspost in Zeuthen (Miersdorf), das Forschungslabor von Gustav Hertz bei der Firma Siemens und die Produktionsstätten sowie Lager der Auergesellschaft in Berlin-Charlottenburg, Berlin-Grünau, Oranienburg und Zechlin. Alle in dem Bericht genannten Firmen bzw. Institute wurden unter NKWD-Bewachung gestellt und zur Demontage vorbereitet.

Noch kurz vor Kriegsende hatte Kurtschatow den Uranengpass wie folgt beschrieben: »Bis zum Mai 1945 gab es keine Hoffnung auf den Bau eines Urangraphitreaktors, da wir nur sieben Tonnen Uranoxyd zur Verfügung hatten statt der notwendigen hundert Tonnen, die wir erst im Jahre 1948 zusammengehabt hätten.«[42]

Nach der Beuteaktion in Deutschland sah es anders aus: »Insgesamt wurden beladen und in die UdSSR abgeschickt – sieben Transporte mit 380 Waggons. Zusammen mit der Ausrüstung der physikalischen Institute und der chemisch-metallurgischen Unternehmen wurden in die UdSSR 39 deutsche Wissenschaftler, Ingenieure und Meister sowie 61 Familienangehörige, insgesamt also 99 Deutsche [sic!], abgeschickt. […] An verschiedenen Orten wurden insgesamt 250–300 t Uranverbindungen abtransportiert sowie sieben Tonnen metallisches Uran entdeckt.«[43]

Mit diesem einmaligen Zugewinn konnten die sowjetischen Wissenschaftler zunächst einmal die Anlaufzeit für ihr Atomprojekt verkürzen. Auf längere Sicht sollte sich dann die Ausbeutung der Uranvorkommen des Erzgebirges als mindestens ebenso wichtig erweisen.

Hiroshima und die geopolitischen Folgen

Nach dem Abwurf der amerikanischen Atombomben über Hiroshima und Nagasaki im August 1945 wurde sich der sowjetische Diktator vollends der veränderten geopolitischen Lage bewusst. Die USA hatten einen entscheidenden technologischen Vorsprung. Er fürchtete, dass die Amerikaner von den Jaltaer Absprachen über die Aufteilung Deutschlands zurücktreten könnten und sah sich um die Früchte des schwer erkämpften Sieges gebracht. Um die neue geopolitische Lage zu erörtern, lud Stalin Munitionsminister Wannikow und andere Spitzenfunktionäre in den Kreml ein und erklärte ihnen: »Hiroshima hat die Welt verändert. Das Gleichgewicht ist gestört. Baut die Bombe – dies wird eine große Gefahr von uns abwenden.«[44]

Igor Golowin, einer der führenden sowjetischen Atomphysiker, erinnerte sich: »Nach den Atombombenabwürfen vom 6. und 9. August auf Hiroshima und Nagasaki endete unsere ruhige Arbeit. Die Regierung und die Generalität waren von Panik ergriffen. Kurtschatow, Chariton, Kikoin und andere wurden täglich zu Sitzungen in den Kreml oder vom Geheimdienst in die Lubjanka beordert. Die Besprechungen dauerten stundenlang bis zur völligen Erschöpfung der Teilnehmer. Die Wissenschaftler mussten erklären, was die Bombe eigentlich ist und wie sie gemacht worden sein konnte. In den Zeitungen wurden Massen von Artikeln geschrieben und viele Reden waren im Rundfunk zu hören. Sie hatten immer den Tenor: ›Das Vernichten der japanischen Städte ist gegen uns gerichtet.‹ Diese Propaganda wirkte auf uns und überzeugte uns davon, dass wir uns beeilen mussten. Ein paar Tage später war die Panik überwunden und Stalin und Berija zeigten ihr organisatorisches Talent. Stalin ließ den Generalstab der Armee zu diesem Projekt nicht zu und übergab Geheimdienstchef Berija alle Machtbefugnisse.«[45]

Nachdem Stalin den Bau der Atombombe befohlen hatte, ordnete er am 20. August 1945 die Bildung eines Sonderstabes beim Staatlichen Verteidigungskomitee an.[46] Zum Leiter des Gremiums

Sowjetischer Atomtest »Chagan« in der kasachischen Steppe (1965).

wurde Berija ernannt. Allein das NKWD war in der Lage, die Priorität der Ressourcenbeschaffung für das Bombenprojekt auf allen Ebenen durchzusetzen.

Die zentrale Einrichtung war das Konstruktionsbüro Nr. 2, das im Jahr 1946 im Ural aufgebaut und unter dem Namen »Arsamas 16« bekannt wurde. Dort wurde die erste sowjetische Atombombe konstruiert und gebaut. Auch die meisten anderen Institute und Fabriken des Atomkomplexes wurden östlich des Uralgebirges gebaut, jenseits der Reichweite amerikanischer Bomber.

Nach den bulgarischen Vorkommen wurden die Uranerzlagerstätten in Böhmen in Beschlag genommen.[47] Die tschechoslowakische Exilregierung war bereits im März 1945 erstmals von sowjetischer Seite auf die Joachimsthaler Uranminen angesprochen worden. In Moskau wusste man aufgrund der Studien der Geologen der Akademie der Wissenschaften, dass die dortigen Uranvorkommen größer und reichhaltiger waren als die in Usbekistan und Kirgisien.

Nun gab es allerdings keine alliierten Absprachen über die Zukunft der wiedererrichteten tschechoslowakischen Republik. Die USA und die Sowjetunion einigten sich darauf, ihre Truppen bis Ende 1945 aus dem verbündeten Land abzuziehen. So geschah es dann auch, bis auf eine Ausnahme. Eine Kompanie sowjetischer Soldaten hielt weiterhin die Uranminen von Joachimsthal (Jáchymov) besetzt.

Drei Wochen nach der Zerstörung von Hiroshima inspizierten NKWD-General Michailow und der Geologe Prof. Semjon Alexandrow die Jáchymover Uranminen. Während man im Generalstab der tschechoslowakischen Armee und im Prager Ministerium für Industrie noch darüber rätselte, wie dieser Besuch zu bewerten sei, hatte Ministerpräsident Zdeněk Fierlinger hinter den Kulissen schon Vorbereitungen für den Abschluss eines sowjetisch-tschechoslowakischen Geheimvertrages getroffen. Am 23. November wurde der »Uranvertrag« in Prag unterzeichnet. Er sollte weitreichende außen- und innenpolitische Folgen haben.

Die Tschechoslowakische Republik blieb, entgegen der ursprünglichen Moskauer Absicht zur Schaffung eines gemeinsamen Unternehmens, alleiniger Besitzer der Jáchymover Uranminen, verpflichtete sich aber, mindestens 90 Prozent der Förderung ausschließlich der Sowjetunion zur Verfügung zu stellen. Damit hatte sich die Sowjetunion nach den bulgarischen Uranvorkommen nun auch den alleinigen Zugriff auf die tschechoslowakischen Vorkommen gesichert.

Interessanterweise gab es zwischen dem tschechoslowakisch-sowjetischen Vertrag und einem dreiseitigen amerikanisch-britisch-belgischen Uranvertrag vom 26. September 1944 auffallende Ähnlichkeiten. Wie der tschechoslowakisch-sowjetische Vertrag, so hatte auch das dreiseitige amerikanisch-britisch-belgische Abkommen eine lange Laufzeit: Bis 1956 sollte die gesamte Uranproduktion von Belgisch-Kongo ausschließlich den Briten und Amerikanern für militärische Zwecke zur Verfügung gestellt werden. Die Texte der Abkommen legten in fast deckungsgleichen Formulierungen die Produktionskosten plus einen »angemessenen Gewinn« als Grundlage für die Kalkulation des Uranpreises fest. Man kann daher mit einiger Berechtigung vermuten, dass die Sowjets den Text des amerikanisch dominierten Abkommens kannten und ihn mehr oder weniger kopierten. In beiden Fällen diktierten die Supermächte den kleineren Nationen ihre Bedingungen.

Noch einfacher hatte es die Sowjetunion in ihrer Besatzungszone im besiegten Deutschland. Niemand konnte sie daran hindern, dem Land, das unbeschreibliche Zerstörungen und Leid über die Völker der Sowjetunion gebracht hatte, hohe Reparationen aufzuerlegen. Dazu sollte schließlich auch der Aufbau einer Uranindustrie gehören.

Ein »Staat im Staate« entsteht (1947–1953)

Die sächsische Bergbauverwaltung des NKWD

Bereits wenige Tage nach Kriegsende kamen sowjetische Geologen nach Freiberg.[1] Sie studierten die Akten der Bergämter und befragten deutsche Gelehrte. Weitere hochrangige sowjetische Kommissionen folgten.

Im August 1945 fasste das Sonderkomitee für Atomfragen einen Beschluss zur Bildung einer sächsischen Erzerkundungsexpedition des NKWD. Diese sollte u. a. eine Revision alter Grubenbaue vornehmen. Die Arbeiten begannen Anfang September 1945 und wurden vom bereits erwähnten Professor Alexandrow geleitet. Aus Gründen der Geheimhaltung gaben die sowjetischen Geologen offiziell an, nach Kobalt oder Wismut zu suchen.

Worum es wirklich ging, dies erfuhr als einer der ersten Deutschen Professor Dr. Friedrich Schumacher, Direktor des Geologischen Instituts der Bergakademie Freiberg. Gemeinsam mit seinem Kollegen Professor Dr. Gustav Aeckerlein, der sich seit der Gründung des Radium-Instituts an der Bergakademie Freiberg mit der Erforschung radioaktiver Quellen in Sachsen befasst hatte, wurde Schumacher mit der Erstellung von Studien zu den Uranerzlagerstätten beauftragt.[2] Ein erstes von Schumacher und Aeckerlein verfasstes Gutachten wurde der sowjetischen Kommission am 8. Oktober 1945 übergeben. Am günstigsten beurteilte Schumacher die Perspektiven für die Uranerzgewinnung in Johanngeorgenstadt. Er prognostizierte eine »mögliche Reserve von vielleicht 80–90t U_3O_8. Dies wäre mehr als das Zehnfache von dem, was der Bergbau von Johanngeorgenstadt an Uran bisher überhaupt gebracht hat. Dabei ist aber zu berücksichtigen, dass systematische Sucharbeiten nach Uranerzen, abgesehen von den unzulänglichen Versuchen der jüngsten Zeit, nie gemacht worden sind.«[3]

Für beide Freiberger Professoren endete die Zusammenarbeit mit der Besatzungsmacht im Übrigen rasch. Im Zuge der Entnazifizierung wurde Friedrich Schumacher im November 1946 als Leiter des Büros für Buntmetalle suspendiert. Er setzte sich 1947 nach Jugoslawien ab, wo er bis 1950 als Chefgeologe einer großen Blei- und Zinkgrube arbeitete. Später nahm er eine Stelle am Mineralogischen Institut der Universität Bonn an. Das Radium-Institut von Professor Aeckerlein wurde im Frühjahr 1948 geschlossen.

Im Auftrag der Besatzungsmacht stellte die Sachsenerz-Bergwerks AG wieder Bergleute ein. Sie bildeten den Kern der späteren Wismut-Belegschaft. Sechs erfahrene Bergleute aus dem Schneeberger Revier wurden nach Johanngeorgenstadt geschickt. Im »Frisch Glück-Schacht« – später als Schacht Nr. 1 bezeichnet – brachen sie im Frühjahr 1946 die erste Pechblende aus dem Gestein.[4] Per Rucksack wurde das Erz aus dem Stollen getragen. Der verantwortliche Bergmann, Martin Vogel, musste einem sowjetischen Geologen täglich über den Fortgang der Arbeiten berichten. Er und seine Kollegen schafften im wahrsten Sinne des Wortes handfeste Beweise ans Tageslicht.

Die Funde im Revier von Johanngeorgenstadt markierten den Beginn eines neuen »Berggeschreis«. So nannte man seit dem frühen Mittelalter den Moment, an dem Bergleute auf neue Vorkommen gestoßen waren und sich die Kunde davon in der Region in Windeseile verbreitete. Diesmal war es ähnlich und doch anders. Nirgends wartete man sehnlicher auf das »Berggeschrei« als in Moskau. Berijas Stellvertreter Sawenjagin wählte freilich andere Worte, als er am 13. Februar 1946 den Erfolg der sächsischen Bergleute meldete. Er sprach vom Rohstoff »A 9«, das war das sowjetische Codewort für Uranerz, das in der Umgebung von Johanngeorgenstadt und Schneeberg gefunden worden sei.[5]

Pessimistischer als das Schumacher-Gutachten fiel die erste Stellungnahme der sowjetischen Geologengruppe unter Leitung von Professor Alexandrow Anfang 1946 aus. Sie schätzten die Vorräte im Revier von Johanngeorgenstadt lediglich auf 22 Tonnen und im Schneeberger Revier auf 10 Tonnen U_3O_8.[6]

Zu diesem Zeitpunkt spielten die Uranvorräte in Deutschland in den Planungen der sowjetischen Regierung noch keine besondere Rolle. Dies belegt ein ausführlicher Bericht über den Stand der Arbeiten am Atomprojekt, den Stalin Mitte Januar 1946 erhielt.[7] Aufgeführt wurden darin auch die Probleme der Uranerzförderung. Demnach waren seit 1944 in der gesamten Sowjetunion 285 Tonnen Uranverbindungen produziert worden. Mehr

NKWD-Generalmajor Michail M. Malzew war von 1947 bis 1951 der erste Generaldirektor der Wismut AG. Er erhielt Ende 1949 den Stalin-Preis erster Klasse.

als zwei Drittel der Uranförderung entfielen auf die Minen in Mittelasien. In dem Bericht wurden auch die tschechoslowakischen und bulgarischen Uranerzvorräte erwähnt, die der Sowjetischen Besatzungszone (SBZ) jedoch nicht.

Trotzdem reichten Sawenjagin die ersten Funde im Erzgebirge aus, um den Übergang von der Phase der Erkundung zum regulären Abbau anzuregen. Der Ministerrat der UdSSR erließ daraufhin am 4. April 1946 eine Verordnung zur Umbildung der »Sächsischen Such- und Erkundungsexpedition des NKWD« in »Sächsische Abbau- und Erkundungsexpedition«.[8] Am 29. Juli 1946 entstand daraus die »Sächsische Bergbauverwaltung des NKWD«. Sie erhielt die Feldpostnummer 27.304.

Zum Kommandeur der Feldposteinheit wurde Ende 1946 NKWD-Generalmajor Michail M. Malzew ernannt. Seine Biographie widerspiegelt die mit ungeheuren Verbrechen und Opfern erkaufte Modernisierung der Sowjetunion bis hin zur nuklearen Supermacht. Michail M. Malzew wurde 1904 auf der kleinen Eisenbahnstation Nikitowka, im Distrikt Artemoska, geboren.[9] Als Minderjähriger trat er der Roten Armee bei und kämpfte in ihren Reihen bis zum Ende des Bürgerkrieges. Von 1930 bis 1935 schickte ihn die Partei zum Ingenieurstudium ans Energetische Institut in Dnjepropetrowsk (Ukraine). Zu dieser Zeit glichen einige Regionen der Sowjetunion einer einzigen großen Baustelle. Wichtige Industrialisierungsvorhaben, darunter auch der Bau zahlreicher großer Wasserkraftwerke, wurden in Regie des NKWD verwirklicht.

Unmittelbar nach Abschluss seines Studiums trat Malzew in den Dienst des NKWD. Nur ein Jahr später begann der »Große Terror«, der die gesamte sowjetische Gesellschaft schwer erschütterte. In besonderem Maße richtete sich der Terror gegen die gebildete Elite, ganz gleich, ob sie der Partei angehörte oder nicht.[10] Wichtigstes Ziel der Repressionen war es, eine Stalin blind ergebene und diensteifrige Bürokratie zu schaffen. Malzew hatte Glück und überstand die Jahre der brutalen Säuberungen unbeschadet. Im März 1943 übernahm er die Leitung eines der größten Arbeitslager im Kohlebecken von Workuta. Er zählte jetzt zu den mächtigsten Männern im NKWD und stieg zum Deputierten des Obersten Sowjets der UdSSR auf.

Offenbar galten seine ingenieurtechnischen Kenntnisse und seine Erfahrungen als Kommandant großer Arbeitslager als ausreichende Qualifikationskriterien für seinen Einsatz als Kommandeur der Feldposteinheit Nr. 27.304 bzw. als erster Generaldirektor der neugegründeten Wismut AG, der er bis zum Mai 1951 blieb. Was zählte, war der Erfolg, und der wurde einzig am Quantum des für das sowjetische Atomprojekt gewonnenen Urans gemessen.

Ein wichtiger Helfer für Malzew wurde auf der deutschen Seite für kurze Zeit Obersteiger Johannes Schmidt aus Schneeberg.[11] Die sowjetische Spionageabwehr beschuldigte ihn jedoch, während des Krieges Kriegsgefangene und »Ostarbeiter« misshandelt zu haben. Er wurde eingesperrt.[12] Generalmajor Malzew verwandte sich persönlich für seine Freilassung. Schmidt wurde wieder als Obersteiger eingesetzt und mit Leistungssteigerungen beauftragt. Weder seine vormalige Mitgliedschaft in der NSDAP noch die ungeklärten Vorwürfe spielten jetzt noch eine Rolle. Sein Fachwissen wurde gebraucht. Schmidt erhielt ein hohes Gehalt, ein Auto und durfte wieder ins Obersteigerhaus einziehen. Der Aufbau der Wismut AG bot ihm eine »zweite« Chance, die er mit aller Kraft nutzte.

Nachdem die Aufbauphase abgeschlossen war und die Bedeutung des SED-Parteibuches für die Besetzung von Leitungsposten immer wichtiger wurde, rückte Schmidt ins zweite Glied. So wie ihm erging es auch anderen Spezialisten. Sie blieben für die Wis-

Ein sowjetischer Soldat untersucht eine alte Abraumhalde auf Gammastrahlen von Uran (um 1948).

mut AG wichtig, gelangten nun aber nur noch selten in Spitzenpositionen.

Noch in Regie der Feldposteinheit 27.304 entstanden die ersten großen Wismut-Objekte. Die Bezeichnung »Objekt« wurde in der sowjetischen Wirtschaftspraxis für alle relativ selbständigen Struktureinheiten verwandt. In der Umgangssprache waren anfangs noch verschiedene andere Begriffe wie »Betrieb«, »Fabrik« oder »Werk« gebräuchlich.

Das Objekt Nummer 1 befand sich in Johanngeorgenstadt.[13] Die Grubenbaue wurden überwiegend im Bereich der Altstadt angefahren. Für die ohnehin stark vom Altbergbau belastete Stadt war das Wiederaufleben des Bergbaus Segen und Fluch zugleich. Der Uranbergbau schuf Tausende neue Arbeitsplätze und brachte Geld ins Revier. Andererseits führte er zu schwerwiegenden Schädigungen der Landschaft und von Johanngeorgenstadt selbst.

Zum zweiten und dritten großen Objekt sollte sich das Erzfeld in der Nähe von Schneeberg/Schlema/Alberoda entwickeln. Im August 1946 rückten sowjetische Geologen in das Schlemaer Kurhaus ein und gelangten über den berühmten »Markus-Semmler-Stollen« ins Grubenfeld. Dort stand das Uranerz in gut erschlossenen alten Grubenbauen selbst für Laien ersichtlich in einer Mächtigkeit von 40 bis 45 Zentimetern an.

Das erste Uranerz wurde noch im August mit mittelalterlichem Gezähe (Werkzeug), also mittels Schlegel und Eisen, abgebaut. Die Vortriebsleistungen pro Schicht lagen dementsprechend niedrig, nämlich gerade einmal bei 25 bis 30 Zentimetern. Die ersten Monate des Uranerzbergbaus wurden angesichts solcher Berichte mit dem mittelalterlichen Silberbergbau verglichen. Allerdings beschränkte sich der Rückgriff auf primitive Werkzeuge lediglich auf eine kurze Periode. Bergmann Martin Vogel erinnert sich: »Nach etwa zwei Monaten haben wir Pressluft bekommen über den Rohrschacht, wo das Wasser hochgepumpt wurde für die Kurgäste. Genau unterm Lesesaal des Kurhotels wurde ein Kompressor reingesetzt. Von da an ging es dann schneller vorwärts, aber mit dem Kurbetrieb im berühmten Radiumbad war es vorbei.«[14]

Die sowjetische Leitung des Objektes 2 quartierte sich in einem Seitenflügel des Kurhotels ein. Sie ließ auch den »Galluss-Stollen« wieder befahren. Bereits nach knapp zehn Metern stießen die Bergleute auf einen ergiebigen Erzgang. Nach und nach wurden die in der Umgebung von Oberschlema stillgelegten alten Schächte wieder angefahren. Insgesamt wurden im Objekt 2 in Ober- und Niederschlema bis Anfang der 1950er Jahre 17 Schächte angelegt. Der weitaus größte Teil der Uranvorräte dieser mit Abstand wichtigsten Lagerstätte in Sachsen befand sich direkt im sogenannten Zentralrevier unter der Ortslage Ober- und Niederschlema. (Erst 1958 wurden die Orte unter dem Namen Schlema zusammengeschlossen.) Was dies für die Einwohner bedeutete, lassen nur noch alte Fotos erahnen. Hölzerne Fördertürme und primitive Wirtschaftsgebäude kennzeichneten nun die inneren Ortsbereiche. Die Besatzungsmacht hielt sich nicht lange mit Eigentumsfragen auf. Für den Uranbergbau benötigte Gebäude, Gastwirtschaften, Hotels und Freiflächen wurden kurzerhand gegen Zahlung von Entschädigungen enteignet bzw. zwangsweise geräumt.

Der Bergbau fand im wahrsten Sinne des Wortes im Vorgarten statt. Neben zahlreichen Förderanlagen wurden große Abraumhalden zu einem neuen Wahrzeichen der Stadt. Sie überragten schon bald alle Häuser und Gebäude. Der gesamte Ort und die nähere Umgebung wurden in ein einziges, riesiges Schachtgelände verwandelt. Besonders gravierend wirkte sich der oberflächennahe Abbau des Erzes aus. Wiederholt kam es in der Gemeinde Schlema zu schweren Bergschäden, Einstürzen sowie Gas- und Wasserrohrbrüchen. Traurige Folge des raubbauartig betriebenen Bergbaus war der großflächige Abbruch ganzer Ortsteile und des Kurviertels.

Im Gegensatz zu dem wieder neu aufgenommenen Bergbau in Oberschlema gab es in Schneeberg bei Kriegsende noch intakte Gruben. Zu ihnen zählten »Weißer Hirsch«, »Neujahrsschacht«, »Schrot-Schacht«, »Ritterschacht« und »Beust-Schacht«.[15] Im Mai 1946 erhielten Privatbetriebe aus Schneeberg und Neustädtel den Auftrag, dort nach Uranerzen zu suchen. In kurzer Zeit wurden 13 alte Schächte wieder zugänglich gemacht und 11 Schächte neu angelegt. Die Uranerzausbringung im Schneeberger Revier (Objekt 3) blieb aber vergleichsweise bescheiden.

Das vierte große Objekt entstand im März 1947 in der Umgebung von Annaberg.[16] Bis Kriegsende waren hier lediglich noch die im Besitz des sächsischen Staates befindlichen Grubenbaue »Sankt Anna vereinigt Feld« betrieben worden. Diese Grubenbaue dienten als Ausgangspunkte für die Errichtung neuer Bergwerke. Im Jahr 1949 gehörten bereits 19 Schächte und Stollen zum Objekt 4.

Die Minen des Marienberger Reviers wurden ebenfalls im Frühjahr 1947 beschlagnahmt und wieder aufgeschlossen. Das Marienberger Unternehmen ließ man im Sommer 1947 als »Vitriol-Werke AG« ins Handelsregister eingetragen.[17] Später wurde das Unternehmen als Objekt Nr. 5 ein Betriebsteil der Wismut AG.

Neben beschlagnahmten Maschinen und Anlagen erhielt die sächsische Bergbauverwaltung des NKWD alsbald auch noch Demontagegüter, vornehmlich Bergbauausrüstungen, die eigentlich für sowjetische Betriebe bestimmt waren, nun aber für die Minen in Johanngeorgenstadt, Schneeberg und andere bereitgestellt wurden. Allein bis Herbst 1947 wurden demontierte Ausrüstungen im

Wert von 12 Mio. Mark übergeben.[18] Auch 1948 gingen Reparationsgüter in einem annähernd gleichen Wert an die Wismut AG.[19] In zunehmendem Umfang trafen auch Materiallieferungen wie Kabel, Bohrhämmer, Transportbänder und Sprengstoffe aus der Sowjetunion bei der Wismut AG ein.[20]

Die Gründung der Wismut AG

Um den unter sowjetischer Leitung durchgeführten Bergbau juristisch einwandfrei vom deutschen Bergbau zu trennen, wurde die Gründung der Wismut AG vollzogen.[21] Am 10. Mai 1947, nur zwei Tage nach der Bekanntgabe des Gesetzes der sächsischen Landesregierung zur Enteignung aller Bergbauunternehmen, verabschiedete der Ministerrat der UdSSR eine Verordnung zur Bildung einer »Zweigstelle der Staatlichen Sowjetischen Aktiengesellschaft der Buntmetallindustrie, Wismut« in Sachsen.[22] Ihren Hauptsitz hatte die Gesellschaft in Moskau. Die Zweigstelle, d.h. die Generaldirektion der Wismut AG, residierte anfangs in Aue und ab 1949 in Siegmar-Schönau, heute ein Stadtteil von Chemnitz. Als Zweck der Gesellschaft wurde die »Gewinnung von Buntmetall« angegeben. Weder in der Satzung der Aktiengesellschaft noch in anderen Dokumenten war von »Uran« die Rede.

Die Bildung der Wismut AG erfolgte formal nach dem bürgerlichen deutschen Aktienrecht.

Als Kuriosum sei festgehalten, dass die zugunsten der Wismut AG beschlagnahmten Bergwerke gleich zweimal enteignet wurden. Zehn Tage nach Gründung der Wismut AG in Moskau erließ der Oberste Chef der Sowjetischen Militäradministration in Deutschland (SMAD) den Befehl Nr. 128 zur Überführung von sechs Bergwerken und eines Aufbereitungswerkes in sowjetisches Eigentum.[23] Diese Verfügung wurde durch den Befehl Nr. 131 des Chefs der Verwaltung der Sowjetischen Militäradministration in Sachsen vom 30. Mai 1947 sinngemäß nochmals wiederholt.[24] Offenbar gab es Abstimmungsprobleme zwischen den sowjetischen Militärverwaltungen. Insofern ist nicht ganz eindeutig, welcher Tag denn nun als Gründungsdatum der Wismut AG gelten kann. Hält man sich an das Datum der Handelsregistereintragung, dann war es der 2. Juni 1947.

Jedenfalls wurden die Bergverwaltungen Johanngeorgenstadt,

Schneeberg, Oberschlema, Annaberg, Lauter und Marienberg sowie ein Anreicherungswerk in Pechtelsgrün in sowjetisches Eigentum überführt. Im Namen der sächsischen Landesregierung übergaben die Freiberger Bergingenieure Dr. Oskar Oelsner und Karl Hahner die genannten Bergwerke, samt Vermögen und Bergrechten im Wert von 9,362 Mio. RM, an eine sowjetische Kommission unter Leitung von Generalmajor Michail M. Malzew.[25]

Die nunmehr in sowjetischem Besitz befindlichen Grubenfelder wurden zu einem einzigen Feld zusammengeschlossen und beim Amtsgericht in Aue registriert. Im Sächsischen Hauptstaatsarchiv in Dresden findet man dazu ein eindrucksvolles Dokument: eine Karte des Landes Sachsen, auf der eine sowjetische Kommission das »Interessengebiet« der Wismut AG eingezeichnet hatte. Dieses sogenannte »Mittelfeld« umfasste ein Gebiet mit rund 1,6 Millionen Einwohnern (Stand Ende 1948).[26] Damit lebten fortan knapp 30 Prozent der sächsischen Bevölkerung de facto in einer Sonderzone.

Das gesamte Kapital der Zweigniederlassung der Wismut AG lag in den Händen zweier Aktionäre – der Hauptverwaltung für sowjetisches Vermögen im Ausland beim Ministerrat der UdSSR sowie der Staatlichen Aktiengesellschaft der Buntmetallindustrie. Die Wismut AG war demnach ein rein sowjetisches Staatsunternehmen. Auf der ersten Sitzung der Verwaltung der Staatlichen Aktiengesellschaft der Buntmetallindustrie »Wismut« am 5. Juni 1947 wurde Michail M. Malzew zum Generaldirektor ernannt.[27]

Die gesamte Struktur des Unternehmens entsprach sowjetischem Vorbild. An der Spitze stand die Generaldirektion, die alle maßgeblichen Entscheidungen zu fällen hatte. Zu den Abteilungen der Generaldirektion, die am häufigsten in der Öffentlichkeit in Erscheinung traten, gehörten die Personalabteilung und die Informationsabteilung. Die Abteilung »S«, auch Sonderoperativgruppe des NKWD (bzw. später MGB) genannt, war der nachrichtendienstliche Arm des Sonderkomitees für Atomfragen. In der Generaldirektion waren bis 1954 ausschließlich sowjetische Offiziere und Zivilisten tätig. Die zweite Leitungsebene wurde hingegen alsbald auch mit deutschen Fachleuten besetzt.

Kein Unternehmen in der SBZ/DDR stand in der Prioritätenskala der Besatzungsmacht höher als die Wismut AG. Das war nicht verwunderlich, denn bis 1950 entfielen allein auf die Wismut AG rund 60 Prozent der gesamten Uranförderung im Ostblock.

Ihre strategische Bedeutung für die Sowjetunion kann daher kaum überschätzt werden. Entsprechend rasch erfolgte der Ausbau der Wismut AG, wobei von Anfang an möglichst autarke Strukturen angestrebt wurden. So baute das Unternehmen eigene Maschinenbau-, Instandsetzungs- und Versorgungskapazitäten auf.

Nicht nur die betriebswirtschaftlichen Strukturen tendierten frühzeitig zu einem geschlossenen System. Auch die politischen Verhältnisse folgten dieser Tendenz. Im Herbst 1947 wurden mit Kurt Böhme, Robert Kessler, Herbert Pomp und Ernst Wabra vier Sonderbevollmächtigte des SED-Landesvorstandes für die Wismut AG eingesetzt. Sie bildeten die »Betriebsparteiorganisation Erzbergbau«, die Ende 1947 in »Kreisparteiorganisation Aue II« umbenannt wurde. Die vier Genannten hatten der KPD schon vor 1933 angehört und während der NS-Diktatur Widerstand geleistet. Als Mitglied des kommunistischen Jugendverbandes hatte Kurt Böhme 1929 erstmals die Sowjetunion besucht, war ein Jahr später der KPD beigetreten und hatte sich nach 1933 einer Widerstandsgruppe angeschlossen. Dafür wurde er 1936 zu fast fünf Jahren Zuchthaus verurteilt.[28] Mit dieser Biographie genoss er das Vertrauen der sowjetischen Direktion.

Von vornherein ließ die Besatzungsmacht in den Objekten der Wismut AG nur die SED zu. Den bürgerlichen Parteien – CDU und LDPD – wurde die Bildung von Betriebsgruppen verwehrt. Darüber hinaus sicherten sich die Politoffiziere des NKWD bzw. MWD die politische Kontrolle. Sie gaben in allen entscheidenden Fragen den Ton an, nahmen an allen wichtigen Beratungen der SED-Leitung teil und entschieden über die personellen Umbesetzungen.

Nach der Ausschaltung von Sozialdemokraten in den SED-Betriebsgruppen und in der Industriegewerkschaft Bergbau bzw. Wismut bildete sich ein Stamm von Parteifunktionären heraus, der sich durch eine besondere Linientreue auszeichnete. Alle den zentralistischen Organisationsprinzipien der SED innewohnenden Tendenzen zum schonungslosen Umgang mit Kritikern und Gehorsam gegenüber den Entscheidungen der Zentrale waren bei ihnen in besonderem Maße ausgeprägt. Die Parteileitung verstand sich als Avantgarde der Avantgarde. Als Protegé der sowjetischen Direktion fühlte sich Kurt Böhme praktisch unangreifbar. Tatsächlich stand er den sowjetischen Offizieren näher als seinen übergeordneten deutschen Parteiinstanzen.

Ende 1949 sah sich der Parteivorstand der SED veranlasst, den Selbständigkeitsbestrebungen der Parteileitung der Wismut AG nachzugeben. Sie wurde Anfang 1950 aus den Landesverbänden der SED Sachsens und Thüringens ausgegliedert. Künftig hatte sie den Status einer Bezirksleitung und erhielt ihre Aufträge direkt vom Parteivorstand bzw. ab 1950 vom Politbüro. In ähnlicher Weise wurde danach auch bei den Massenorganisationen verfahren.

Besonders fanatisch ging die SED-Leitung bei der Wismut AG gegen vermutete Feinde in den eigenen Reihen vor. Betroffen waren nicht nur ehemalige Sozialdemokraten, sondern auch Kommunisten, die sich der Stalinisierung widersetzten.[29]

Erkundung, Abbauverfahren und Erzaufbereitung unter Extrembedingungen

Die geologische Erkundung konzentrierte sich zunächst auf die Gruben des Altbergbaus und auf oberflächennahe Vorkommen.[30] Die Geologen der Wismut AG machten sich dabei den Umstand zunutze, dass um die Uranmineralisation das Edelgas Radon oftmals große Aerosole bildete, die bis an die Erdoberfläche reichten. Der Nachweis der Radonemanation diente ihnen als Indikator für eine erhöhte Urankonzentration im Gestein. Zu diesem Zweck wurden Areale von mehreren Quadratkilometern abgesteckt und mit Messpunkten überzogen. Wies die Luft einen hohen Radongehalt auf, so deutete dies auf Uranerzvorkommen hin.

Sofern die Erkundungstrupps Anomalien feststellten, was häufig bei Gangerzlagerstätten der Fall war, musste im nächsten Schritt die Lage der Erzgänge genauer bestimmt werden. Quer zur Längsachse der Anomalien wurden dann sogenannte Schurfgräben – von den Bergleuten auch Kanäle genannt – angelegt. Die Schurfgräben zogen sich oft mehrere Kilometer durch die Landschaft.

Die Prospektion erforderte einen massenhaften Einsatz von Arbeitskräften, vor allem über Tage. Für das Anlegen der mehrere Meter breiten und zwei bis drei Meter tiefen Schurfgräben wurden oft Frauenbrigaden eingesetzt. Noch heute kann man in den Wäldern Sachsens und Thüringens die Spuren ihrer Arbeit erkennen.

Die vorstehend geschilderten Erkundungsverfahren waren vergleichsweise einfach und ungenau. Über die geologischen Verhält-

Hammerberghalde in Schlema (1950er Jahre).

nisse des Westerzgebirges besaß die Wismut AG anfangs kaum ausreichende Kenntnisse. Ein ehemaliger Bergbauingenieur hat dies zugespitzt so ausgedrückt: »Wo das Strahlungsmessgerät anschlug, wurde mit dem Erzabbau begonnen.«[31] Dies führte zu einem wenig planvollen Abbau, man kann ohne Übertreibung auch sagen Raubbau. Wo man mit drei, vier Schächten das ganze Gebiet hätte erschließen können, teufte man viel mehr Schächte ab. Das war unrationell und trieb die Kosten in die Höhe. Doch das scherte die sowjetischen Verantwortlichen wenig, da alles zu Lasten der deutschen Reparationen lief.

Für die weitere Lagerstättenerkundung blieben Probebohrungen unerlässlich. Uran selbst ist zwar ein Alphastrahler, aber bei der Suche nach dem Erz machten sich die Geologen den Umstand zunutze, dass stets auch einige Mitglieder der Zerfallsreihe vorhanden sind, die relativ durchdringungsfähige Beta- und Gammastrahlen emittieren. Die Reichweite der Gammastrahlung im Gestein beträgt etwa einen halben Meter. An der Erdoberfläche konnte diese Strahlung daher nur selten gemessen werden. Die Wismut AG begann deshalb mit der Bildung von Bohrabteilungen. Ausgerüstet wurden sie anfangs mit Handbohranlagen. Ende 1950 kamen dann erstmals auch fahrbare Bohranlagen zum Einsatz.

Innerhalb weniger Jahre stiegen die von den Geologen nachgewiesenen Uranerzvorräte sprunghaft an. Ging man Ende 1945 lediglich von einem Vorrat von 100 Tonnen Uranerz aus, so konnte man bis Januar 1947 mit 252 Tonnen und bis Januar 1948 schon mit über 1600 Tonnen Uranerz rechnen. Den sowjetischen Verantwortlichen war jetzt klar, dass im Erzgebirge die wohl größten Uranvorkommen im sowjetischen Machtbereich lagerten.

Der Uranhunger der Wismut AG war so groß, dass die Erkundung 1949 auf Teile von Sachsen-Anhalt und Thüringen ausgeweitet wurde.[32] Als Ansatzpunkte dienten unter anderem das alte Bergbaurevier in Mansfeld und die Kaligruben um Staßfurt. Nahezu flächendeckend wurde die geschilderte Emanationsmethode nunmehr auch dort angewandt. Anfang 1950 konzentrierten sich die Erkundungsarbeiten dann auf den Harz und Nordthüringen und später auch auf die Lausitz. Nennenswerte Ergebnisse wurden dort jedoch nicht erreicht, genauso wenig wie in den anderen Gebieten der SBZ/DDR, die man komplett nach Uranerzen untersuchte.

Die mit Abstand wichtigsten neuen Lagerstätten wurden schließlich 1950 in Thüringen in der Region um Ronneburg entdeckt. Der Schwerpunkt des Uranbergbaus verlagerte sich daher später von Sachsen nach Thüringen.

Das Erzgebirge gehörte zu den Regionen in der Welt mit der größten Bergbautradition.[33] Zahlreiche technische Neuerungen und Abbauverfahren hatten hier ihren Ursprung und wurden in anderen Ländern übernommen. Bei Kriegsende waren die Voraussetzungen für die Wiederbelebung des Bergbaus jedoch alles andere als günstig.[34] Die zuerst für den Uranbergbau ausgewählten Gruben waren nicht auf eine großindustrielle Produktion vorbereitet, und es fehlte an Führungspersonal. Zahlreiche Betriebe, die Ausrüstungen für den Bergbau lieferten, waren von der Besatzungsmacht demontiert worden. Auf Grund der mangelnden Einbindung der Sowjetunion und der SBZ/DDR in den Welthandel sowie später auch westlicher Embargomaßnahmen konnten kaum Bergwerksausrüstungen importiert werden. Schließlich ist auch darauf zu verweisen, dass es bis dahin weltweit kaum ein vergleichbares Bergbauprojekt von der Größenordnung der Wismut AG gab. All dies führte dazu, dass der Uranerzbergbau in Sachsen auf einem technologisch rückständigen Niveau begonnen werden musste.

Für die Erkundung, den Abbau und die Aufbereitung der Uranerze waren aufwendige Arbeitsschritte nötig. Diese können im Folgenden nur grob skizziert werden. Wichtigste Teile der Bergbautechnologie waren der Reihenfolge nach die bereits geschilderte Lagerstättenerkundung, das Anlegen von Stollen (alt: Stolln) und Abteufen von Schächten, der Streckenvortrieb, der Abbau und die Uranerzaufbereitung. Hinzu kamen noch verschiedene Hilfsprozesse.

Um an die Lagerstätte, die Erzgänge, zu gelangen, braucht der Bergmann einen Ausgangspunkt. Er nutzt dafür Grubenbaue in Form von Stollen, Schächten, Querschlägen und Richtstrecken. Die einfachste Art, um an die Erzgänge heranzukommen, besteht darin, an einer günstigen Stelle an einem Berghang eine horizontale Strecke ins Gebirge zu treiben und auszubauen (horizontaler Grubenbau mit Gleisen, Versorgungsleitungen, Entwässerung). Diese unkomplizierte Ausrichtung war aus dem Silberbergbau bestens bekannt und wurde auch in den Anfangsjahren der Wismut AG genutzt. Mit einer Vielzahl an Stollen gelangte man relativ rasch ans Erz. Der Nachteil dieser Abbaumethode bestand darin, dass damit nur die erzführenden Schichten oberhalb der Talsohle abgebaut werden konnten. Wollte man tiefer, so musste entweder aus dem Stollen ein Schacht abgeteuft werden, oder aber man musste von der Tagesoberfläche aus mit Schächten die Tiefe anfahren. Das Anlegen eines Schachtes erforderte im Normalfall eine genaue Erkundung der Lagerstätte und eine gründliche Projektierung. Fehlschläge waren sehr kostspielig.

Doch die Verhältnisse im besetzten Deutschland waren alles andere als »normal«. Das Kostenproblem galt für die Besatzungsmacht als nachrangig. Unzureichende geologische Kenntnisse, das Fehlen von Kostenbremsen und vor allem der Erfolgsdruck, unter dem die Verantwortlichen standen, führten dazu, dass nicht selten mehr oder weniger planlos mehrere Schächte nebeneinander niedergebracht und Sicherheitsstandards vernachlässigt wurden.[35] Dies ist eine Erklärung für die verwirrende Vielzahl der in den Anfangsjahren in Angriff genommenen Objekte.

Sofern die Bergleute auf Erzvorkommen stießen, konnte der Abbau beginnen. An das jeweilige Abbauverfahren waren verschiedene Anforderungen gestellt: Die Lagerstätte sollte möglichst vollständig abgebaut werden, Erz und taubes Gestein sollten beim Abbau weitgehend getrennt werden, der Abbauraum musste stabil sein und sollte den Einsatz von Maschinen ermöglichen. All diese und andere Anforderungen ließen sich nur schwer miteinander vereinbaren. Ein ideales Abbauverfahren für Uranerze gab es nicht. Es musste immer wieder entsprechend den geologischen Verhältnissen nach neuen Lösungen gesucht werden.

Bei Beginn des Uranbergbaus griff man auf Abbauverfahren zurück, die von den Bergleuten schon seit Jahrhunderten im Silber- und Buntmetallbergbau praktiziert wurden. Dies waren hauptsächlich der Firstenbau und der Firstenstoßbau. Als Firste bezeichnet der Bergmann die Decke des von ihm hergestellten untertägigen Hohlraums.

Beim Firstenbau wurde eine Lagerstätte mit einer Gangstrecke »unterfahren« und die steil einfallenden Gänge dann von unten nach oben abgebaut. Die Angriffsfläche ist also die Decke des bergmännischen Hohlraums, die sogenannte Abbaufirste. Bereits die alten Ägypter sollen dieses Abbauverfahren praktiziert haben.

Wenn der Erzgang seiger (auch saiger = senkrecht) einfiel, baute man Holzbühnen in den Stollen, um an das Erz zu gelangen. Diese Bühnen wurden mit wachsender Höhe ohne Stützbalken in den Seitenwänden verkeilt. Sie waren so haltbar, dass auf ihnen das taube Gestein abgelagert und anschließend in Trögen und Schubkarren abtransportiert werden konnte.

Der Firstenstoßbau war ein sehr anpassungsfähiges Verfahren mit nur geringen Abbauverlusten.[36] Allerdings waren die Abbauräume nur sehr schmal. Das hatte zur Folge, dass der Gangerzbergbau nicht voll mechanisiert werden konnte und die Abbauleistung pro Mann und Schicht niedrig blieb. Jedes Stück Holz, jede kleinere Maschine musste der Bergmann in der schmalen Abbaugasse einige Meter per Hand schleppen. Oft mussten die Arbeiten in gebückter Haltung verrichtet werden.

Für den Betrieb der Bergbauanlagen – Seilfahrten, Pumpen, Druckluft – wurden große Energiemengen benötigt. Eigens für die Wismut AG verlegte man daher Hochspannungsleitungen. Vor allem ging es darum, Versorgungsausfälle durch Kabelschäden zu vermeiden bzw. rasch zu beheben. Infolge eines Netzausfalls konnten die Pumpen unter Tage nicht mehr arbeiten. Im ungünstigsten Fall war dann innerhalb weniger Minuten mit dem Überfluten der Anschlüsse an den Motoren zu rechnen. Es blieb also nicht viel Zeit, um solche Schäden zu beheben. In den Nachkriegsjahren kam es häufig zu Überlastungen des Stromnetzes. Insofern war die Wismut AG zum Einsatz von Ersatzanlagen gezwungen. Große Drehstrommotoren mit Dieselantrieb wurden als Netzersatz installiert.

Ein weiteres zentrales Problem für die Arbeiten unter Tage war die Bewetterung der Schächte. Darunter versteht man ganz allgemein alle technischen Maßnahmen zur Versorgung von Bergwerken mit frischer Luft. Voraussetzung für die Zu- und Abführung von Luft ist grundsätzlich, dass das Bergwerk über mindestens zwei untertägig miteinander verbundene Öffnungen zur Erdoberfläche (Tagesöffnungen) verfügt: Durch die eine strömt die Luft hinein, durch die andere wieder heraus. Die erforderliche Stärke eines Wetterstroms hängt im Allgemeinen von der Anzahl der unter Tage arbeitenden Personen, der Anzahl und Leistung dort eingesetzter Maschinen mit Verbrennungsmotoren sowie der aus dem Gebirge zuströmenden Menge schädlicher Gase ab. Bei den meisten Bergwerken reicht die natürliche Wetterführung nicht aus, so dass der Wetterstrom mit Hilfe technischer Maßnahmen erzeugt werden muss.

Im Uranbergbau war die Bewetterung noch weitaus wichtiger als in anderen Bergbaubetrieben. Es galt vor allem dafür zu sorgen, in den Schächten hohe Radonkonzentrationen zu verhindern. In den von der Wismut AG übernommenen Schächten des Altbergbaus nutzte man die dort noch vorhandenen Einrichtungen, wie Ventilatoren und Lutten (Rohrstücke zur Ableitung von Grubenwettern), soweit überhaupt Bewetterungsanlagen vorhanden waren. Zumeist beschränkte man sich auf die natürliche Bewetterung, die sich aus dem Höhenunterschied verschiedener Tagesöffnungen ergab. Außerdem wurden Druckluftleitungen in die Schächte gelegt, um nach dem Sprengen die giftigen Schwaden auszublasen.

In den von der Wismut AG 1949 herausgegebenen Sicherheitsvorschriften finden sich auch konkrete Festlegungen über die Mindestmenge an Frischluft, die pro Mann und Schicht zugeführt werden sollte.[37] Doch die Wirklichkeit sah oft anders aus. Fachleute von der Sachsenerzbergwerks AG und aus den oberschlesischen Bergwerken wussten sehr wohl um die zentrale Bedeutung einer ausreichenden Bewetterung. Ihnen fehlten aber die entsprechenden Ausrüstungen. Aus Zeit- und Kostengründen wurde die Bewetterung bei zahlreichen neu aufgeschlossenen Gruben vernachlässigt. Messungen des Radongehalts der Grubenluft gab es in dieser Zeit nicht. Die Folgen sollten sich später zeigen. In schlecht bewetterten Gruben erhöhte sich das Lungenkrebsrisiko für die Bergleute, die dort längere Zeit tätig waren, sprunghaft. (Auf dieses besonders dunkle Kapitel des Uranbergbaus wird später noch ausführlicher einzugehen sein.)

Das aus dem Berg mühsam gewonnene Erz kam anschließend zur Aufbereitung. Darunter verstand man die mechanische, physikalische und chemische Behandlung der Erze.[38] Die Aufbereitung diente dem Ziel, das im Roherz noch vorhandene taube Gestein abzutrennen, um den Anteil des wirtschaftlich nutzbaren Minerals zu erhöhen.

In der Regel verlief die Aufbereitung des Urans über mehrere Prozessstufen. In einem ersten Schritt wurden die Uranerze vorsortiert. Teilweise geschah dies vor Ort. In den Gangerzlagerstätten des Erzgebirges und Vogtlandes wurden die Erze per Hand in »Stufenerz« mit einem Metallgehalt von mehr als ein Prozent und »Fabrikerz« mit einem niedrigeren Metallgehalt unterteilt. Das wertvolle Stufenerz kam in Blechkisten (70 x 35 x 35 cm) und wurde dann manuell abtransportiert. Die Kisten wogen zwischen 70 und 100 kg. Allein diese Gewichtsangabe lässt erahnen, welche körperlichen Anstrengungen für die Bergleute mit dem Transport der Erzkisten verbunden waren.

Auch die radiometrische Sortierung der Uranerze begann mit primitiven Mitteln.[39] Unter anderem wurden Halden des Altbergbaus aufgeschlemmt. Danach begann eine visuelle Sortierung. Die Uranmineralien schimmerten nach der Wasserbehandlung grün. Sie wurden per Hand in Kübel gefüllt. Diese Arbeit verrichteten vor allem Frauen. Dann kamen Radiometristen und maßen mit Geigerzählern die Radioaktivität. Nur wenn bei den Messungen ein bestimmter Schwellenwert überschritten wurde, konnte das Material als Erz deklariert werden. Falls der Schwellenwert nicht erreicht wurde, gingen die Kübel zurück zur Halde, und das Material musste nochmals sortiert werden.

Das Erzsortieren setzte sich in den Aufbereitungswerken, auch Probezechen genannt, fort. Dort wurden der Urangehalt und die Uranmenge ermittelt und die Fertigproduktion zum Versand in die Sowjetunion vorbereitet. Probezechen gab es in Oberschlema, Johanngeorgenstadt, Niederschlema, Annaberg und Breitenbrunn. Das Erz wurde dort in einem ersten Arbeitsschritt auf eine Kornklasse unter zwei Zentimeter gebrochen und gemahlen. Danach wurde mit radiometrischen und chemischen Verfahren der Metallgehalt bestimmt. Dazu kam das Erz auf Förderbänder, unter denen Detektoren unterschiedlicher Empfindlichkeit befestigt waren. Leuchtete ein Signal auf, so wurde die betreffende Portion Erz aussortiert. Zusätzlich überwachte ein Labor jede einzelne Probe und gab sie zum Export frei. Das Erz wurde in Blechkisten, später in Spezialcontainern, per Eisenbahn in die Sowjetunion transportiert.

Ab 1947 wandte man auch chemische Aufbereitungsverfahren (Hydrometallurgie) an. Sie basierten auf der Tatsache, dass sich Uranmineralien in starken Säuren lösen. Die dabei gewonnene »Erztrübe« wurde dann mit Schwefelsäure oder Soda gemischt. Nachfolgend konnte die Lauge filtriert und das Konzentrat mittels Natronlauge ausgefällt werden. Im Endergebnis entstand auf diesem Weg ein Urankonzentrat, das allerdings mit Schwermetallen verunreinigt war. In der westlichen Fachpresse hat sich für dieses Konzentrat später der Begriff »Yellow cake« eingebürgert. Die Namensgebung geht darauf zurück, dass die beim Filtrieren des Urans gewonnenen pulverförmigen Filterkuchen von gelber Farbe sind.

Ein weitaus reineres Konzentrat kann gewonnen werden, wenn man statt einer Schwefelsäurelösung ein sodaalkalisches Verfahren verwendet. Allerdings hat diese Methode den Nachteil, dass die Laugungsausbeute geringer ausfällt.

Kein Gulag im Erzgebirge

All diese Arbeitsschritte erforderten viel Personal. Der sprunghaft ansteigende Arbeitskräftebedarf der Wismut AG konnte schon bald durch Freiwillige nicht mehr gedeckt werden. Die Besatzungsmacht griff daher zur Methode der Zwangsverpflichtung.

Der Einsatz deutscher Arbeitskräfte als eine Form von Reparationsleistungen war von den Vertretern der USA, Großbritanniens und der Sowjetunion auf der Konferenz von Jalta im Februar 1945 erörtert worden. Am 20. September 1945 verabschiedete der Alliierte Kontrollrat eine entsprechende Proklamation. Darin hieß es, Deutschland sei verpflichtet, »Arbeitskräfte, Personal und Spezialisten und andere Dienstleistungen zum Einsatz in Deutschland oder anderweitig bereitzustellen, wie es die alliierten Vertre-

Sowjetischer Wachturm; Deformationsgebiet Schlema (1950er Jahre).

ter anordnen mögen.«[40] Im Detail geregelt wurde die Praxis der Zwangsrekrutierungen dann durch den Kontrollratsbefehl Nr. 3 vom 17. Januar 1946.

Der Kontrollratsbefehl ordnete die Registrierung jedes Erwerbsfähigen an und machte die Lebensmittelzuteilung von dieser Registrierung abhängig. Zwangsverpflichtungen von Arbeitslosen wurden für zulässig erklärt. Für die Betroffenen gab es keine Einspruchsmöglichkeiten. In allen Zonen griffen die Besatzungsbehörden vornehmlich zur Sicherung des Arbeitskräftebedarfs im Bergbau auf den Befehl Nr. 3 zurück.

Am 1. August 1947 erließ die SMAD einen Befehl zur Stellung von 20 000 Personen für den Erzbergbau.[41] Die Kontrakte der Zwangsverpflichteten liefen zwischen sechs und 24 Monaten, d. h. es musste permanent für Ersatz gesorgt werden. Hinzu kamen das Problem von Vertragsbrüchen und die Flucht von Arbeitern. Die Arbeitsämter hielten sich bei den Dienstverpflichtungen oftmals nicht an die gesetzlichen Bestimmungen und achteten kaum auf die Bergbautauglichkeit der Betroffenen. Infolge dieser Praktiken wurden viele Tausend Menschen in den Bergbau gepresst, die für eine bergmännische Arbeit denkbar ungeeignet waren.

Die ersten neuen Bergleute wurden noch überwiegend in Privatquartieren untergebracht. Die Wohnungsämter besaßen dafür außerordentliche Vollmachten und nahmen Zwangseinquartierungen und Wohnungsräumungen vor. Außerdem errichtete man Dutzende provisorische Massenunterkünfte. Ende 1949 gab es nicht weniger als 137 Massenunterkünfte. Wie viele Kumpel dort untergebracht wurden, lässt sich kaum exakt feststellen, da die Fluktuation außerordentlich groß war.

Solange ihre Arbeitskräftepläne nicht erfüllt waren, veranlasste die Personalverwaltung der Wismut AG auch eigenständige, mit den deutschen Behörden nicht abgestimmte Rekrutierungsaktionen. Insbesondere die Flüchtlingslager wurden von NKWD-Offizieren und deutschen Arbeitsvermittlern, die für jeden geworbenen Freiwilligen eine Prämie erhielten, »durchkämmt«.

Allein in den ersten drei Jahren des Uranbergbaus flohen ungefähr 50 000 Personen vor einer Einweisung zur Wismut AG oder brachen den Arbeitsvertrag. Weitere 15 000 mussten aus Krankheitsgründen entlassen werden. Der Aufbau des Uranbergbaus erfolgte demnach zu enorm hohen sozialen Kosten. Die Massenflucht von Zwangsverpflichteten in die Westzonen schadete dem ohnehin schwer beschädigten Ansehen der Besatzungsmacht und diskreditierte auch die SED.

Angesichts des gravierenden Mangels an ausgebildeten Bergleuten setzten die Behörden große Hoffnungen auf Arbeitskräfte aus den oberschlesischen Bergbaugebieten. Größere Gruppen wurden mit »Bergarbeitertransporten« ganz gezielt aus Schlesien und Böhmen in die sächsischen Bergbaukreise gelenkt. Vertreter der Deutschen Zentralverwaltung für Arbeit und Sozialfürsorge reisten in die Heimkehrer- und Flüchtlingslager und versuchten dort, Arbeitskräfte für die Wismut AG zu gewinnen. In den Baracken und anderen Stellen hängten sie Werbeplakate aus. Eines dieser Plakate trug die Überschrift »Deutschland erwartet Euch!«[42]

Eine genaue Aufschlüsselung der Herkunft der Beschäftigten der Wismut AG ist für die ersten Jahre schwierig. Anhand der Vermittlungsstatistiken der Arbeitsämter kann aber gesagt werden, dass mehr als zwei Drittel der Belegschaft aus Sachsen kamen. Der Anteil von Vertriebenen lag bei knapp zehn Prozent.[43] In der Erinnerung vieler Bergleute spielen die aus Schlesien, Ostpreußen und Ungarn zum Uranbergbau nach Sachsen gekommenen Menschen eine größere Rolle, als es die nüchternen Statistiken auszudrücken

Frauenbrigade an einem Hunt (um 1949).

vermögen. Dies hängt damit zusammen, dass vor allem aus dem Waldenburger Revier berufserfahrene Männer zur Wismut AG kamen. Viele von ihnen stiegen bei der Wismut AG in Schlüsselpositionen auf. Wohl nicht zu Unrecht sprach man deshalb bei der Wismut AG in dieser Zeit vom »schlesischen Bergbau«.

Beobachter aus dem In- und Ausland registrierten mit Verwunderung, dass sich unter den Beschäftigten der Wismut AG viele Frauen befanden. Ein Bergbauunternehmen, bei dem einige Tausend Frauen beschäftigt wurden, hatte es in Mitteleuropa bis dahin noch nicht gegeben. Die meisten Frauen waren über Tage tätig, und zwar auf den Halden, in der Erzwäsche, in den Lampenstuben und Verwaltungen.

Abgesehen von den in manchen Berichten sehr drastisch dargestellten Problemen des Lebenswandels in den Bergbaugebieten, bleibt zu konstatieren, dass der Uranbergbau vorher kaum gekannte Beschäftigungs- und Verdienstchancen für Frauen und Männer bot. Freilich bedurfte es erst harter Auseinandersetzungen, bevor sich die sozialen Verhältnisse bei der Wismut AG zu ordnen begannen.

Noch vor der offiziellen Gründung der Wismut AG setzten sich Betriebsräte für eine Verbesserung der Arbeitsbedingungen und der sozialen Verhältnisse der Bergleute ein.[44] Ihr Hilferuf veranlasste den Landesvorstand des Freien Deutschen Gewerkschaftsbundes (FDGB) Sachsen am 15. April 1947 dazu, einen Brief an die »Russischen Gewerkschaften« zu verfassen. In dem Schreiben hieß es: »Leider ist dem FDGB bis heute eine Verbindung mit der dafür zuständigen sowjetischen Dienststelle trotz aller Bemühungen nicht gelungen. Die Bergarbeiter sind erbittert darüber, dass der FDGB und die SED, als Massenorganisationen der Werktätigen, ihren Einfluss nicht geltend machen können zur Beseitigung der Übelstände.«[45] Anschließend wurden die Ursachen der Missstimmung benannt: Nichtanerkennung des seit dem 1. September 1946 geltenden Bergarbeitertarifs durch die Grubenverwaltungen, Fehlen eines Mindestlohnes, negative Wirkungen der außertariflichen Lohnrichtlinien, fehlende Bohrhämmer, schlechte Bewetterung der Schächte, unregelmäßige Lohnzahlung, hartes Strafmaß für geringfügige Vorkommnisse, schlechte Versorgung mit Arbeitsbekleidung, fehlende Wasch- und Umkleideräume usw.

Zur Behebung der Probleme stellte der FDGB sechs Forderungen auf: »1. Anwendung des Bergarbeitertarifs, Gewährung des darin vorgesehenen Mindestschichtlohnes und des tariflichen Urlaubs [...]; 2. Gewährung von Familienheimfahrten für auswärtige Arbeiter [...]; 3. Strafen nur in Form von Geldstrafen und nur bei Verschulden des Bergarbeiters [...]; 4. Beschaffung von ausreichender Arbeitskleidung und Arbeitsschuhe [...]; 5. Unterstützung der betrieblichen Arbeitsschutzkommissionen durch die Grubenverwaltung, damit die Arbeitsbedingungen in der Grube verbessert werden können und Unfälle vermieden werden; 6. Volles Mitwirkungsrecht der Betriebsräte entsprechend dem Betriebsrätegesetz [...].« Unter Berufung auf den sowjetischen Außenminister Molotow verlangte der FDGB-Landesvorstand nicht mehr und nicht weniger, als die deutsche Gesetzgebung auch im Uranbergbau anzuwenden.

Der Vorsitzende der sowjetischen Gewerkschaften, W. W. Kusnezow, reagierte umgehend auf das Schreiben und setzte Außenminister Molotow von den Verhältnissen in den sächsischen Bergbaubetrieben in Kenntnis. Dieser wiederum versah das Schreiben Kusnezows mit einem kurzen Vermerk für Sawenjagin: »Bitte sich damit vertraut zu machen und die notwendigen Maßnahmen mit Genossen Berija abzustimmen.«[46] Die Reaktion Berijas muss sehr rasch erfolgt sein, denn bereits Ende Juni konstatierte Molotow: »Maßnahmen ergriffen: Genosse Berija erstattete Genossen Molotow Bericht.« Um welche Maßnahmen es sich dabei handelte, erwähnte er nicht, doch die Reaktionen Malzews zeugten von seinem Einlenken.

Ende April 1947 kam es zu einem ersten Gespräch zwischen Generalmajor Malzew und Vertretern des Zentralvorstands der IG Bergbau.[47] Im Ergebnis des Gesprächs sicherte Malzew eine Reihe von Verbesserungen zu: Ab Mai 1947 sollte an die gesamte Belegschaft ein warmes Mittagessen ausgegeben werden. Außerdem stellte er der IG Bergbau fünf Erholungsheime zur Verfügung. Zudem konnte die Gewerkschaft ihre Position durch die Einstellung neuer Sekretäre und Arbeitsschutzinspektoren stärken.[48]

Anfang Juni kam es zu weiteren Gesprächen zwischen Malzew und Vertretern der IG Bergbau. Malzew soll die Gespräche mit der Bemerkung eröffnet haben, dass es nach seinem Verständnis nicht der richtige Weg gewesen sei, dass »die Gewerkschaften beim Auftauchen von Schwierigkeiten nicht erst zu ihm gekommen sind, sondern sich sofort an die sowjetischen Gewerkschaften gewandt hätten«. Er schloss mit der Bemerkung: »Alles Vergangene soll vergessen sein, wir als Leitung der Bergbaubetriebe werden jetzt mit den Gewerkschaften eng zusammenarbeiten.«[49]

Seit dem Frühjahr 1947 wusste auch die SED-Führung in Berlin ziemlich genau über die Probleme im sächsischen Uranerzbergbau Bescheid. Für sozialpolitische Konflikte aller Art war beim Parteivorstand das »Büro Lehmann« geschaffen worden. In dieser Zeit war der aus der SPD kommende Helmut Lehmann der profilierteste Sozialpolitiker der SED. Er bündelte in einer kurzen Vorlage für die Parteiführung am 12. August 1947 die Probleme des Uranbergbaus:

»Nach den vorliegenden ärztlichen Berichten sind die Arbeitsbedingungen der dort Beschäftigten äußerst ungünstig. Es werden vielfach körperlich und gesundheitlich ungeeignete Personen in diese Arbeit eingewiesen. Ihre Verpflegung ist angesichts der schweren Arbeit völlig unzulänglich. Die Versprechungen über Sonderzuteilungen werden nicht eingehalten. Der Arbeitsschutz ist mehr als mangelhaft, was sich umso schlimmer auswirkt, als der größte Teil der Beschäftigten berufsfremd ist. Die mit der ärztlichen Überwachung betrauten Ärzte werden angehalten, entgegen ihrer Überzeugung die von ihnen Untersuchten für arbeitsfähig zu erklären, obwohl sie es nicht sind.«[50]

Die Parteiführung beauftragte daraufhin eine Kommission unter Leitung ihres Vorstandsmitglieds Paul Merker, sich vor Ort über die Zustände in den Bergbaukreisen zu informieren. Doch der Kommission wurde von der Direktion der Wismut AG schlicht und ergreifend die Einreise in die Bergbaukreise verweigert. Trotzdem wurde über die Situation im Uranbergbau gleich zweimal beim Parteivorstand der SED beraten. Auf Anraten von Helmuth Lehmann war der Wismut-Beauftragte der sächsischen Landesregierung, Max Weber, am 16. Oktober 1947 zur Berichterstattung eingeladen worden. Er stellte die Verhältnisse als »geordnet« dar und lobte die finanziellen Vergünstigungen für die Arbeiter.[51] Die Gefahren des Uranbergbaus spielte er herunter. Der Parteivorstand der SED zeigte sich nach dem Bericht von Weber beruhigt und blieb gegenüber den Besatzungsbehörden passiv.

Es waren also nicht Interventionen aus Berlin, die Bedingungen wie in einem Straflager abwendeten, sondern mutige Gewerkschafter vor Ort. Mit großer Courage hatten sie sich für ihre Kollegen eingesetzt und es tatsächlich vermocht, eine Trendwende einzuleiten. Den Tendenzen zum Aufbau eines Gulag-Systems im

Überfüllte Schichtzüge prägten das Bild der Anfangsjahre bei der Wismut AG. Wiederholt kam es zu schweren Unfällen (um 1948).

sächsischen Uranerzbergbau wurde damit die Spitze genommen. Die Wismut AG entwickelte sich nicht zu einem »Workuta auf deutschem Boden«, wie mitunter behauptet wurde.

Der Arbeitsalltag

Wie im gesamten Bergbau, so galt auch bei der Wismut AG der Achtstundentag. Gearbeitet wurde von Montag bis Samstag, der Sonntag war frei. In der Regel gab es drei Schichten. Die Frühschicht begann um 6 Uhr, die Tagesschicht um 14 Uhr und die Nachtschicht um 22 Uhr.[52] Von Mitte 1948 bis Mitte 1953 gab es bei der Wismut AG auch sehr umstrittene freiwillige Sonn- und Feiertagsschichten.[53]

Die Bergleute wurden einer Disziplin unterworfen, wie sie ansonsten nur noch beim Militär üblich war. Der Besatzungsmacht kam dabei zugute, dass der Bergbau seit Jahrhunderten durch festgefügte Hierarchien gekennzeichnet war. Auf diese Strukturen griff man beim Aufbau der Wismut AG zurück. Im Wesentlichen gehörten dazu: Fördermann, Hauer, Steiger und Obersteiger. Ein Neuling begann seine Tätigkeit unter Tage, unabhängig vom erlernten Beruf, zumeist als Fördermann. Er hatte schwere körperliche Arbeiten auszuführen. Ein Hauer bestimmte das Arbeitstempo und konnte kleinere Aufträge an die Förderleute vergeben. Für den Abbau von Uranerz konnte der Hauer eine zusätzliche Lebensmittelvergütung erhalten. Diese Möglichkeit hatte ein Fördermann kaum. Daher waren die meisten daran interessiert, zum Hauer aufzusteigen. Die Beförderung konnte der Steiger in den ersten Jahren allein aufgrund seines fachlichen Urteils veranlassen. Später war dafür eine Qualifizierung unumgänglich.

Der Arbeitstag der Bergleute begann zumeist mit langen Wegen zum Schacht, und zwar zu Fuß oder per Rad. Der Aufbau eines Transportsystems hielt mit dem rasanten Wachstum der Belegschaft nicht Schritt. Auf den Bahnstrecken herrschten bis Anfang der 1950er Jahre chaotische Zustände. Die Schichtzüge und Busse waren völlig überfüllt, es kam häufig zu schweren Unfällen.

Sowohl zu Schichtbeginn als auch nach Schichtende kontrollierten sowjetische Posten die Schachtausweise.[54] Dazu ist anzumerken, dass die Wismut AG eigene Regelungen zum Umgang mit den Ausweispapieren ihrer Beschäftigten erlassen hatte. Jeder künftige Bergmann musste seinen Personalausweis bei seiner Einstellung der zuständigen Schachtleitung aushändigen und erhielt im Gegenzug einen Schachtausweis, der nur innerhalb des Bergbausperrgebietes gültig war. Proteste von Bergleuten und selbst vom sächsischen Innenministerium gegen diese Praxis der Sonderausweise und die damit verbundenen Einschränkungen der Rechte der Beschäftigten halfen nicht. Generaldirektor Malzew bestand auf der Sonderstellung der Wismut AG.

Am Eingang bzw. Ausgang der jeweiligen Minen wurden die Bergleute streng untersucht. Nach dem Passieren der Schleuse holten die Bergleute Arbeitsgeräte und Material aus den Magazinen. Schon bald wurden auch Unter-Tage-Magazine eingerichtet, in denen das Gezähe nicht nur aufbewahrt, sondern auch repariert wurde.

Bepackt mit Karbidlampen, Bohrmaschinen, Schaufeln und Picken »fuhren« sie ein. Auch dieser Begriff hatte eine lange Tradition. Der Bergmann läuft nicht, er »fährt«. Er fährt »ein« zur Schicht und er fährt »aus« zum Feierabend. Die »Fahrt« bezeichnete außerdem eine Leiter. In den ersten Jahren gab es nur wenige Seilfahrten, und so mussten die Bergleute an Leitern herabsteigen. Unter Tage angekommen, erfolgte die Schichtübergabe.

Zufahrt zum Wismut-Schacht Nr. 132 mit den typischen Losungen jener Jahre zur hundertprozentigen Planerfüllung (um 1949).

Der größte Teil der Arbeitszeit musste auf den Streckenvortrieb verwendet werden. Dabei kristallisierten sich die effektivsten Formen der Arbeitsorganisation erst mit der Zeit heraus. Anfangs herrschte das Einzelgedinge (Leistungslohn pro Mann) vor. Der Hauer bohrte und sprengte an einem nur ihm für eine Arbeitsschicht zugewiesenen Ort.

In den ersten Jahren kamen rund 16 Kilogramm schwere Flottmann-Bohrhämmer zum Einsatz. Die Flottmann-Hämmer wurden Anfang der 1950er Jahre durch Bohrhämmer mit einem Gewicht von 20 bis 25 Kilogramm, die grundsätzlich mit einer Teleskopstütze ausgerüstet waren, abgelöst. Im Laufe der Zeit entwickelte der Betrieb für Bergbauausrüstungen Aue eine Palette neuer schallgedämpfter Bohrhämmer sowie Bohrstützen.

Das durch Bohren und Sprengen ausgelöste Haufwerk – in Haufen geschichtete, aus dem Bergwerk herausgebrochene Gesteinsbrocken – wurde in der folgenden Schicht von Förderleuten geladen und abtransportiert.

Der Streckenvortrieb war in den ersten Jahren gering. Die neuen Bergleute waren für ihre Tätigkeit nicht ausgebildet, und es fehlte an Material, vor allem Bohrgeräten. Auch bei der Versorgung mit Pressluft und Strom gab es immer wieder Engpässe. Unter diesen

Bedingungen konnten je nach Ortslage monatlich nur 25 bis 60 Meter Vortrieb erreicht werden.[55]

Viele Steiger kamen aus den schlesischen Kohlerevieren und genossen eine hohe Autorität. Dennoch war es für sie unter den geschilderten Bedingungen schwer, für einen ordentlichen Arbeitsablauf zu sorgen. Sie wurden als erste vom sowjetischen Aufsichtspersonal, den »Schichtrussen«, für die Nichterfüllung der Normen verantwortlich gemacht.

In der Regel begann die Schicht mit der Förderung des von der vorigen Schicht gesprengten Haufwerkes – eine knochenharte Handarbeit. In den Ganzerzlagerstätten wurden die Förderwagen anfangs per Hand gefüllt. Erste technisch noch unausgereifte sowjetische Wurfschaufellader des Typs PML 3 kamen ab 1949 zum Einsatz. Ingenieure der Wismut AG fertigten in der Folgezeit selbst solche Lader und verbesserten ihre Konstruktion.

Nachdem das taube Gestein abgeräumt und der Ausbau erfolgt war, konnten neue Sprenglöcher gebohrt werden. Diese wurden vom »Schießmeister« mit Sprengstoff gefüllt und gezündet. Das Sprengen wurde ursprünglich als »Schießen« bezeichnet. Für die »Schießarbeiten« wurden Sprengstoffe in Patronenform eingesetzt und mittels Zündschnur zur Detonation gebracht.

Die Zündschnurzündung war besonders auf nassen Betriebspunkten eine gefährliche Angelegenheit. Vor allem aufgrund der ungenügenden Ausbildung der Bergleute kam es wiederholt zu schweren Sprengunfällen. Ging alles gut, war die Schicht nach dem Sprengen beendet.

Den größten Teil ihrer Arbeitszeit mussten die Bergleute auf die Beräumung von taubem Gestein verwenden. Sofern sie auf eine Uranerzader stießen, galten für den Abbau besondere Bestimmungen. Es wurde ein möglichst vollständiger Abbau des anstehenden Erzes angestrebt. Außerdem sollte die Vermischung mit taubem Gestein so gering wie möglich gehalten werden.

War der Erzgang fester als das Nebengestein, so wurde er durch Sprengen freigelegt; im umgekehrten Fall durch »Schlitzen« im Voraus entnommen. Ganz zu Anfang wurde das Erz mit Picke und Haue abgebaut. Doch schon bald konnten Bohrhämmer eingesetzt werden. In jedem Fall war die Erzgewinnung mit erheblichen körperlichen Belastungen und Gesundheitsrisiken durch den radioaktiven Erzstaub verbunden. Trotzdem wurde die Arbeit »am Erz« von den meisten Kumpeln als ein »Festtag« empfunden, denn für jede Erzkiste gab es Prämien. Je nach Qualität wurden pro »Erzkiste« zwischen 3 bis 200 Mark gezahlt.[56]

Auf der Jagd nach Prämien vernachlässigten einige Kumpel die Sicherheitsbestimmungen oder versuchten zu manipulieren. Ein ehemaliger Bergmann erzählt, wie man dabei vorging: »Wir hatten immer eine Kiste gutes Erz versteckt und haben die Kisten mit weniger gutem Erz präpariert. Dadurch konnte man mehr Erzprämie verdienen ... Es war keine Seltenheit, dass die Erzprämie den Monatslohn wesentlich überstieg. Dieser finanzielle Anreiz führte natürlich auch dazu, dass von den Kumpels alle möglichen Tricks erfunden wurden, um zusätzliches Geld zu machen. So haben wir z. B. in stillgelegten oder gesperrten Strecken oft unter gefährlichen Umständen Erz abgebaut und dieses dann, bei Verschweigen des wahren Fundortes, auf die eigenen Strecken abgerechnet.«[57]

Nach Ende ihrer Schicht mussten die Bergleute durch eine Schleuse gehen, an der ein Geiger-Müller-Zähler angebracht war. Ertönte ein Signal, konnten die Kontrollposten verlangen, dass sich der Betreffende auszieht. Er sah sich dem Verdacht ausgesetzt, Uranerz zu schmuggeln. Oft war jedoch nur die Arbeitsbekleidung radioaktiv kontaminiert, oder es hatten sich Erzkrümel in den Schuhsohlen verklemmt.

Die Anfänge einer neuen Personalpolitik

Die sowjetische Führung strebte die Bildung einer Stammbelegschaft an. Eine Ausweitung der Produktion ließ sich nur mit einer qualifizierten und motivierten Belegschaft realisieren. Für die SED und den FDGB kamen weitere Motive hinzu. Die jährlichen Kampagnen zur Rekrutierung von Arbeitskräften für den Uranbergbau waren außerordentlich aufwendig und nicht dazu angetan, das Ansehen bei der Bevölkerung zu verbessern.

Während die Arbeitsämter bereits für 1948 eine Freiwilligenquote von mehr als 60 Prozent, für 1949 gar von 90 Prozent und ab 1950 von 100 Prozent auswiesen, dürfte ihr tatsächlicher Anteil durchaus niedriger gelegen haben.[58] Der Trend war dennoch unverkennbar: Die Wismut AG entwickelte sich zu einem attraktiven Arbeitgeber.

Größere Bedeutung als der Lohn in Mark und Pfennig hatte in den ersten Nachkriegsjahren die Naturalversorgung. Lebensmittel waren knapp und wurden in allen Besatzungszonen gegen Rationierungskarten ausgegeben. Sie stellten in jenen Jahren die wichtigste »Währung« dar. »Erst kommt das Fressen, dann die Moral«, dieser oft zitierte Ausspruch brachte es auf den Punkt.

Grob gerechnet lagen die täglichen Rationen der Wismut-Bergleute doppelt so hoch wie die eines Schwerarbeiters in der Industrie. Die Uranbergleute standen damit an der Spitze der Kalorienhierarchie in der SBZ. Das Motto »Ich bin Bergmann, wer ist mehr?« konnte man demnach durch den Zusatz erweitern »Ich bin Wismut-Bergmann, wer isst mehr?«.

Tägliche Nahrungsmittelrationen von Arbeitern in der SBZ im Jahr 1949 (in g)[59]

Berufsgruppe	Brot	Nährmittel	Fleisch	Fett	Zucker
Arbeiter	475	68	40	18	35
Schwerarbeiter	575	75	50	33	45
Bergarbeiter	750	88	70	45	45
Uranbergmann	850	137	157	58	35

Das System der Leistungsanreize wurde schrittweise verfeinert. Neben den Lebensmittelprämien und mindestens zwei Liter steuerfreiem Trinkbranntwein (»Kumpeltod«) gab es Gutscheine für alle möglichen Bedarfsartikel wie Schuhe, Stoffe und Bekleidung.

Bis heute geraten viele ehemalige Bergleute ins Schwärmen, wenn sie über die »Stalinpakete« erzählen. Ein solches Paket bekam man bei einer Normerfüllung von mehr als 150 Prozent. Es enthielt unter anderem Mehl, Fleisch, Wurst, Fett, Käse und Obst bzw. Konserven. Ein Bergmann erinnert sich: »Das waren Leistungspakete. Und zwar gab's das jeden Monat. Wer gute Arbeit geleistet hatte, hat 'n Stalinpaket gekriegt. Ein halbes Stalinpaket, das waren sechs Industriegläser mit eingemachtem Obst, entweder Apfelmus oder Kirschen. Und ein ganzes Paket, da gab es schon zwölf Gläser. Und Scheine, mit denen wir beim Fleischer was kaufen konnten. Das war eben das Günstige bei der Wismut.«[60]

Die »Stalinpakete« hatten auch eine Symbolwirkung. Sie waren das Gegenstück zu den amerikanischen »Carepaketen« in den Westzonen. Der Wiederaufbau im Ruhrgebiet stand nach anfänglichen Sozialisierungsdiskussionen unter dem Motto »Speck statt Sozialismus«. Dort gelang es nach großen Anlaufproblemen, die Lebensmittelversorgung und später auch den Wohnungsbau für die Bergleute als wichtigste Leistungsanreize zu etablieren. Ab Herbst 1947 begann die britische Militärregierung mit der Ausgabe von »Carepaketen«, die aus amerikanischen Militärdepots und aus Spenden amerikanischer Hilfsorganisationen stammten. Ihre Ausgabe war an strikte Leistungsziele und die Unter-Tage-Arbeit gebunden.[61]

Bei der Wismut AG handelte die Besatzungsmacht nach dem Motto »Speck und Sozialismus«. Die Hierarchie der Kalorien verfehlte auch in diesem Fall ihre Wirkung nicht. Allerdings kamen die Lebensmittel nicht aus dem Ausland, sondern aus der SBZ.

Wer in der DDR von »sozialistisch arbeiten« sprach, meinte dies nicht selten spöttisch. In der staatlichen Industrie waren die Lohnunterschiede gering, und die Leiter besaßen nur wenige und kaum wirksame Sanktionsmöglichkeiten gegenüber der Belegschaft. Die Arbeitszeit wurde in vielen Fällen nicht rationell genutzt. Wenn überhaupt jemand entlassen wurde, dann meist aus politischen Gründen. Dieses auf die letzten Jahre der DDR zutreffende Bild galt in keiner Weise für die Wismut AG. Im Uranbergbau gab es von Anfang an ein leistungsbezogenes Lohnsystem und eine starke Spreizung zwischen den Lohngruppen.[62] Da es bei der Wismut AG keinen Tarifvertrag gab, erfolgte die Festsetzung der Löhne und Sozialleistungen per Befehl bzw. Anordnung der Generaldirektion. Mit dem Befehl Nr. 115 vom 3. Juni 1947 wurde die Ausgabe zusätzlicher Lebensmittel bei Erfüllung der Norm angekündigt und die Ausgabe von Prämienpaketen bei einer Normübererfüllung von 150 Prozent in Aussicht gestellt. Es folgten die Befehle Nr. 163 vom 7. Juli 1947 (Trennungsgeld), Nr. 239 vom 20. Oktober 1947 (Leistungslohn) und Nr. 250 vom 1. November 1947 (Spezialistenzulage als Ergänzung zum Befehl Nr. 239). Per Befehl Nr. 250 wurde ein »Wismut-Zuschlag« eingeführt. Demgemäß erhielt jeder Unter-Tage-Arbeiter einen Zuschlag von 40 Prozent und jeder Über-Tage-Arbeiter einen Zuschlag von 10 bis 30 Prozent. Außerdem gab es noch Zulagen für Akkordarbeiter in Höhe von 15 Prozent.[63] Bis Mitte 1949 entstand so ein vielschichtiges Regelwerk.[64]

Insbesondere die Treueprämie war ein wichtiges Instrument zur Bildung einer Stammbelegschaft. Eine Prämie in Höhe von fünf

Prozent des Bruttojahreslohnes gab es nach sechs Monaten Betriebszugehörigkeit. Wer zwei Jahre dabeiblieb, erhielt bereits ein Plus von 20 Prozent des Bruttojahreslohnes. Ab dem 1. August 1949 wurde auch noch eine weitere Zusatzverpflegung für die Beschäftigten der Wismut AG eingeführt und eine Zusatzkarte für Familienangehörige gewährt.[65]

Im Land machten schon bald Gerüchte von märchenhaften Verdiensten der Uranbergleute die Runde. Dies weckte sowohl Bewunderung als auch Neid. Selbst Vergleiche zum Goldrausch in Kalifornien und Alaska wurden bemüht. Davon zeugte u. a. die Redewendung vom »Klondike im Erzgebirge«. Sicher, mancher Kumpel verdiente gemessen am übrigen Land sehr gut. »Uranmillionäre«, wie in den USA, konnte es jedoch in der SBZ/DDR nicht geben.

In dem Maße, wie die Nachfrage nach Arbeit bei der Wismut über das Angebot hinauswuchs, begann die Direktion der AG, unterstützt von der SED-Leitung und der Gewerkschaft, das Arbeitsregime zu straffen und zu einer strengeren Personalauswahl überzugehen. Dieser Prozess vollzog sich Anfang der 1950er Jahre. Das hing mit mehreren Faktoren zusammen: Dem ursprünglich nur auf wenige Jahre konzipierten Uranbergbau eröffnete sich durch die Erschließung neuer großer Lagerstätten eine langfristige Perspektive. Provisorien reichten dafür nicht mehr aus. Das »Horten« von Arbeitskräften hatte inzwischen zu einer deutlichen Überbesetzung einzelner Objekte geführt. Insgesamt waren 1950 etwa 200 000 bei der Wismut beschäftigt. Die Mechanisierung der bergmännischen Arbeiten kam voran, so dass ein Teil der Handarbeit entfiel.

Zu einem zeitweiligen Einstellungsstopp und einer ersten großen Entlassungswelle kam es im Herbst 1950. Im Zuge der Stilllegung mehrerer unrentabler Objekte wurde ca. 20 000 Arbeitskräften gekündigt. Eine zweite Entlassungswelle folgte ab dem Frühjahr 1951. Insgesamt verließen bis Ende Juni 1951 mehr als 50 000 Bergleute die Wismut AG. Fast zwei Drittel aller Kündigungen gingen nunmehr vom Arbeitgeber aus.[66] Zur neuen Personalpolitik gehörte auch ein Einstellungsverbot für Personen, die aus westlicher Kriegsgefangenschaft bzw. den Westzonen kamen.

Für den Aufbau einer Stammbelegschaft reichte es aber nicht aus, arbeitsunwillige oder politisch missliebige Personen zu entlassen. Man brauchte gut motivierte und sesshafte Bergleute, die

Bergleute werden für hervorragende Arbeitsleistungen ausgezeichnet (1950er Jahre).

ihre Zukunft bei der Wismut AG sahen. Ein zentrales Problem war dabei die Wohnungsfrage.

Ein erstes bescheidendes Wohnungsbauprogramm begann die Wismut AG Ende 1947. In dessen Rahmen sollten in Johanngeorgenstadt, Schneeberg und Niederschlema 1000 Wohnungen entstehen. Ab 1948 baute man darüber hinaus einstöckige Bergmannshäuser (Wiener Häuser) und Einfamilienhäuser aus Holz (Berliner Häuser). Das war nicht mehr als der berühmte Tropfen auf den heißen Stein.

Ende 1951 wurde schließlich ein größeres Wohnungsbauprogramm für die Bergbaukreise bewilligt. Entstehen sollten 5000 Wohnungen und zahlreiche Sozialbauten.[67] Am 1. Oktober 1952 schlossen die Wismut AG und das Ministerium für Aufbau einen Vertrag über den Bau von Wohnungs- und Kulturhäusern. Demgemäß gab die Wismut AG den Bau von 552 Wohnhäusern in Ronneburg, 355 in Schneeberg, 158 in Johanngeorgenstadt und 183 in Dresden in Auftrag. Außerdem sollten zehn neue Gemeinschaftsunterkünfte, mehrere Kindergärten, Kantinen, Bäder, Läden und Wäschereien aus dem Boden gestampft werden. Das Bauvolumen wurde mit ca. 34,5 Millionen Mark veranschlagt.[68] Das

Sonderbauprogramm »Erzbergbau« und später auch die Bildung von Arbeiterwohnungsbaugenossenschaften (AWG) trugen maßgeblich zur Verbesserung der Wohnungssituation bei. Wer Arbeit und Wohnung bei der Wismut AG fand, der blieb zumeist beim Uranerzbergbau.

Mit der zunehmenden Mechanisierung der bergmännischen Arbeiten hing die Tagesleistung immer weniger von Einzelaktivitäten, sondern mehr vom reibungslosen Zusammenwirken kleiner Gruppen ab. Diese wurden in Brigaden zusammengefasst. Nunmehr hing die Entlohnung des Einzelnen von der Gesamtleistung der Brigade, in der Regel sechs bis neun Bergleute, ab. Jedes Brigademitglied, ob Hauer oder Fördermann, trug Verantwortung für das Endergebnis.

Angestrebt wurde die kollektive Normübererfüllung. Zu diesem Zweck entstanden, ebenfalls nach sowjetischem Muster, Ende 1947 die ersten »Stoßbrigaden«. Den besten von ihnen winkten hohe Prämien und moralische Anerkennung. Bestarbeiterkonferenzen sollten dem Erfahrungsaustausch und der Popularisierung der Aktivisten dienen.

Mit den Brigaden entstand, nicht nur im Bergbau, ein neues Umfeld. Sie wirkten disziplinierend auf den Einzelnen, da das Einkommen nunmehr von der kollektiven Leistung abhing. Sie schufen aber auch ein gewisses Gegengewicht zu den Vorgesetzten und förderten das Solidarverhalten unter den Bergleuten. Oft erstreckte sich der Zusammenhalt in den Brigaden nicht allein auf den Arbeitsalltag, sondern auch auf die Freizeit.

In dem in der DDR viel gelesenen Roman »Der Wundertäter« von Erwin Strittmatter wird in einem Kapitel die Aktivistentat eines Kohlenbergmanns erzählt. Er fährt eine Rekordschicht und wird anschließend von seinen Kollegen geschnitten. Sie sehen in ihm einen Lohndrücker.

Der berühmteste Aktivist der SBZ war der Bergmann Adolf Hennecke aus dem Steinkohlenwerk Oelsnitz. Er erreichte, nach gründlicher Vorbereitung, am 13. Oktober 1948 387 Prozent der Tagesnorm und sollte damit den Anstoß zur Aktivistenbewegung in der gesamten SBZ geben. Henneckes Leistung war in aller Munde, aber nur eine kleine Minderheit seiner Kollegen hatte Verständnis für den »Normbrecher«.[69]

Die SED-Parteileitung bei der Wismut AG reagierte unwirsch auf den Medienrummel um Hennecke.[70] Bereits Monate vor seiner aufsehenerregenden Schicht hatte es im Uranerzbergbau die ersten Aktivisten, mit teilweise weit höheren Leistungen, gegeben. Zu den ersten gehörten Wilhelm Luck, Horst Radecker und Josef (Sepp) Wenig. Zwei Dinge ließen es der Leitung der Wismut AG jedoch geboten erscheinen, den Namen Wenig nicht landesweit zu propagieren. Zum einen wollte man keine »Wenig(er)«-Bewegung ins Leben rufen. Zum anderen scheuten sich SED und FDGB, den Uranerzbergbau als Vorbild für die gesamte Wirtschaft der SBZ hinzustellen, da man nicht detailliert über den sowjetischen Betrieb berichten durfte. Außerdem gehörten zu den ersten Bestarbeitern bei der Wismut AG auch ehemalige Wehrmachts- und SS-Offiziere. Dies wird, wenn auch vorsichtig, im Film »Die Sonnensucher« von Konrad Wolf angedeutet, lässt sich aber auch durch Unterlagen der Gewerkschaft belegen. So blieb es Adolf Hennecke vorbehalten, in die Geschichte der SBZ/DDR als Begründer der Aktivistenbewegung einzugehen.

Dank einer guten Arbeitsorganisation und eines optimalen Technikeinsatzes erreichte eine Jugendbrigade bei der Wismut AG im Frühjahr 1950 einen Streckenvortrieb von 164 Metern im Monat. Andere Brigaden nahmen die Herausforderung an: Monat für Monat gab es neue Rekorde zu verzeichnen. Im Jahr 1954 lag die Spitzenleistung bereits bei 400 Metern.

Die Kehrseite der Aktivistenbewegung wurde auch bei der Wismut AG bald offenbar. Die Direktion nutzte die hohe Normübererfüllung durch einzelne Brigaden, um allgemeine Normanhebungen zu legitimieren.

Die Beschäftigtenentwicklung

Über wie viele Beschäftigte verfügte die Wismut AG in den Jahren 1947 bis Ende 1953? Diese Frage ist bis heute nicht exakt zu beantworten und hat zu stark abweichenden Angaben in den verschiedenen Publikationen geführt.[71] In der Zeit des Kalten Krieges war die Beschäftigtenstatistik der Wismut AG ein streng gehütetes Geheimnis. Während man im Osten dazu keine Zahlen offen publizierte, tendierten westliche Schätzungen zu Übertreibungen. Nur so viel sei zu den methodischen Problemen der Arbeitskräftestatistiken angemerkt: Das Unternehmen wuchs in raschem Tempo, die einzelnen Objekte und Schächte wirtschafteten weitgehend autonom, die Fluktuation war sehr hoch und die Verweildauer der Arbeitnehmer lag zwischen wenigen Wochen und vielen Jahren.

Erste Anhaltspunkte vermitteln die Rekrutierungsbefehle der Besatzungsbehörden.[72] Sie forderten allein bis Anfang 1952 fast 450 000 Arbeitskräfte für den Uranbergbau an! Diese enorme Zahl erklärt sich sowohl aus der rasanten Ausweitung des Uranbergbaus als auch durch die hohe Fluktuation. Für ausgeschiedene Bergleute musste permanent Ersatz gefunden werden. Die Zahl der Vermittelten war aber keinesfalls identisch mit der Zahl der tatsächlich bei der Wismut AG Beschäftigten. Ein Teil von ihnen war nicht bergbautauglich oder wurde aus anderen Gründen nicht von der Wismut AG eingestellt.

Zu beachten ist außerdem, ob nur von den deutschen Beschäftigten in den Produktionsbetrieben oder auch von den Nebenbetrieben und dem sowjetischen Personal die Rede ist. Knapp 10 Prozent aller Beschäftigten bei der Wismut AG waren sowjetische Staatsangehörige. Zwei Drittel von ihnen gehörten zum Militärpersonal, ein Drittel waren Zivilangestellte, überwiegend in leitenden Positionen. Zeitweilig waren es deutlich mehr als 10 000 Personen. Kein anderer Betrieb einer sowjetischen AG in der SBZ/DDR verfügte auch nur annährend über so viele sowjetische Mitarbeiter. Die Wismut AG war das mit Abstand größte sowjetische Auslandsunternehmen im gesamten Ostblock.

Auch das Militärpersonal wurde in der Statistik der Wismut AG zum Produktionspersonal gerechnet. Wenn wir die Gesamtzahl der im produktiven Bereich Beschäftigten gleich 100 Prozent setzen, dann gehörten dazu 75 Prozent deutsche Arbeiter, neun Prozent deutsches ingenieurtechnisches Personal, acht Prozent Deutsche aus dem Servicebereich, sechs Prozent sowjetische Militärangehörige und drei Prozent sowjetische Zivilangestellte.

Ende 1953 erklärte der neue Generaldirektor Bogatow, dass bei der Wismut AG 112 859 Arbeitskräfte beschäftigt seien. Hinzu kämen dann noch 14 349 Angestellte der Handelsorganisation Wismut, 5401 Arbeitskräfte im System der Sozialversicherung – dazu gehörten 15 Polikliniken, 13 Krankenhäuser, neun Kindergärten bzw. -krippen, vier Nachtsanatorien, vier Sanatorien und 22 Ferienheime – sowie 246 Funktionäre der Massenorganisationen, zusammen 19 996 Personen. Insgesamt verfügte die Wismut AG Ende 1953 demnach über knapp 133 000 Beschäftigte.[73]

Nehmen wir diese Angaben als Richtschnur auch für die vorangegangenen Jahre, dann müssen zu den in den Statistiken ausgewiesenen Beschäftigten in den Produktionsbereichen noch jeweils rund 15 Prozent Beschäftigte aus den genannten nichtproduktiven Bereichen hinzugefügt werden.

Beschäftigte bei der Wismut AG 1946–1953 (jeweils per 31.12.)[74]

Jahr	Beschäftigte im produktiven Bereich	Beschäftigte insgesamt
1946	2257	5000
1947	18775	46000
1948	63383	100000
1949	139587	164000
1950	195906	217000
1951	153112	202000
1952	–	150000
1953	112859	133000

Trotz mancher offener Fragen in Bezug auf die Beschäftigtenentwicklung zwischen 1946 und 1953 bleibt festzuhalten: Die Wismut AG wuchs in dieser Zeit in einem unglaublichen Tempo und erreichte den Höhepunkt ihrer personellen Expansion 1950/1951. Selbst wenn man für 1950 die Beschäftigten des ostdeutschen Braun- und Steinkohlenbergbaus sowie des Kalibergbaus zusammenrechnet, erreichten diese drei großen Branchen zusammen nicht die Personalstärke der Wismut AG.

Um in kürzester Zeit den Uranbergbau ausbauen zu können, mussten Arbeitskräfte und materielle Ressourcen aus der gesamten SBZ ins Erzgebirge gepumpt werden. Dies wurde anfangs über ein offenes Zwangssystem, später über eher verdeckte Zwangsmechanismen und umfangreiche Leistungsanreize erreicht. Für die Mehrheit der zum Uranbergbau Dienstverpflichteten blieb diese Zeit eine kurze, wenn auch einschneidende Episode, die je nach den individuellen Umständen unterschiedlich beurteilt wurde. Andere blieben freiwillig und bildeten nach einer längeren Übergangszeit eine gut motivierte Stammbelegschaft.

Schattenseiten

Militärtribunale und Sonderjustiz

Die Tätigkeit der Wismut AG führte in den ersten Jahren zu erheblichen sozialen Spannungen in den Bergbaukreisen. Die kriminellen Delikte häuften sich. Die SMAD sah nicht zuletzt im Zustrom von Zwangsverpflichteten und dem hohen Alkoholkonsum vieler Bergleute Hauptursachen für diese negative Entwicklung.[1]

Anfangs stellten die massenhaften Vertragsbrüche das größte Problem für die Wismut-Direktion dar. Die Betreffenden wurden wie Deserteure behandelt. Man schrieb sie zur Fahndung aus und drängte die deutschen Gerichte, hart gegen die »Deserteure« vorzugehen.[2] In einer Reihe von Fällen wurden vertragsbrüchige Arbeiter nicht an die deutsche Justiz übergeben, sondern von der Wismut AG intern bestraft. In schlimmen Fällen bedeutete dies ein Verfahren vor einem Sowjetischen Militärtribunal (SMT).

Solche Militärtribunale gab es bis 1955 in der gesamten SBZ/DDR. Die Grundlage für die Rechtsprechung der SMT bildete zumeist der Paragraph 58 des Strafgesetzbuches der UdSSR, der sich auf »konterrevolutionäre Verbrechen« bezog.[3] Die Tribunale arbeiteten nicht öffentlich und im Schnellverfahren. Häufig beruhte die Anklage ausschließlich auf den erpressten Geständnissen der Inhaftierten. Entlastungszeugen waren nicht zugelassen, selbst die Anwesenheit eines Verteidigers wurde nur selten gestattet. Unter diesen Umständen hatten die Beschuldigten kaum Chancen, einer Verurteilung zu entgehen.

Einen Überblick, wie viele Wismut-Mitarbeiter von den Tribunalen verurteilt wurden, gibt es bisher nicht. Die stichprobenhafte Sichtung von SMT-Akten bei der russischen Militärstaatsanwaltschaft lässt zumindest den Schluss zu, dass in den Bergbaukreisen überwiegend Fälle von Alltagskriminalität verfolgt wurden. In mehr als der Hälfte der Fälle beruhte die Anklage auf dem Vorwurf des Diebstahls. Dies war ungewöhnlich und wich von der üblichen Praxis der SMT in der SBZ/DDR ab. Eine Erklärung da-

Der sowjetische Außenminister Wjatscheslaw Molotow besucht einen Schacht der SDAG Wismut in Johanngeorgenstadt (1954).

für bietet die hohe Zahl von Vertragsbrüchigen. Wenn zum Beispiel ein Zwangsvermittelter in Arbeitsbekleidung flüchtete, galt er als Dieb, da er die Bekleidung von der Wismut AG erhalten hatte.

An zweiter Stelle standen »politische Straftaten«. Nicht selten beruhten die Urteile auf erpressten Selbstbezichtigungen. So erklärte der Häuer Gerhard Fieker, dass er Aussagen über seine Verbindungen zu ausländischen Geheimdiensten selbst erfunden habe.[4] Tatsächlich hatte er den mangelhaften Arbeitsschutz kritisiert und darüber dem amerikanischen Nachrichtensender RIAS in Westberlin Auskunft gegeben. Er und der Geologe Axel Weidenberg wurden im Frühjahr 1951 wegen Spionage zum Tode verurteilt. Die Urteile wurden am 1. November 1951 vollstreckt. Ein dritter Angeklagter, Hans Gerd Kirsche, wurde zu 25-jähriger Haft in der Sowjetunion verurteilt.

Opfer politischer Repressionen oder juristischer Willkür erhielten nicht nur hohe Freiheitsstrafen, sondern wurden oft auch sämtlicher Vermögenswerte beraubt. So wurden die Habseligkeiten von drei durch ein SMT verurteilten Bergleuten im August 1948 an Vertreter der Wismut AG zur persönlichen Verwendung übergeben.[5] Die Akten der SMT lagern noch heute bei der russischen Militärstaatsanwaltschaft. Eine Reihe von Unrechtsurteilen wurde inzwischen aufgehoben.

Der Einsatz von Strafgefangenen zu körperlich besonders schweren Arbeiten, oft in gesundheitsschädlichen Produktionsbereichen, war in der Sowjetunion der Stalinära gängige Praxis. Das Wirtschaftsimperium des NKWD beruhte auf der Arbeit von Millionen Gefangenen. In allen anderen Ostblockländern wurden Strafgefangene ebenfalls in Produktionsbetrieben eingesetzt. In der ČSSR, in Bulgarien, Polen und Rumänien mussten Tausende Gefangene, unter ihnen viele politische Häftlinge, auch im Uranbergbau arbeiten. Bei der Wismut AG hingegen kam es nicht zu einem systematischen Einsatz von Internierten und Strafgefangenen. Zwar hatte es dafür Pläne des sowjetischen Innenministeriums gegeben, doch diese wurden nicht umgesetzt. Es kam lediglich zur Versetzung von ungefähr 2000 deutschen Kriegsgefangenen, die zuvor in den tschechoslowakischen Uranminen gearbeitet hatten. Formal meldeten sie sich freiwillig zur Wismut AG. Doch im Prinzip hatten sie keine Wahl, wollten sie ihre Freiheit wiedererlangen.

Ausschlaggebend für die Nichtbeschäftigung von Häftlingen bei der Wismut AG war die Wende in der Personalpolitik des Betriebes. Der Aufbau einer gut motivierten Stammbelegschaft begann sich alsbald in steigenden Produktionszahlen niederzuschlagen. Daher war man nicht auf unfreie Arbeiter angewiesen. Im Gegenteil. Die Direktion der Wismut AG, assistiert von SED- und Gewerkschaftsfunktionären, lehnten gegenüber dem Justizministerium selbst den Einsatz von »Bewährungsarbeitern« (»B-Arbeiter«) ab. Als Argument gegen ihren Einsatz wurde ins Feld ge-

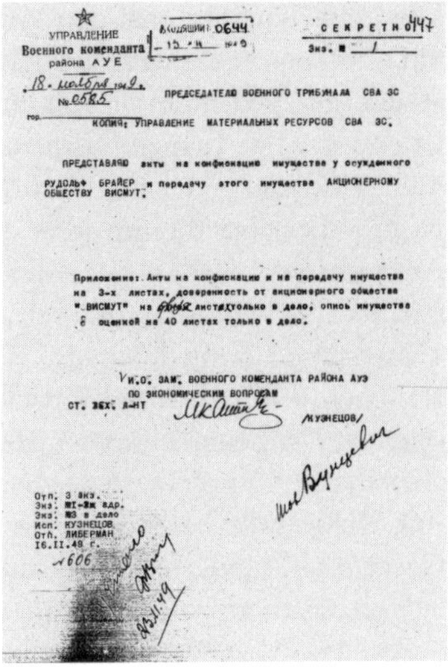

УПРАВЛЕНИЕ
Военного коменданта
района АУЕ

СЕКРЕТНО
Экз. № 1

№ 0585

ПРЕДСЕДАТЕЛЮ ВОЕННОГО ТРИБУНАЛА СВА ЗС

КОПИЯ: УПРАВЛЕНИЕ МАТЕРИАЛЬНЫХ РЕСУРСОВ СВА ЗС.

ПРЕДСТАВЛЯЮ акты на конфискацию имущества у осужденного РУДОЛЬФ БРАЙЕР и передачу этого имущества АКЦИОНЕРНОМУ ОБЩЕСТВУ ВИСМУТ.

Приложение: Акты на конфискацию и на передачу имущества на 3-х листах, доверенность от акционерного общества „ВИСМУТ" на [illegible] листах только в дело, опись имущества с оценкой на 40 листах только в дело.

И.О. ЗАМ. ВОЕННОГО КОМЕНДАНТА РАЙОНА АУЭ
ПО ЭКОНОМИЧЕСКИМ ВОПРОСАМ
СТ. ТЕХ. Л-НТ
/КУЗНЕЦОВ/

Отп. 3 экз.
Экз. №1-2 адр.
Экз. №3 в дело
Исп. КУЗНЕЦОВ
Отп. ЛИБЕРМАН
16.II.49 г.

Der als »geheim« klassifizierte Beschluss der Sowjetischen Militärkommandantur vom 18. November 1949 zur Konfiszierung des Privateigentums eines Verurteilten zu Gunsten der Wismut AG.

führt, dass eine Beschäftigung bei der Wismut AG eher ein Privileg denn eine Strafe sei. So blieb es bei Einzelfällen.

Wie passt dieser Befund nun aber zu Zeitzeugenberichten, in denen von »Strafschächten« die Rede ist? Bisweilen wurde sogar von »KZ-Schächten« und »Todesminen« gesprochen.[6] Solche Begriffe entsprachen nicht der Realität. Es gab bei der Wismut AG keine Schächte, in denen undisziplinierte Bergleute eingesperrt, misshandelt oder umgebracht wurden. Zurückzuführen dürften solche Berichte auf Schächte sein, in denen besonders schlechte Arbeitsbedingungen herrschten. Dies war zum Beispiel beim Schacht »Siebenschlehen« am Filzteich bei Schneeberg der Fall.[7]

Am 1. Februar 1949 regte Generalmajor Malzew in einem Schreiben an den Chef der SMA/Sachsen die Bildung einer selbständigen Justiz und Staatsanwaltschaft in den Bergbaukreisen an, »aufgrund der starken Konzentration der deutschen Bevölkerung an den Standorten des Erzbergbaus, infolge sehr zahlreicher Entwendung von Arbeitsbekleidung, Holzmaterial, Kohle und Kartoffeln sowie der Desertion von zur Arbeit im Bergbau Verpflichteten, deren Straftaten deutscher Gerichtsbarkeit unterliegen«.[8] Öffentlich geführte Verhandlungen, so seine Überlegung, schadeten dem Ansehen der Wismut AG und erlaubten unerwünschte Einblicke in die Organisation ihrer streng geheimen Arbeit.

Die SMA/Sachsen griff den Vorschlag von Generalmajor Malzew auf und »empfahl« dem sächsischen Justizministerium die Einrichtung einer gesonderten Abteilung »Bergbau« beim Amtsgericht Chemnitz. Das Justizministerium erließ daraufhin am 26. Februar 1949 eine entsprechende Anordnung.[9] Der Abteilung »Bergbau« wurde die »Erledigung aller Strafsachen aus den Bezirken der Amtsgerichte Annaberg, Aue, Brand-Erbisdorf, Chemnitz, Marienberg, Schneeberg und Schwarzenberg« übertragen. Ab März 1950 kamen dann noch die Amtsgerichtsbezirke Augustusburg, Limbach, Stollberg und Zwickau hinzu. Streitfälle aus dem Bereich des Arbeitsrechtes wurden ebenfalls einer gesonderten Gerichtsbarkeit unterworfen. Zwar hatte die Direktion der Wismut AG wiederholt beteuert, dass auch im Bergbaugebiet deutsche Gesetze Gültigkeit besäßen, die Objektverwaltungen hielten sich jedoch kaum an solche Zusagen.[10]

Am 14. Juli 1950 wurde eine Vereinbarung zwischen dem sächsischen Ministerium für Arbeit und Sozialfürsorge und der Wismut AG geschlossen, die vorsah, alle arbeitsrechtlichen Streitigkeiten beim Amtsgericht Chemnitz zu verhandeln. Die Zuständigkeit sollte bei der neu einzurichtenden »Abteilung W« liegen. Damit wurde der Wismut AG eine eigene Arbeitsgerichtsbarkeit zugestanden.

Die »Abteilung W« arbeitete vollkommen isoliert von den übrigen Abteilungen des Amtsgerichtes. Die Berufung der Richter oblag dem Ministerium des Innern und der Sowjetischen Kontrollkommission, die Ernennung der Beisitzer der Wismut AG und dem FDGB, wobei die Wismut AG zwei Drittel der Beisitzer stellte. Von den 34 im Jahr 1950 ernannten Beisitzern gehörten 33 der SED an. Alle Akten wurden zur »Geheimen Verschlusssache« erklärt, die juristische Abteilung der Wismut AG war berechtigt, sich beim Amtsgericht persönlich »von der Einhaltung aller vereinbarten Sicherheitsmaßnahmen zu überzeugen.«[11]

Propagandakrieg: »Uransklaven« oder »Erzbergbau für den Frieden«?

Wohl kein Unternehmen im geteilten Deutschland stand mehr im Kreuzfeuer des Propagandakrieges als die Wismut AG. Es ging hart zur Sache, wobei Fakten weniger zählten als Schlagworte. Die Intention der sowjetischen Generaldirektion, gar keine Informationen über den Uranerzbergbau herauszugeben, war nicht lange durchzuhalten. Das Bergbaugebiet in Sachsen und Thüringen ließ sich nicht wie andere Betriebe des Atomkomplexes in den Weiten der Sowjetunion hermetisch abriegeln. Jeder, der es wissen wollte, konnte zumindest erfahren, dass die Wismut AG nach Uranerz suchte. Zudem berichteten Tausende in die Westzonen Geflüchtete über die Zustände in den Bergbaukreisen.

Selbst in den Medien der SBZ konnte man einiges über die Probleme der sächsischen Bergbaukreise erfahren. So kritisierte der Berliner Rundfunk beispielsweise im Frühjahr 1949 die Praktiken der Arbeitsämter.[12] Korrespondent Herbert Gessner wurde dafür anschließend gerügt. Doch er wusste sich in einer Stellungnahme für den Parteivorstand der SED zu wehren. Er schloss sein Schreiben mit den Worten: »Im übrigen scheint mir unser Versuch, zu verbergen, dass in Aue Uran gefördert wird, reichlich naiv. Das weiß in der Zone jedes Schulkind.«[13]

Noch ganz andere Töne hatte zwei Jahre zuvor der Vorsitzende der SPD in den Westzonen, Kurt Schumacher, angeschlagen. Er sprach von der »Sklavenarbeit im Uranbergbau« der SBZ.[14] Die SED-Presse wies das empört zurück.

Charakteristisch für die Propagandaschlacht in Sachen Uranbergbau war das Ringen um die Dominanz bestimmter Begriffe. So hatte sich der Begriff »Aue« als Synonym für den Uranbergbau eingebürgert. Wer von »Aue« sprach, meinte zumeist Zwangsverpflichtungen, harte Arbeit, schlechte soziale Verhältnisse und Wohnungsnot. Die Propaganda der SED bemühte sich, der negativ belegten Metapher »Aue« einen anderen Begriff gegenüberzustellen. Ein Thüringer Arbeitsamt brachte dieses Ansinnen auf den Punkt: »Es steht die Frage, ob man dem Schreckensbegriff ›Aue‹ einen anderen Begriff auch in der Massenagitation entgegensetzen soll. Man sollte das Wort ›Aue‹ vermeiden und sollte stets nur vom Erzbergbau in Sachsen sprechen. Dem vom Klassengegner geprägten und bei der Bevölkerung Gruseln erregenden Aue-Begriff sollte der Begriff Erzbergbau-Sachsen entgegengesetzt werden mit einem vollkommen anderen Inhalt.«[15]

Im Zuge ihrer Gegenpropaganda stellte die SED-Presse hauptsächlich folgende Punkte heraus: die überdurchschnittlichen Löhne im Erzbergbau, die zusätzliche Lebensmittelversorgung, das Prämiensystem, der Übergang von den Zwangsverpflichtungen zur Freiwilligenwerbung und das kulturelle Angebot.

Nach der doppelten deutschen Staatsgründung ebbte die Welle der Meldungen über die »Sklavenarbeit in der Zone« etwas ab. Mitte der 1950er Jahre verschwand das Thema schließlich weitgehend aus den Schlagzeilen.

Kultur und Ideologie

Die Kulturpolitik nahm in den Anfangsjahren der sowjetischen Besatzungspolitik einen hohen Stellenwert ein. Auch bei der Wismut AG bemühte sich Generaldirektor Malzew nach den grundsätzlichen Weichenstellungen vom Sommer 1947 um Konzerte, Theaterveranstaltungen und Literatur für die Belegschaft.[16] Die Kultur sollte, wie es damals hieß, als »Waffe im Klassenkampf« dienen und dazu beitragen, die Belegschaft im Sinne der Besatzungsmacht politisch zu beeinflussen. Außerdem war die Generaldirektion darauf bedacht, der Belegschaft Alternativen zum Besuch von Kneipen anzubieten, zumal sich der oft übermäßige Alkoholgenuss negativ auf die Arbeitsleistungen auswirkte.

Nachdem Malzew kulturelle Aktivitäten grundsätzlich befürwortet und dafür Geld in Aussicht gestellt hatte, entwickelten sich bei der Wismut AG in kurzer Zeit verschiedenste Formen der Unterhaltung. Das Unternehmen hatte dafür Gasthöfe angemietet, die fortan als »Wismut-Klubhäuser« dienten. So gab es 1950 bereits 82 »Wismut-Klubhäuser«. Dort fanden vor allem unterhaltende Veranstaltungen statt. Unter anderem verpflichtete die Generaldirektion die »30 Alberti Mädels«, eine österreichische Operetten- und Varieté-Truppe. Die Auftritte der Albertis boten den Kumpels willkommene Ablenkung vom schweren Alltag.

Die sowjetischen Kulturoffiziere bei der Wismut AG, zumeist hoch gebildete Offiziere mit guten Kenntnissen der deutschen Sprache, sahen ihre wichtigste Aufgabe darin, der deutschen Belegschaft die sozialistischen und sowjetischen Ideale nahezubringen. Nach den Erfahrungen aus der Kriegszeit und den ersten Nachkriegsmonaten war das Ansehen der Besatzungsmacht in der deutschen Bevölkerung ausgesprochen schlecht. Dem versuchten die Besatzungsbehörden, die SED und der FDGB durch Kampagnen, z. B. »Die Russen und wir« und »Von der Sowjetunion lernen«, entgegenzuwirken. Bibliotheken und Kinos wurden mit sowjetischen Büchern und Filmen, von der Hochkultur bis hin

Der 1951 eröffnete Kulturpalast in Chemnitz. Das sowjetische Vorbild in der Architektur ist unverkennbar.

zur banalsten Propaganda, beliefert. Hoch im Kurs stand auch die deutsche Klassik.

Aus der Sowjetunion kamen berühmte Ensembles in die Bergbaukreise und absolvierten dort große Auftritte. Dies ließ bei der Generaldirektion der Wismut AG den Wunsch nach einem eigenen Ensemble entstehen. So legte sich das Unternehmen ein Volkskunstensemble mit über 100 Mitgliedern zu. Sie alle wurden von der Wismut AG bezahlt. Das Orchester der Wismut AG brachte es in den Folgejahren zu hoher Professionalität und nationaler Bekanntheit.

Das Symbol für den kulturellen Aufschwung bei der Wismut AG schlechthin sollte der Bau des zentralen Kulturpalasts in Chemnitz darstellen. Er entsprach in seiner aufwendigen Architektur ganz dem Stil der Stalinära. Das Haus, für dessen Bau die Kumpel Spenden gegeben hatten, wurde im Januar 1951 eröffnet. Der Kulturpalast widerspiegelt die Ambitionen des Unternehmens, zum kulturellen Mittelpunkt des Lebens in der Region zu werden. Verknüpft waren mit dem Neubau auch manch hochtrabende Pläne zum Aufbau einer ganzen Reihe von Ensembles und Veranstaltungsreihen. Bei der Industriegewerkschaft (IG) Wismut hoffte man darauf, dass die monatlichen Unterhaltskosten des Hauses in Höhe von 210 000 Mark sowie Veranstaltungszuschüsse weitgehend von der Generaldirektion bezahlt würden. Diese übergab zwar den Kulturpalast in die Regie der Gewerkschaft, wollte aber die laufenden Kosten nicht komplett und auch erst ab 1953 übernehmen.[17] Hilfesuchend wandte sich die IG Wismut an den Bundesvorstand des FDGB. Bis Sommer 1952 waren bereits Schulden in Höhe von fast 700 000 Mark aufgelaufen. Wohl oder übel musste man sich von einigen überzogenen Projekten verabschieden. Die Schauspiel- und Volkskunstensembles wurden wieder aufgelöst, das Personal des Orchesters reduziert und der technische Apparat ebenfalls verkleinert.

Nach jahrelangem Hin und Her wurde der in seiner Unterhaltung teure Kulturpalast 1963 schließlich an den Rat des Bezirkes Karl-Marx-Stadt abgegeben.

»Erzdiebe« und Spione

Bis Kriegsende besaßen die Amerikaner kaum Kenntnisse von den Uranressourcen in Sachsen. Sie deuteten die in den zurückliegenden Jahren vernachlässigte Uransuche in Deutschland als Beleg dafür, dass es keine abbauwürdigen Vorkommen im Erzgebirge gab.[18]

Die amerikanische Wochenzeitschrift *Newsweek* zeigte sich am 25. November 1946 wenig beeindruckt von den sowjetischen Aktivitäten im Erzgebirge: »Sie (die Russen) öffneten eine preußische Staatsmine in Schneeberg neu und teuften einen Schacht in der Nähe des Radiumbades Oberschlema ab. Aber in keinem von beiden fanden sie Uranerz.«

Eine entscheidende Rolle für die zitierte voreilige Einschätzung haben die Berichte deutscher Experten und sowjetischer Überläufer gespielt. Natürlich waren dem britischen und amerikanischen Geheimdienst die sowjetischen Aktivitäten im Erzgebirge nicht verborgen geblieben. Im Mittelpunkt ihres Interesses stand die Frage nach der Ergiebigkeit der Uranlagerstätten.[19] Es schien den Amerikanern geradezu paradox, dass die Sowjets in einer Region mit dem Uranabbau begannen, in der es nach Auffassung angesehener Geologen nur geringe Vorkommen minderer Qualität gab. Diese Einschätzung ging unter anderem auf ältere Arbeiten von Professor Schumacher, die Dissertationsschrift von Professor Rajewsky sowie eine Arbeit des Mineralogen Dr. Hirsch zurück. Alle genannten Experten hatten in ihren Studien auf Uranerzfunde im

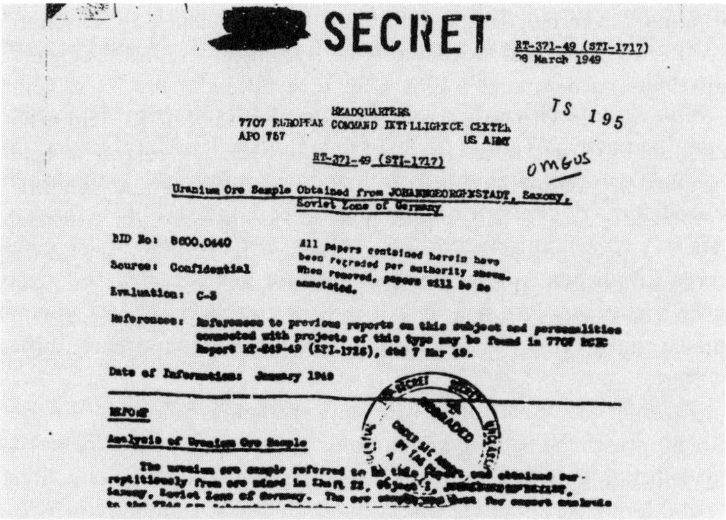
[redacted] SECRET

RT-371-49 (STI-1717)
8 March 1949

TS 195

HEADQUARTERS
7707 EUROPEAN COMMAND INTELLIGENCE CENTER
APO 757
US ARMY

RT-371-49 (STI-1717)

OMGUS

Uranium Ore Sample Obtained from JOHANNGEORGENSTADT, Saxony, Soviet Zone of Germany

BID No: 8600.0440

Source: Confidential

Evaluation: C-3

All papers contained herein have been regraded per authority shown. When removed, papers will be so annotated.

References: References to previous reports on this subject and personalities connected with projects of this type may be found in 7707 ECIC Report RT-349-49 (STI-1716), dtd 7 Mar 49.

Date of Information: January 1949

REPORT

Analysis of Uranium Ore Sample

The uranium ore sample referred to in this report was obtained surreptitiously from ore mined in Shaft 22, Object 1, JOHANNGEORGENSTADT, Saxony, Soviet Zone of Germany. The ore ...

Geheimbericht für das Hauptquartier der US-Armee über eine illegal beschaffte Uran-Probe aus Johanngeorgenstadt in der Sowjetischen Besatzungszone vom 8. März 1949.

Erzgebirge hingewiesen. Allerdings gingen sie übereinstimmend nur von gelegentlichen Vorkommen aus. Die Wirtschaftlichkeit des Uranabbaus in Sachsen stellten sie grundsätzlich in Frage. Zu dieser Fehleinschätzung hatte auch Dr. Adolf Krebs beigetragen, nachdem er in die USA übergesiedelt war. Obwohl Krebs kein ausgesprochener Experte auf dem Gebiet der Lagerstättenkunde war, beauftragten ihn die Amerikanern mit der Ausarbeitung eines Gutachtens über die Uranlagerstätten im Erzgebirge. In seinen Anfang 1948 verfassten Darlegungen kam er zu dem Ergebnis, dass im Gebiet um Oberschlema mit keinen größeren Vorkommen zu rechnen sei.[20]

Die nach Kriegsende von deutschen und sowjetischen Geologen vorgenommenen Vorratsberechnungen waren den Amerikanern nicht zugänglich. Sie versuchten es deshalb mit einer Überschlagsrechnung. Im günstigsten Fall, so schließt der betreffende Geheimbericht, könnten im sächsischen Teil des Erzgebirges 13 t Uranoxyd pro Jahr gewonnen werden.[21] Eine ernsthafte Bedrohung des amerikanischen Uranmonopols war das nicht. Noch bis Mitte 1948 gingen amerikanische Militärs davon aus, dass sich der Uranerzabbau im Erzgebirge nicht lohnen würde und dass die »Uranlücke« für das sowjetische Atomprojekt das größte Problem darstelle.[22]

Erst allmählich wurden sich die Amerikaner ihrer Fehleinschätzung bewusst. Die Fülle der inzwischen über den Uranbergbau in Sachsen gesammelten Informationen ließ nunmehr kaum noch Zweifel zu, dass sich dort doch größere Lagerstätten befanden. Als das amerikanische Militär Anfang 1949 in den Besitz mehrerer Erzproben aus Johanngeorgenstadt gelangte,[23] stand nach gründlicher Analyse fest, dass die vom amerikanischen Geheimdienst für das Erzgebirge aufgestellten Vorratsprognosen hinfällig waren.

Zu einer der wichtigsten Informationsquellen in Sachen Wismut für die westliche Seite avancierte das Ostbüro der SPD. Es wurde im Februar 1946 in Hannover als Betreuungsstelle für geflüchtete Sozialdemokraten sowie als Hilfsorgan für sozialdemokratische Gruppen in der SBZ gegründet.[24] Neben erklärten Gegnern der Zwangsvereinigung setzten auch in die SED eingetretene Sozialdemokraten einige Hoffnungen in das Ostbüro und glaubten, mit Hilfe dieser Organisation bis zum Ende der deutschen Spaltung »überwintern« zu können.[25] Mit der Zeit entstand in der SBZ ein Netzwerk von sozialdemokratischen Untergrundgruppen, die sich als politische Kämpfer gegen das Unrechtsregime verstanden. Sie erhielten Propagandamaterial aus dem Westen und sammelten Informationen, vorwiegend über die Zustände in Politik, Wirtschaft und Justiz. Die Grenzen zwischen widerständischem Verhalten und nachrichtendienstlicher Tätigkeit waren dabei fließend. Mit Wissen des Parteivorstandes der SPD gingen wichtige politische Erkenntnisse an britische und amerikanische Geheimdienste. Eine entsprechende Vereinbarung über den Austausch von Informationen und gelegentliche Hilfestellung wurde nach 1949 dann auch mit dem bundesdeutschen Verfassungsschutz und später dem Bundesnachrichtendienst (BND) geschlossen.[26]

Seit dem Frühjahr 1947 gingen beim Ostbüro in loser Folge eine Vielzahl von Informationen über den Auf- und Ausbau der Wismut AG ein.[27] Auf dieser Grundlage gab der Vorstand der SPD Ende 1949 die Denkschrift »Der Uranbergbau in der Sowjetzone« heraus. Umfangreiche Erkenntnisse des Ostbüros flossen auch in eine erste große Studie des britischen Geheimdienstes über die sowjetischen Bergbauaktivitäten in Sachsen ein.[28] Der Bericht enthielt detaillierte Informationen über die Anzahl der eingesetzten Arbeitskräfte, die Lage der Objekte und Schächte der Wismut AG.

Die Geheimdienste interessierten sich vor allem für den Umfang der Uranerzförderung. Genauere Aufschlüsse darüber konnten aber nur Erzproben geben. Deren Beschaffung war ein sehr riskantes Unterfangen. Beim Erzschmuggel wurde mit immer neuen Tricks gearbeitet. So hatte einmal ein Bergmann ein Erzstück in einem mit Schlamm gefüllten Förderwagen nach draußen gebracht.[29] Nicht selten lockte das scheinbar rasch zu verdienende Geld. Für ein Kilogramm Erz wurden in Westberlin 1000 DM geboten.[30]

Trotz strenger Kontrollen gelangten schließlich einige Erzproben in den Besitz des amerikanischen Militärs. Erstmals dokumentiert ist ein solcher Fall von Anfang 1949. Der aus dem Wismut-Objekt Nr. 1, Schacht 22, stammende Erzbrocken hatte ein Gewicht von ca. 2,4 kg und verfügte über einen durchschnittlichen Uranoxydgehalt von 22 Prozent.[31] Später folgten noch weitere Proben aus anderen Schächten. Russische Quellen weisen für 1949 aus, dass insgesamt ca. 43 kg Uranerz aus den Objekten 1,2 und 10 entwendet wurden.[32] Nach der Analyse aller eingegangenen Meldungen und der Auswertung der vorliegenden Erzproben konnte es auch für die Amerikaner keine Zweifel mehr geben – die Wismut AG war im Begriff, die sowjetische »Uranlücke« zu schließen.

Im März 1950 erließ Generaldirektor Malzew einen Geheimbefehl »über den unzureichenden Sicherheitsstandard in den Schächten und die Verschärfung der Maßnahmen zum Kampf gegen den Diebstahl von Erz, Sprengmitteln und Baumaterialien«.[33] Außerdem sollten diejenigen Deutschen entlassen werden, die sich freiwillig zur Wismut AG gemeldet hatten, aber ohne Überprüfung durch die sowjetische Geheimpolizei angestellt worden waren. Die Verschärfung des Sicherheitsregimes und abschreckende Strafen gegen »Erzdiebe« verfehlten ihre Wirkungen nicht.

Im Juni und Juli 1955 fanden im Kulturpalast in Karl-Marx-Stadt mehrere Schauprozesse gegen Spione des amerikanischen Geheimdienstes und der Organisation Gehlen, der Vorgängerorganisation des BND, statt. Die Angeklagten wurden des Geheimnisverrats beschuldigt und zu hohen Gefängnisstrafen verurteilt.[34]

Der Informationsfluss aus der Wismut AG in Richtung Westen nahm später ab und kam nach dem Mauerbau im August 1961 fast zum Erliegen.

Allein schon aufgrund ihrer großen Zahl und einem ausgeprägten Solidarverhalten fühlten sich die Bergleute als die »Herren im Revier«. Gab es Anlass zum Verdruss, und das war oft genug der Fall, so richtete sich der Zorn der Kumpel zuerst gegen die »Russenknechte«, vornehmlich die Angehörigen der Kasernierten Volkspolizei (KVP). Von Massenschlägereien zwischen Bergleuten und Polizisten sprach man im gesamten Revier, und gewiss wurden manche Händel in späteren Erzählungen noch ausgeschmückt.

Zu einer Kulmination sozialer Proteste kam es 1951, als die Wismut AG innerhalb weniger Monate Tausende Verträge kündigte und einen weiteren Personalabbau vorbereitete. Vor diesem Hintergrund häuften sich die Auseinandersetzungen zwischen Bergleuten und Ordnungskräften. Am 21. März 1951 kam es in Schneeberg in einer Gaststätte zu einer Schlägerei zwischen Bergleuten und Polizisten. Die Bergleute befreiten anschließend einen Kumpel aus der nahe gelegenen Polizeiwache. Erst einem zur Verstärkung herbeigerufenen motorisierten Kommando der Polizei gelang es, den Aufruhr zu beenden. Die Staatsmacht reagierte hart. Der »Rädelsführer« erhielt elf Jahre Haft.[35]

Nur wenige Monate später erreichte das widerständische Verhalten von Bergleuten eine neue Dimension.[36] Auf dem Marktplatz von Saalfeld kam es am 16. August 1951, einem Zahltag, zu einer Prügelei zwischen zwei angetrunkenen Bergleuten. Als auch ein Passant von den Bergleuten bedroht wurde, nahmen die zur Hilfe gerufenen Polizisten einen Bergmann fest und brachten ihn auf die Wache. Auf die Festnahme reagierten nicht nur die umstehenden Bergleute, sondern auch Einwohner empört. Nachdem weitere Wismut-Arbeiter hinzugekommen waren, zog die Menge vor die Polizeiwache und verlangte, den Kollegen sowie weitere in Haft vermutete Bergleute auf freien Fuß zu setzen. Inzwischen war die Menge auf 3000 Personen angewachsen. Die übergeordneten Polizeidienststellen untersagten den Schusswaffeneinsatz und ordneten die Freilassung aller eingesperrten Bergleute an. Die Versammelten waren jedoch nicht mehr zu beruhigen. Schließlich stürmten die Bergleute das Gebäude und verwüsteten es. Dann zogen sie zum Gefängnis weiter, wo zwei Kumpel befreit wurden. Diese waren offenbar vorher von Polizisten misshandelt worden. Daraufhin demolierte die aufgebrachte Menge auch das Gefäng-

Bergarbeitersiedlung. Im Interesse des Aufbaus einer Stammbelegschaft förderte die Wismut in den 1950er Jahren den Wohnungsbau.

nis. In Panik und Todesangst flüchteten die Polizisten über das Dach des Gebäudes.

Kurz nach dem Sturm auf das Gefängnis trafen der Erste Sekretär der SED-Landesleitung von Thüringen, Erich Mückenberger, und der Innenminister von Thüringen, Willy Gebhardt, in Saalfeld ein. Vergeblich versuchten sie die aufgebrachten Bergleute zu beruhigen und zogen sich wieder zurück.

Auch am nächsten Tag hielten die Spannungen an. Gerüchte von neuen Verhaftungen gingen um. Wieder zogen Bergleute auf den Marktplatz und kündigten die Befreiung verhafteter Kollegen an. Erneut verzichtete der Staat auf den Einsatz bewaffneter Kräfte, obwohl inzwischen starke Polizeiformationen in Saalfeld zusammengezogen worden waren. Stattdessen setzte man auf Diskussionen. Rasch herbeigeholten SED-Agitatoren gelang es, einen Teil der Bergleute zur Teilnahme an einer Aussprache in einem städtischen Hotel zu bewegen. Endgültig unter Kontrolle hatte die Staatsmacht die Situation erst in den frühen Morgenstunden des 18. August. Innerhalb der nächsten Wochen wurden einige Dutzend Personen vom Ministerium für Staatssicherheit (MfS) verhaftet. Zwölf von ihnen wurden im Mai 1952 zu Haftstrafen zwischen acht und fünfzehn Jahren verurteilt.[37]

Bei den Saalfelder Unruhen ging es mehr um soziale Missstände als um eine fundamentale politische Opposition. Daneben hatte der Protest aber auch eine moralische Komponente – die Misshandlung verhafteter Bergleute steigerte die Wut gegen die ohnehin schlecht angesehene Volkspolizei. Der Saalfelder Aufruhr nahm einiges von dem vorweg, was knapp zwei Jahre später, im Juni 1953, die große Volkserhebung in der DDR prägen sollte.

Die SED bewertete das Protestverhalten der Bergleute als gezielte und von außen gesteuerte politische Provokation und sah »ehemalige Militaristen und Faschisten« am Werk.[38] Auch später, vor allem nach dem 17. Juni 1953, versuchte man Arbeiterproteste mit dieser These zu erklären. Doch gegen wen sonst als die staatlichen Autoritäten hätten die Arbeiter protestieren sollen?

Welche Brisanz den Vorgängen in Saalfeld zugemessen wurde, verdeutlichte der Umstand, dass sich das Politbüro der SED im August und September 1951 gleich mehrfach mit den Ereignissen befasste. Am 5. November 1951 bestellte die Sowjetische Kontrollkommission (SKK) die SED-Spitze zum Rapport.[39] Im Ergebnis der Sitzung wurde ein ganzer Katalog von Maßnahmen beschlossen. Dazu gehörten die Teilung des Kreises Aue, um in den neuen, kleineren Verwaltungseinheiten eine bessere polizeiliche Kontrolle aufzubauen, die Aufstockung von Polizei und Staatssicherheit in den Bergbaukreisen, eine Verstärkung der Propagandatätigkeit, die straffere Kontrolle aller gesellschaftlichen Einrichtungen und Organisationen, Umbesetzungen in der Partei- und Gewerkschaftsleitung der Wismut AG sowie soziale Vergünstigungen.

Eine direkte Folge der Saalfelder Ereignisse waren auch politisch motivierte Aussiedlungen aus den Bergbaukreisen. Die SKK hatte vom Politbüro der SED die »Säuberung der Bergbaugebiete von verbrecherischen Elementen« gefordert.[40] Dazu zählte man vor allem Straffällige, »Herumtreiber«, Personen ohne Arbeit und Prostituierte. Die Polizei hatte in den Wismut-Kreisen bereits seit einiger Zeit »auffällige Personen« registriert. Auf Grundlage solcher Meldungen wurden Hunderte Personen aus den Bergbaukreisen zwangsweise ausgesiedelt.

Kurz nach den Saalfelder Ereignissen wurde bei der Staatlichen Plankommission ein »Sonderkommissar für Siedlungsfragen« eingesetzt. Er sollte die aus bergbautechnischen Gründen für nötig erachtete Umsiedlung von mehr als 3000 Personen aus Johanngeorgenstadt und Oberschlema möglichst »geräuschlos« in die Wege leiten.[41]

So peinlich der Aufruhr von Saalfeld für die Generaldirektion der Wismut AG auch war, er bot endlich die Chance, bei den höchsten sowjetischen und deutschen Stellen Gehör zu finden und ausstehende Sozialvorhaben einzuleiten. Die Direktion der Wismut AG reichte bei SED-Chef Ulbricht einen umfangreichen Plan für den Bau von Bergmannshäusern, Kommunal- und Kulturbauten ein und forderte dafür Zuschüsse aus dem Staatshaushalt.[42] Ulbricht sagte Hilfe zu, was den Vorsitzenden der Staatlichen Plankommission, Heinrich Rau, in eine schwierige Lage brachte, denn das »Sonderbauprogramm« für die Uranbergbaukreise musste außerplanmäßig in Angriff genommen werden.[43] Im Klartext hieß dies, Ressourcen von anderen Vorhaben abzuziehen.

Das Versorgungsniveau der Uranbergleute lag Anfang der 1950er Jahre deutlich über dem DDR-Durchschnitt. Zudem hatten nach dem Saalfelder Aufruhr begonnene Bauprogramme zu einer leichten Entspannung auf dem Wohnungsmarkt beigetragen. Trotzdem mussten Teile der Wismut-Belegschaft seit dem Frühjahr 1953 spürbare Einschnitte hinnehmen. Es kam zu »freiwilligen« Normerhöhungen und neuerlichen Entlassungen.

Unzufriedenheit über zu geringe Löhne herrschte vor allem in den Thüringer Garagen und Werkstätten der Wismut AG. Die Kraftfahrer und Mechaniker wurden deutlich schlechter entlohnt als ungelernte Arbeiter in den Aufbereitungsbetrieben. Dies widersprach ihrem Ehrgefühl und rief Verbitterung hervor. Im April 1953 drohten die Kraftfahrer daher mit einem Streik.[44]

Im Frühjahr 1953 gerieten dann auch die Beschäftigten unter Tage unter Druck. Allerdings mussten die Bergleute, trotz höherer Normen, kaum Lohneinbußen hinnehmen. Die zunehmende Frustration war eher darauf zurückzuführen, wie die hochgeschraubten Anforderungen an die Produktionsziele durchgesetzt wurden.

Für weiteren Zündstoff sorgte die Räumung von Wohnungen für sowjetisches Personal und der drohende Abriss von Teilen der Altstadt von Johanngeorgenstadt. Dagegen demonstrierten am 15. Juni 1953 rund 1000 Menschen auf dem Marktplatz. Dieser Protest führte zwar zu Verzögerungen bei der Räumung, konnte die Behörden aber nicht von ihrem einmal gefassten Beschluss abbringen.

Auch in anderen Städten und Gemeinden der DDR war es in jenen Tagen zu Protesten gekommen, die sich zumeist gegen die Erhöhung der Normen richteten. Als die Gewerkschaftszeitung

Tribüne am 15. Juni 1953 nochmals die Normerhöhungen rechtfertigte, war das Maß voll. Am Morgen des 16. Juni traten Berliner Bauarbeiter in den Streik und forderten die Rücknahme der Normerhöhungen. Am nächsten Tag weitete sich die Protestbewegung wie ein Flächenbrand auf die gesamte DDR aus. Neben sozialen Forderungen wurde nun auch der Ruf nach Rücktritt der Regierung und freien Wahlen laut. Nur die Verhängung des Ausnahmezustandes am 17. Juni und der Einsatz sowjetischer Truppen retteten die SED-Herrschaft.

In den Bergbau-Kreisen blieb die Intensität der Proteste hinter denen in der übrigen DDR zurück. Zu Streiks und Gewaltaktionen kam es vor allem in den Thüringer Wismut-Betrieben. Ausgangspunkt war die Garage Katzendorf bei Ronneburg. Die Kraftfahrer und Mechaniker fuhren mit ihren Fahrzeugen nach Weida und nahmen dort an Massenprotesten teil. Anschließend begaben sie sich nach Gera. Einer Einheit der KVP gelang es nicht, die erregten Wismut-Mitarbeiter zu stoppen. Die Polizisten wurden von den Kumpeln nach einem Handgemenge entwaffnet. Kurz darauf kam es zu spektakulären Aktionen in Gera. Erneut gingen die Bergleute aus Auseinandersetzungen mit KVP-Einheiten siegreich hervor. Danach demolierten sie mehrere Gaststätten und stürmten ein Polizeirevier in Berga. In den Zentren der Uranförderung blieb es hingegen ruhig, und auch im Thüringer Revier vermochte die Streikbewegung die Förderung nur kurzzeitig zu beeinträchtigen.

Hatten sich die Wismut-Angehörigen in den kritischen Tagen nahezu geschlossen hinter das SED-Regime gestellt, wie ihre Parteileitung behauptete? Wohl kaum. Es ist zu bedenken, dass alle Wismut-Objekte und Kreise militärisches Sperrgebiet waren. Selbst in den Schächten patrouillierten sowjetische Wachsoldaten. In keinem anderen Großbetrieb in der DDR gab es zudem derart viele Betriebsschutzkräfte und MfS-Angehörige wie bei der Wismut AG. Am 17. Juni und den Folgetagen wurden die Wachen noch einmal verstärkt. Einen Streik auf dem Betriebsgelände zu beginnen war also nahezu aussichtslos, ja geradezu selbstmörderisch.

Nach der Niederschlagung der Volkserhebung folgte auch in der Bergbauregion die Abrechnung mit den »Rädelsführern«. Bis Anfang Juli 1953 wurden 51 Beschäftigte der Wismut AG festgenommen. Allein 38 von ihnen kamen aus dem Geraer Gebiet.[45]

Vergebens war die Volkserhebung vom Juni 1953 trotz ihres

Scheiterns nicht. Sie blieb bis zum Ende der DDR das wichtigste Fanal für den Kampf um Menschenrechte und Demokratie. Die Besatzungsmacht und die SED sahen sich zu einer Reihe von sozialen Zugeständnissen veranlasst. Diese waren für die Wismut AG Ende 1951 in Reaktion auf die Saalfelder Unruhen teilweise schon vorweggenommen worden. Die Generaldirektion verfügte außerdem im August 1953 eine Lohnerhöhung in den unteren Lohngruppen und revidierte Lohnrückstufungen aus den Vormonaten.[46]

Während es sich beim Aufruhr in Saalfeld im August 1951 um einen isolierten sozialen Protest gehandelte hatte, stand im Juni 1953 auch in den Wismut-Kreisen die SED-Herrschaft auf dem Spiel.

Strahlenschäden

In der Hochzeit des Kalten Krieges – nach der Berlinkrise von 1948/1949 stand dafür vor allem der Korea-Krieg 1950/1953 – war der Zugriff auf Uranvorkommen ein besonders wichtiges Element für die militärische Stärke der Supermächte USA und Sowjetunion. Diesem Denken wurden auch alle betrieblichen Prozesse in der Uranindustrie untergeordnet. Diskussionen über die Strahlenrisiken für die Uranbergleute wurden in dieser Zeit nicht geführt.

Während Unfälle unter und auch über Tage zum Alltag der Bergleute gehörten, waren ihnen die »unsichtbaren Gefahren« ihrer Tätigkeit kaum gegenwärtig. Dabei gab es damals weltweit keine andere Bergbauregion, in der vor dem Krieg mehr für die Erforschung von Strahlenkrankheiten getan worden war. Die »Schneeberger« und die »Joachimsthaler Bergmannskrankheit« gingen in die Medizingeschichte ein. Seinerzeit einmalig war die Bergpolizeiverordnung vom 21. November 1940, die einen Grenzwert für die radioaktive Belastung von Unter-Tage-Arbeitern festlegte.

Nachdem sich abzeichnete, dass die sowjetische Besatzungsmacht den Uranabbau in der SBZ in großem Stil betreiben wollte, mehrten sich unter der Ärzteschaft in den Bergbaukreisen, den Gesundheitsbehörden und der Landesregierung kritische Stimmen. Eine erste eindringliche Warnung vor möglichen Krebsrisiken sprach Professor Dr. Georg Wildführ, Direktor der Hygienischen Untersuchungsanstalten Dresden, gegenüber der sächsischen Landesregierung aus: »Die Berufsschädigungen, die im Uranerzbergbau auftreten können, werden durch folgende drei Faktoren bestimmt: Staub, radioaktive Strahlen, Blei. Die Möglichkeit der Berufsschädigungen ergeben sich somit aus der kombinierten Wirkung der Staubeinatmung mit der Einwirkung radioaktiver Strahlungen bzw. Emanation des Gesteins und der Grubenwässer. Es ist also einmal mit der bei der Schneeberger Lungenkrankheit bekannten Wirkungsweise im Sinne der Staublunge (Silikose) und krebsartigen Geschwulstbildungen in der Lunge zu rechnen. [...] Neben dieser Wirkungsweise ist in Betracht zu ziehen, dass die längere Einwirkung radioaktiver Strahlen zu schweren irreparablen Allgemeinschädigungen führt, wie sie uns bei den Erkrankungen durch radioaktive Stoffe bei Menschen, die mit diesen Stoffen arbeiten, bekannt sind.« [47] Professor Wildführ verwies aufgrund der Erfahrungen mit der »Schneeberger Bergkrankheit« auch darauf, dass mit einer ersten Welle von Krebs- und Silikosefällen frühestens zehn Jahre nach Beginn des Bergbaus zu rechnen sei.

Selbst der Parteivorstand der SED erhielt von Wildführs Schreiben Kenntnis. Die Probleme des Uranbergbaus wurden gleich zweimal, im Oktober und November 1947, im Parteivorstand der SED behandelt. Doch der Beauftragte der sächsischen Landesregierung, Max Weber, spielte die Gefahren des Uranerzbergbaus, wahrscheinlich aus Unkenntnis, herunter: »Bei den 21000 Arbeitskräften, von denen etwa 12000 nur beim Uran beschäftigt sind, ist noch nicht ein einziger solcher Krankheitsfall [Lungenkrebs] festgestellt worden.«[48] An dieser Stelle verzeichnete das Protokoll ein »Hört, hört!«.

Die SED-Führung war beruhigt und blieb passiv. Allerdings hätte sich die Wismut-Direktion wohl kaum dazu bewegen lassen, zugunsten des Gesundheitsschutzes das Tempo des Ausbaus der Schächte zu reduzieren. Die sowjetische Direktion wusste von Anfang an von den Gesundheitsgefahren bei der Uranförderung, beschränkte sich aber darauf, die Risiken durch erhöhte materielle Zuwendungen an die Beschäftigten abzugelten. Es gab bis 1955 keine Messungen des Radongehaltes in den Gruben und auch keinerlei Belehrungen der Bergleute über das Strahlenrisiko.

So blieb es hauptsächlich bei mündlichen Warnungen durch Ärzte, alte Bergleute und Einheimische. Die meisten Bergleute schreckte das wenig. Sie wollten schnell Geld verdienen und sich dann eine andere Tätigkeit suchen. Sie ignorierten die Strahlenge-

Die Abraumhalden des Uranerzbergbaus, hier die Halde des Schachts 250, überragten schon bald Städte und Gemeinden (1950er Jahre).

fahr, sofern sie ihnen überhaupt bewusst war.[49] Ein allmähliches Umdenken setzte erst ein, als die ersten Fälle von Lungenkrebs auftraten.

Aufgeschlossener verhielten sich die Wismut-Direktion und die sächsische Landesarbeitsinspektion gegenüber der Silikosegefahr. Die »Staublunge« war seit langem aus dem Steinkohlenbergbau bekannt. So regte die Landesarbeitsinspektion an, die Verordnungen vom 21. November 1940 bzw. 15. Juni 1944 in Kraft zu setzen.[50] Die Verordnungen aus der NS-Zeit wollte man jedoch nicht reaktivieren, sondern die Wismut-Direktion erließ eigene Sicherheitsvorschriften. Darin wurden das Nassbohren, das Tragen von Staubschutzmasken und die Einsetzung von Wettersteigern angeordnet.[51] Die Festsetzung eines Grenzwertes für die Strahlenbelastung fand jedoch nicht statt.

Der Zeitdruck, ein oft unsachgemäßer Ausbau der Schächte und vor allem ihre ungenügende Bewetterung wirkten sich verhängnisvoll für die erste Generation der Wismut-Bergleute aus, die in den Jahren 1946–1955 eingestellt wurden.

Da es bis 1955 keine Messungen der Radonbelastungen gab, konnten die kumulierten radioaktiven Belastungen (Expositionshöhe) rückwirkend nur noch geschätzt werden.[52] Experten gehen davon aus, dass bis 1955 pro Jahr mit einer durchschnittlichen Belastung von 150 Working Level Month (WLM) – eine Maßeinheit zur Feststellung der monatlichen Strahlenbelastung – gerechnet werden muss. Erst Mitte der 1950er Jahre gelang es, durch eine bessere Bewetterung der Schächte die Radonbelastungen drastisch zu senken. Ab 1976 lag der Durchschnittswert bei ca. 2 WLM pro Jahr.[53] Zum Vergleich: Internationale Strahlenschutzexperten empfahlen damals einen Grenzwert von 4 WLM pro Jahr.

Die an Lungenkrebs oder Silikose erkrankten Bergleute gehörten zu mehr als 90 Prozent der ersten Wismutgeneration an.[54] Bis 1989 wurden bei ca. 15 000 Bergleuten Silikose, bei ca. 5300 Lungenkrebs, bei 5000 Pressluft- und Überlastungsschäden und bei 4700 lärmbedingte Schwerhörigkeit als Berufskrankheiten anerkannt.

Wie sind diese erschreckenden Zahlen im internationalen Vergleich zu bewerten? Noch weit höhere Strahlenbelastungen als bei der Wismut AG haben amerikanische Mediziner in den Uranminen von Colorado gemessen. Sie lagen teilweise mehr als das Zehnfache über den in den Uranminen des Erzgebirges gemessenen Werten.[55] Infolgedessen kam es unter den Beschäftigten der Colorado-Minen, darunter viele Navajo-Indianer, Anfang der 1960er Jahre zu einer Krebsepidemie. Kaum günstiger dürften die Verhältnisse im kongolesischen Uranbergbau gewesen sein, der im Kolonialherrenstil geführt wurde. Den Bedingungen bei der Wismut AG ziemlich ähnlich waren die Verhältnisse im tschechoslowakischen Uranbergbau. Regelmäßige Radonmessungen wurden dort erst seit 1960, nach der Auflösung der Zwangsarbeitslager, durchgeführt.[56] Wie bei der Wismut AG waren auch hier die Bergleute der »ersten Generation«, vor allem Kriegsgefangene und Häftlinge, den höchsten Strahlenbelastungen ausgesetzt.

Ist der strahlenbedingte Lungenkrebs erst einmal ausgebrochen, tendieren die Heilungschancen gen null. Ein Hinterbliebener erinnert sich: »Mit 20 hat mein Vater bei der Wismut angefangen. Das war 1950. Gewusst hat er nichts von der Strahlungsgefahr. Woher auch. [...] 1963 wurde bei meinem Vater 30 Prozent Silikose festgestellt. Immer öfter lag er dann im Krankenhaus. [...] Er hat nur noch den Kopf geschüttelt. Wenigstens das Ende wollte er selbst bestimmen. Mein Vater hat sich aus dem Fenster gestürzt, 10. Stock.«[57]

Uran als Reparationsgut

Bei Beginn des Uranbergbaus war die kaufmännische Seite für die Besatzungsmacht nur ein untergeordnetes Problem. Die sächsische Bergbauverwaltung des NKWD bzw. die Wismut AG begannen ihre Tätigkeit auf Grundlage entschädigungslos enteigneter Gruben, Anlagen, Grundstücke und Gebäude der Sachsenerz AG.

Die laufenden Ausgaben für den stürmisch wachsenden Uranbergbau wurden in den ersten Jahren vollständig zu Lasten des Haushalts des Landes Sachsen sowie aus den bei der Finanzverwaltung der SMAD zentralisierten deutschen Steuergeldern und sonstigen Einnahmen finanziert. Die Einzelheiten der Finanzierung der Wismut AG waren selbst dem sächsischen Finanzminister Rohner nicht bekannt.[58] Das konnte nicht verwundern, denn kein anderes Unternehmen in der SBZ wurde strikter abgeschirmt als die Wismut AG.

In den Jahren 1947 und 1948 wurde die Uranproduktion nicht in die Reparationspläne für die SBZ einbezogen.[59] Ab 1949 sollte auf Betreiben der SMAD und des Ministeriums für Außenhandel der UdSSR eine Anrechnung der Uranproduktion auf die Reparationspläne stattfinden. Die SMAD erhoffte sich davon eine Senkung der übrigen Reparationsleistungen der SBZ und wollte Problemen bei der Erfüllung der Reparationspläne begegnen, die man in Moskau ihrer Arbeitsweise anlastete.

Der sowjetische Ministerrat legte für 1949 fest, dass die Hälfte der Produktion der Wismut AG bzw. eine Summe von 350 Mio. Mark auf dem Reparationskonto gutgeschrieben werden kann.[60] Gegen die direkte Einbeziehung der Wismut AG in die Reparationspläne sprach sich nun allerdings die oberste sowjetische Planungsbehörde Gosplan mit einer eindeutigen Begründung aus: »Der Vorschlag der SMAD und des Ministeriums für Außenhandel, die Produktion der Wismut AG in den Reparationsplan einzubeziehen, muss abgelehnt werden, weil die Produktion der Wismut AG in den letzten Jahren bereits alle anderen Reparationsleistungen überstieg.«[61]

Im September 1949 unternahm die SMAD nochmals einen Vorstoß zur Anrechnung der Produktion der Wismut AG. Gemäß ihrem Vorschlag sollte für die Uranproduktion 1950 eine Gutschrift von 500 Mio. Mark (zu aktuellen Preisen) im Reparationsplan vorgesehen werden.[62] Wiederum lehnte Gosplan ab, da ansonsten eine deutliche Senkung der anderen Reparationslieferungen eingetreten wäre. So blieben die Leistungen der Wismut AG aus dem allgemeinen Reparationsplan ausgeklammert und wurden gesondert behandelt.[63] Daran änderte auch die Tatsache nichts, dass der Oberste Chef der Sowjetischen Kontrollkommission für Deutschland (SKK), Marschall Tschujkow, am 22. Dezember 1949 gegenüber Staatspräsident Wilhelm Pieck nochmals den Standpunkt der SMAD bzw. SKK wiederholte.[64]

Die Produktion der Wismut AG fand schließlich Anerkennung als Reparationsleistung, allerdings zu sehr ungünstigen Konditionen. Um die Gutschriften nicht zu hoch anzusetzen und damit den Deutschen eine schnellere Erfüllung der sowjetischen Reparationsforderungen zu gestatten, wurde ein sogenannter Sonderkoeffizient eingeführt. Dazu ist anzumerken, dass unter den Siegermächten strittig geblieben war, welche Preisbasis und welche Kursrelation von Dollar zu Reichsmark für die Berechnung von Reparationsleistungen zur Anwendung kommen sollte. Anfangs legte die Finanzverwaltung der SMAD in ihren internen Rechnungen einen Kurs von 1 Dollar zu 4,20 Reichsmark zugrunde, später einen für die deutsche Seite günstigeren Kurs von 1 zu 3 und ab 1951 nur noch einen Kurs von 1 zu 4,59.[65] Je nachdem, wie die verschiedenen deutschen Leistungen (demontierte Ausrüstungen, in sowjetisches Eigentum umgewandelte Betriebe, Lieferungen aus der laufenden Produktion, deutsches Auslandseigentum, Hochseeflotte und Patente) bewertet wurden, schwankte die Gesamtbilanz der Reparationen. Alle Siegermächte waren sich darin einig, ihre Reparationsentnahmen möglichst gering zu bewerten.

Für die Uranlieferungen der Wismut AG wurde nun bis 1950 lediglich ein Kurs von 1 Dollar zu 11 Mark akzeptiert und ab 1951 ein Kurs von 1 Dollar zu 7 Mark angesetzt.[66] Demnach wurde das für die Sowjetunion wichtigste Reparationsgut, das Uranerz, in der Reparationsbilanz am geringsten bewertet. Dies zeigt, wie problematisch solche Rechnungen letztlich waren. Anzumerken ist, dass der »Wismut-Koeffizient« (1 Rubel zu 7 Mark) noch viele Jahre Gültigkeit behielt.

Am 26. November 1949 fand eine Unterredung zwischen Staatspräsident Pieck, Ministerpräsident Grotewohl und SED-Chef Ulbricht sowie dem Politischen Berater der SKK Semjonow, Geheimdienstgeneral Merkulow und dem Leiter der Verwaltung des sowjetischen Vermögens in Deutschland, Kobulow, statt.[67] Dabei kam auch die künftige rechtliche Stellung der Wismut AG zur Sprache. Mit Hinblick auf den Zeitpunkt der Unterredung darf vermutet werden, dass die UdSSR nunmehr, d. h. nach dem ersten erfolgreichen sowjetischen Atombombentest am 29. August und der Bildung der DDR im Oktober 1949, zu Absprachen über die Verrechnung der Uranlieferungen bereit war.

Im Ergebnis des Gesprächs wurde ein »Wismut-Protokoll« abgefasst, das die weitere Tätigkeit des Unternehmens regelte. Unter anderem wurde die bevorzugte Versorgung der Wismut AG mit Arbeitskräften und Lebensmitteln vereinbart, wobei die deutsche Seite den Ausbau der sozialen Infrastruktur allein bezahlen musste.

Die Sowjetunion sollte weiterhin die gesamte Uranproduktion der Wismut AG erhalten. In der Handelsstatistik durften diese Lieferungen jedoch nicht vermerkt werden. Nach Beendigung ihrer Tätigkeit sollte die Wismut AG ihre Immobilien der DDR unentgeltlich abtreten.

Wichtig war für die deutsche Seite, dass die Uranlieferungen als Reparationsleistungen anerkannt wurden, auch wenn sie nicht in die jährlichen Reparationspläne eingingen, sondern gesondert berechnet wurden. Für den Zeitraum von 1949 bis 1953 können die Gutschriften für die Uranlieferungen auf Basis der Gosplan-Zahlen annähernd berechnet werden. Demnach sind auf dem Reparationskonto rund 344 Mio. Dollar für die Uranlieferungen der Wismut AG angerechnet worden.[68]

Gutschriften auf dem Reparationskonto und tatsächliche direkte Produktionskosten für die Uranförderung 1949–1953

Jahr	Gutschrift in Mio. US-Dollar	Gegenwert in Mio. Mark	Tatsächliche direkte Produktionskosten in Mio. Mark
1949	32,0	350,0	763
1950	45,5	500,0	1081
1951	88,9	622,3	1594
1952	88,9	622,3	1434
1953	88,9	622,3	1500
Summe	344,2	2716,9	6372

Die Gutschriften für die Uranproduktion bis 1953 entsprachen damit noch nicht einmal 10 Prozent der (entschieden zu niedrigen) offiziellen Reparationsabrechung. Dort ist von Gesamtleistungen in Höhe von 4,29 Mrd. Dollar die Rede, ohne dass diese im Einzelnen aufgeschlüsselt werden.[69] Letztlich stellte die offizielle sowjetische Reparationsbilanz eine weitgehend fiktive Rechnung dar. Die tatsächlichen Kosten für die Reparationsproduktion waren für die SBZ/DDR weit höher. Gerade der Auf- und Ausbau der Uranproduktion verdeutlicht, wie problematisch die Gegenüberstellung von Reparationsgutschriften und tatsächlichen Aufwendungen war.

Setzt man die 344 Mio. Dollar ins Verhältnis zur gesamten Liefermenge von 9446 Tonnen Uran, so ergibt sich ein fiktiver »Reparationspreis« von rund 36,4 Dollar pro Kilogramm Uran. Zum Vergleich: vor 1950 zahlte der amerikanische Staat den Uranproduzenten bis zu 92 Dollar je Kilogramm, ab 1950 dann nur noch einen Festpreis von 16 Dollar.[70]

Den Gutschriften auf dem Reparationskonto sind nun allerdings die tatsächlichen Aufwendungen der SBZ/DDR gegenüberzustellen. Nach einer amerikanischen Schätzung von 1965, die auf Geheimdienstberichten beruhte, beliefen sich die direkten Aufwendungen für die Produktion der Wismut AG 1946 bis 1953 auf etwa 7,3 Mrd. Mark zu laufenden Preisen.[71] Inzwischen wissen wir, dass dies noch zu niedrig gegriffen war. Erstmals haben ehemalige russische Leitungskräfte aus dem Uranbergbau im Sommer 1991 Zahlen über die Gesamtaufwendungen der Wismut AG publiziert.[72] Demgemäß lagen die direkten Produktionskosten bei rund 9,44 Mrd. Mark. Hinzu kamen dann noch 3,54 Mrd. Mark für Investitionen und 0,62 Mrd. Mark für geologische Erkundungen. Insgesamt also 13,6 Mrd. Mark zu laufenden Preisen. Diese Rechnung ist plausibel.[73]

Den direkten Aufwendungen können nun noch die indirekten Kosten für den Ausbau der Infrastruktur, Wohnungsbau, Renten und Versicherungen, Berufsausbildung usw. hinzugerechnet werden. Da wir für die Zeit bis 1953 keine Angaben besitzen, sollen uns die Zahlen für 1954 bis 1965 als Anhaltspunkt dienen. Demnach wurden aus dem Staatshaushalt der DDR ca. 2,93 Mrd. Mark an indirekten Kosten bestritten.[74] Vorsichtig geschätzt, können für 1946 bis 1953 rund 1,5 Mrd. Mark indirekte Kosten veranschlagt werden.

Gesamtkosten der Produktion der Wismut AG 1946–1953 (in Mrd. Mark)

Direkte Produktionskosten	9,44
Investitionen	3,54
Geologische Erkundung	0,62
Indirekte Kosten (Schätzung)	1,50
Gesamtaufwand	15,10

Der Gutschrift von 344 Mio. Dollar auf dem Reparationskonto standen also Aufwendungen von über 15 Mrd. Mark gegenüber. Das heißt, um einen fiktiven »Reparationsdollar« durch Uranlieferungen zu erwirtschaften, musste die SBZ/DDR etwa 44 Mark aufwenden.

Unabhängig davon, ob sich noch genauere Zahlen für der Gesamtaufwand ermitteln lassen, bleibt festzuhalten, dass der Aufbau der Wismut AG direkte und indirekte Kosten verursachte, die den Wert der Reparationsleistungen aller anderen sowjetischen Aktiengesellschaften in der SBZ/DDR zusammengerechnet noch übertroffen haben dürften.[75] Der Uranbergbau entzog der ohnehin kriegs- und teilungsgeschwächten Wirtschaft der SBZ/DDR bis 1953 permanent gegenwertlose Ressourcen und führte zum Aufbau eines dauerhaft subventionsbedürftigen Industriezweiges.

Vorbehalte seitens der SED-Führung gegen den außerordentlich aufwendigen Ausbau der Wismut AG wurden nur sehr vorsichtig geäußert und beschränkten sich auf Versuche, die mit dem Uranbergbau zusammenhängenden sozialen Missstände zu mindern.[76] Der Ausbau der Wismut AG kam der SED-Führung nicht einmal ungelegen, gewann doch damit die DDR einen zusätzlichen strategischen Wert, was ihr Eigengewicht im Ostblock stärkte und in Richtung der Bewahrung des Status quo in der sowjetischen Deutschlandpolitik wirkte.

In den Jahren 1947 bis 1953 kamen 40 bis 60 Prozent der Uranerze für die sowjetische Atomindustrie aus der SBZ bzw. DDR. Weder die Menge noch die Qualität aller anderen im sowjetischen Machtbereich befindlichen Uranressourcen hätten ausgereicht, um die Lieferungen der Wismut AG zu ersetzen.

Übergangsjahre (1954–1962)

Die Gründung der SDAG 1954

Am 22. August 1953 verkündete die Regierung der UdSSR, ab 1954 auf weitere Reparationsleistungen aus der DDR zu verzichten. Ohne die Volkserhebung vom 17. Juni 1953 wäre es nicht zu diesem Schritt gekommen und die DDR hätte noch, wie ursprünglich vorgesehen, bis 1965 Reparationen zahlen müssen. Die Sowjetunion kam nicht umhin, das schwer angeschlagene Ulbricht-Regime ökonomisch zu entlasten.

Sämtliche noch in sowjetischem Besitz befindlichen Großbetriebe wurden an die DDR zurückgegeben. Ausgenommen blieb die Wismut AG. Auf die direkte Kontrolle dieses strategisch wichtigen Unternehmens wollte die Sowjetunion nicht verzichten. Daher wurde parallel zur Erklärung über das Ende der Reparationsleistungen zwischen den Regierungen der UdSSR und der DDR am 22. August 1953 ein Abkommen geschlossen, mit dem die Fortsetzung des Uranbergbaus geregelt wurde.[1]

An die Stelle der Wismut AG trat ab Januar 1954 eine gemischte Sowjetisch-Deutsche Aktiengesellschaft, die SDAG Wismut.[2] Sie übernahm von der aufgelösten Wismut AG alle noch im Betrieb befindlichen Bergbaubetriebe, Aufbereitungsfabriken und Nebenbetriebe.

Es kamen lediglich zwei Namensaktien zur Ausgabe, die jeweils die Hälfte des Aktienkapitals repräsentierten. Nach dem bürgerlichen deutschen Wirtschaftsrecht besitzt eine Aktiengesellschaft üblicherweise einen Vorstand, der die Geschäfte führt, und einen Aufsichtsrat, der im Interesse der Aktionäre den Vorstand beruft und dessen Tätigkeit kontrolliert. Bei der Gründung der SDAG wich man von diesen Prinzipien ab. Der Vorstand setzte sich aus jeweils zwei sowjetischen und zwei deutschen Mitgliedern zusammen und beschloss die Grundfragen der Gesellschaft, insbesondere die Pläne. Für Vorstandsbeschlüsse galt das Prinzip der Einstimmigkeit. Sofern Fragen nicht im Vorstand geklärt werden

Industrieminister Fritz Selbmann, von 1954 bis 1958 Vorstandsvorsitzender der SDAG Wismut, im Gespräch mit einem sowjetischen Offizier.

konnten, mussten Regierungsinstanzen eingeschaltet werden. Für die Führung der laufenden Geschäfte war wie bereits bisher der Generaldirektor zuständig.

Um die Gleichberechtigung der Partner zum Ausdruck zu bringen, wurde vereinbart, in den ersten fünf Jahren der Tätigkeit der SDAG den Posten des Generaldirektors mit einem Vertreter der Sowjetunion und den des Vorstandsvorsitzenden mit einem Vertreter der DDR zu besetzen. Danach sollte gewechselt werden. Bis 1986 war dann jedoch entgegen den Regelungen des Vertrages vom August 1953 ständig ein Vertreter der Sowjetunion als Generaldirektor und ein Vertreter der DDR als Vorstandsvorsitzender tätig. Dies geschah offiziell im gegenseitigen Einvernehmen.

Als Generaldirektor der SDAG Wismut wurde Walentin N. Bogatow eingesetzt. Er hatte bereits im November 1952 den NKWD-General Michail M. Malzew als Direktor der Wismut AG abgelöst. Den Vorsitz des Vorstands übernahm Fritz Selbmann, ein in der Sowjetunion ausgebildeter Altkommunist.

Interessenkonflikte der Vertragspartner, die es in der Folgezeit gar nicht so selten geben sollte, wurden in der Regel zwischen dem Vorstand und dem Generaldirektor sowie zwischen den Finanzministern oder Ministerratspräsidenten und bisweilen auch zwischen den Staats- und Parteichefs ausgetragen.

Mit dem Abkommen vom 22. August 1953 räumte die DDR das ausschließliche Recht auf die Erkundung und Gewinnung von Uranerzen sowie die unentgeldliche Übertragung von Bergbaurechten und der benötigen Grundstücke an die SDAG ein. Die Sowjetunion verpflichtete sich, die SDAG mit Fachleuten und Materiallieferungen zu unterstützen. Die DDR hatte für die permanente Versorgung des Unternehmens mit Energie, Holz, Brennstoffen und anderen Materialien sowie Arbeitskräften zu sorgen.

Die sowjetische Seite übergab der SDAG Wismut sämtliche Betriebe mit ihrem Anlagekapital zu einem Bilanzwert von zwei Milliarden Mark. Dieser Wert bildete das Aktienkapital der Gesellschaft. Zur Deckung ihres Anteils verpflichtete sich die DDR, im Verlaufe von fünf Jahren eine Milliarde Mark an die UdSSR zu zahlen, wobei dieser Betrag zum Zweck der Bezahlung der Wismut-Produktion verbraucht wurde, d. h., die DDR musste nun auch noch für die 1946/1947 von der Besatzungsmacht enteigneten Bergwerksanlagen sowie die danach getätigten Investitionen bezahlen.

In einem zusätzlichen Briefwechsel zum Abkommen vom 22. August 1953 vereinbarten beide Seiten, dass die SDAG mit Ausnahme der Lohnsteuer von sämtlichen Steuerzahlungen befreit wird, ihre Wirtschaftstätigkeit weder in den Volkswirtschaftsplänen noch in der Statistik ausgewiesen werden sollte und bei der Ausfuhr des Urans in die UdSSR sowie der Einfuhr von Ausrüstungen und Material in die DDR keine Zollkontrollen erfolgen dürften.[3]

Ein »zusätzlicher Verteidigungsbeitrag«

Bis 1953 hatten die Kosten des Uranbergbaus für die Besatzungsmacht kein Problem dargestellt. Ihre einzige Gegenleistung für die ostdeutschen Uranlieferungen bestand in den erwähnten Gutschriften auf dem Reparationskonto.

Mit dem Vertrag vom August 1953 verpflichtete sich die Sowjetunion nun, die direkten Produktionskosten der SDAG Wismut zur Hälfte zu übernehmen. Folglich wurde der Uranpreis an die Entwicklung der Kosten gebunden. Für 1954 rechnete man mit Produktionskosten in Höhe von 1,5 Mrd. Mark, wovon jeweils

750 Mio. Mark auf beide Partner entfallen sollten. Dementsprechend wurde der Preis für 1 kg Uran für 1954 mit 60 Rubel und für 1 kg chemisches Konzentrat mit 120 Rubel festgelegt. Das waren ausgesprochen hohe Preise, obwohl es in der Hochzeit des Kalten Krieges keinen vergleichbaren Weltmarktpreis für Uran gab.

Die Sowjetunion ging davon aus, dass der an die Produktionskosten gekoppelte Preis in den kommenden Jahren rasch sinken würde, da bei der SDAG Wismut einschneidende Rationalisierungsmaßnahmen begonnen hatten. Die Zahl der selbständigen Schachtverwaltungen wurde von 35 (1956) auf acht verringert und die Unter-Tage-Arbeiten nahezu vollständig mechanisiert. Von acht Aufbreitungsbetrieben wurden fünf stillgelegt. Die verbliebenen zwei großen Aufbereitungsanlagen erzeugten Anfang der sechziger Jahre doppelt so viel Konzentrat wie alle anderen zuvor zusammen. All dies war mit der Freisetzung von über 50 000 Arbeitskräften innerhalb von fünf Jahren verbunden.[4] Im Ergebnis konnte der Aufwand je Kilogramm Uran bis 1960 fast halbiert werden.

Entwicklung des Gesamtaufwandes der Uranproduktion zu laufenden Preisen 1954–1960 (Zahlen gerundet)[5]

Jahr	Selbstkosten (in Mio. Mark)	Gesamtaufwand (in Mio. Mark)	Aufwand je kg Uran (in Mark/kg)
1954/55	2625	3000	306
1954	1313	1500	378
1955	1312	1500	378
1956	1276	1581	301
1957	1059	1342	254
1958	811	1088	205
1959	669	948	177
1960	596	882	165

Anfang 1956 schlug die sowjetische Seite eine Ergänzung zum Abkommen vom August 1953 vor. Künftig sollte es der SDAG Wismut gestattet werden, einen Gewinn in Höhe von zehn Prozent den Produktionskosten zuzuschlagen.[6] Ein entsprechendes Protokoll über Ergänzungen und Änderungen des Sowjetisch-Deutschen Abkommens vom 22. August 1953 (Zusatzprotokoll) wurde am 30. April 1956 in Moskau von SED-Chef Ulbricht und vom sowjetischen Außenhandelsminister Kabanow unterzeichnet. Der (rein rechnerische) Gewinn sollte beiden Seiten zu gleichen Teilen gutgeschrieben werden. Für die Investitionen der Gesellschaft, darunter den Bau neuer Sozialeinrichtungen sowie die geologische Erkundung, sollten keine Gewinne berechnet werden.[7] Die Einführung dieser »Gewinnklausel« war offenbar gedacht, um das Unternehmen zu stärken, auch wenn der Gewinn nur zu Lasten der Staatshaushalte beider Länder gebildet werden konnte.

Die Bindung des Uranpreises an die Selbstkostenentwicklung blieb bestehen. Die Uranlieferungen wurden über den bilateralen Handel verrechnet.[8] Als Gegenleistung für ihr Uran erhielt die DDR 1956 aus der Sowjetunion 2,7 Mio. Tonnen Steinkohle, 700 000 Tonnen Koks und 124 000 Tonnen Roggen. Außerdem wurden der SDAG Wismut Ausrüstungen im Wert von 23 Mio. Mark zur Verfügung gestellt.[9] Die Steinkohlenlieferungen entsprachen damit fast der Hälfte und die Kokslieferungen ungefähr einem Drittel der jeweiligen Gesamtimporte der DDR im Jahr 1956.[10]

Die Uranlieferungen entlasteten die Handelsbilanz der DDR, die ansonsten noch mehr Maschinen und Ausrüstungen hätte exportierten müssen, um die genannten Rohstoffe aus der Sowjetunion zu erhalten. Ein anderes von Selbmann vorgeschlagenes Kostenmodell, wonach die UdSSR die vollen Betriebskosten als Preis zahlen und die Uranlieferungen außerhalb der jährlichen Handelsabkommen als zusätzliche Exporte der DDR gelten sollten, wurde von der sowjetischen Seite abgelehnt.[11] Das »Selbmann-Modell« hätte der DDR die Möglichkeit geboten, über die Höchstgrenzen der Handelsabkommen hinaus Rohstoffe aus der UdSSR zu beziehen. Die Sowjetunion war bereits auf dem Weg, die DDR wirtschaftlich zu entlasten, und wollte nun nicht auch noch bei der Uranfrage Konzessionen machen.

In diese Zeit fallen auch entscheidende außenpolitische Weichenstellungen. Die beiden deutschen Staaten erhielten 1955 erweiterte Souveränitätsrechte und wurden in die jeweiligen militärischen Blöcke – NATO bzw. Warschauer Pakt – integriert. Damit war für die Bundesrepublik und die DDR eine Neuregelung der Frage der Besatzungskosten verbunden.[12] An die Stelle hoher Besatzungskosten traten deutlich niedrigere Stationierungskosten, wobei sich die Übergänge in beiden deutschen Staaten nahezu parallel vollzogen.

Am 20. September 1955 wurde ein »Protokoll über die Bedingungen der Stationierung sowjetischer Truppen auf dem Gebiet der DDR« unterzeichnet. Demgemäß sollten die Stationierungskosten zwischen beiden Ländern geteilt werden. Die genauen Modalitäten blieben zunächst noch offen. Dies veranlasste Ministerpräsident Grotewohl zu einer aufschlussreichen Notiz über »einige offene Fragen in den Beziehungen der DDR zur Sowjetunion«. Er wollte u.a. geklärt wissen, auf welche Summe sich die Stationierungskosten belaufen sollten und welcher Gerichtsbarkeit die sowjetischen Truppen in Deutschland unterstehen. Außerdem verlangte er eine öffentliche Erklärung »zur Frage der Lieferungen der Wismut AG und ihrer Bezahlung«.[13] Doch eine Klärung fand zunächst nicht statt.

Die wachsende Eigenständigkeit der DDR zeigte sich aber bei der Überwachung und Absicherung der Wismut-Kreise. Die sowjetischen Geheimdienste gaben einen Teil ihrer diesbezüglichen Aufgaben an das Ministerium für Staatssicherheit (MfS) ab. Die Objektverwaltung »W« des MfS war nunmehr für die sicherheitspolitischen Überprüfungen der leitenden deutschen Angestellten, die Objektsicherung und die Abwehr westlicher Spionageaktionen zuständig. Von einer Lockerung der Geheimhaltungspraktiken konnte jedoch keine Rede sein.

Die Wirtschaft der DDR, kaum erholt vom Krisenjahr 1953, erlebte 1956 neuerliche Erschütterungen, die mit dem Ausfall wichtiger Rohstofflieferungen infolge des Aufstands in Ungarn und der Streikbewegung in Polen zusammenhingen. Die UdSSR trachtete danach, eine weitere Destabilisierung ihres Machtbereiches zu verhindern. Daher wurden die Stationierungskosten ab 1957 von 1,6 Mrd. Mark auf 800 Mio. Mark und später noch weiter reduziert. Im Gegenzug verlangte die Sowjetunion eine erneute Veränderung der Berechnungsgrundlagen für die Uranpreise. Die sowjetischen Unterhändler monierten die zu hohen Uranpreise.[14]

In der Folgezeit wurden die Verhandlungen über die Stationierungskosten und die Uranpreise gekoppelt. Die Uranpreise wurden mit dem Protokoll »Über das Verrechnungsverfahren für die Produktion der SDAG Wismut« vom 7. Januar 1957 neu geregelt, und am 12. März 1957 wurde das Stationierungsabkommen unterzeichnet. Aus der Sicht der SED-Führung war dies folgerichtig. Beide Ausgabepositionen, der Gesamtbedarf für die Gruppe der sowjetischen Streitkräfte in Deutschland (GSSD) und die Kosten für den Uranbergbau, stellten de facto zusätzliche Verteidigungsbeiträge der DDR dar. Von 1954 bis Ende 1958 summierten sich beide Posten auf mehr als 10,5 Mrd. Mark.[15]

Ab 1957 wurden für die Uranpreisbildung nicht mehr die tatsächlichen, sondern die geplanten Selbstkosten plus zehn Prozent Gewinn zugrunde gelegt.[16] Die Aufwendungen für geologische Erkundungen und Investitionen wurden weiterhin gesondert ausgewiesen und von der deutschen und sowjetischen Seite zu gleichen Teilen bestritten.

Die Bezahlung ihrer restlichen Anteile am Aktienkapital in Höhe von 400 Mio. Mark wurde der DDR 1957 erlassen.[17] Dies war allerdings eher ein symbolischer Akt, wie der Vorstandsvorsitzende Selbmann hervorhob: »Was die Zahlung der Rate für das Aktienkapital betrifft, so handelt es sich dabei in erster Linie ja ebenfalls nur um ein finanzielles Problem. An sich wäre es völlig gleichgültig, ob die Aktien voll bezahlt sind oder nicht, denn die Einzahlungen auf das Aktienkapital benutzt die Gesellschaft zur Finanzierung ihrer inneren Betriebstätigkeit. Die Auswirkung besteht nur darin, dass von Seiten der Sowjetunion, die ja ihren Aktienbetrag voll eingezahlt hat, jährlich 200 Millionen Mark weniger der Gesellschaft zugeführt werden müssen.«[18]

Mit dem Protokoll vom 7. Januar 1957 rückte die sowjetische Seite vom Prinzip der Naturalverrechnung wieder ab. Stattdessen sollten ab 1957 sowohl das Uran als auch die anteiligen sowjetischen Kosten für die Investitionen und geologische Erkundungen der SDAG über das Konto des Warenumsatzes zwischen der UdSSR und der DDR verrechnet werden.[19] Ein entsprechendes Protokoll wurde am 26. Februar 1957 von den Finanzministern beider Länder unterzeichnet.[20] Die sowjetischen Zahlungen für das Uran und die anteiligen Aufwendungen wurden je nach Leistungsart über verschiedene Verrechnungskurse von Mark in Clearing-Rubel umgerechnet.

Im Frühjahr 1958 insistierte die sowjetische Seite auf neue Preisverhandlungen.[21] Sie wollte eine Festpreisregelung durchsetzen. Dieser Vorschlag lief auf eine grundsätzliche Änderung des Abkommens von 1953 und des Protokolls vom Juli 1956 hinaus.[22] Im Ergebnis der Verhandlungen sanken die Preise pro Kilogramm

Uran drastisch. Sie lagen 1961 für Stufenerz bei 13,50 Rubel und für chemisches Konzentrat bei 25,20 Rubel je Kilogramm, d. h. sie fielen im Vergleich zu 1954 auf weniger als ein Viertel.

Rückblickend lässt sich festhalten: Dem hier nur ansatzweise geschilderten häufigen Wechsel bei der Vertrags- und Preisgestaltung lagen anfangs überwiegend politische und später vor allem wirtschaftliche Motive zugrunde. Die UdSSR sah sich infolge neuerlich drohender Erschütterungen des Ostblocks 1956/1957 zur Beendigung der reparationsähnlichen Entnahmen veranlasst. Die DDR wurde vor allem bei den Stationierungskosten entlastet. Im Gegenzug setzte die Sowjetunion Preisrückgänge bei Uran durch, wodurch sich der Exporterlös der DDR stark verringerte. Diese Preisrückgänge konnten von der DDR nur teilweise über Produktivitätsfortschritte aufgefangen werden. Der Uranbergbau blieb ein permanentes Zuschussgeschäft, das jährlich mit mehreren hundert Millionen Mark aus der Staatskasse subventioniert wurde.

Atomwirtschaftspläne und Intrigen

In den 1950er Jahren gab es eine weltweite Atomeuphorie. Man glaubte, eine ideale Energiequelle gefunden zu haben. In der DDR war es der erste Vorstandsvorsitzende der SDAG Wismut, Industrieminister Fritz Selbmann, der eine erstrangige Rolle bei der Formulierung von Atomwirtschaftsplänen spielen sollte.

Der im hessischen Lauterbach geborene Selbmann war gelernter Bergmann, bevor er in die Politik ging und es in der KPD bis zum Reichstagsabgeordneten brachte. Obwohl er bei der März-Wahl 1933 wiederum ein Reichstagsmandat erhalten hatte, wurde er aufgrund der »Reichstagsbrandverordnung« verhaftet und wegen »Aufforderung zum Hochverrat« zu sieben Jahren Zuchthaus verurteilt. Nach dem Krieg gewann er in der Leipziger KPD rasch wieder eine führende Position. In den nächsten Jahren sollte er wie kaum ein anderer als Minister für Wirtschaft die Landespolitik in Sachsen prägen.[23] Er war ein ungewöhnlich energischer und oft auch widerspenstiger Zeitgenosse, der ein einmal gesetztes Ziel mit großer Hartnäckigkeit verfolgte. Mithin eine Führungsnatur.

Nach Gründung der DDR wurde er Stellvertretender Vorsitzender des Ministerrates sowie Stellvertretender Vorsitzender

der Staatlichen Plankommission und übernahm die Leitung des Ministeriums für Industrie bzw. Schwerindustrie und für Hüttenwesen. Selbmann gehörte zu den »Gründungsvätern« des DDR-Wirtschaftssystems.

Anfang 1955 wurde das von Selbmann geleitete Ministerium für Schwerindustrie auf Betreiben von Walter Ulbricht aufgelöst und in drei selbständige Ministerien unterteilt. Selbmann stieg zum Stellvertretenden Vorsitzenden des Ministerrates auf und leitete bis 1958 die Kommission für Industrie. In dieser Funktion spielte er eine herausragende Rolle bei den Anfängen der Atomenergiewirtschaft in der DDR.[24]

Erstmals hatte sich auf der Internationalen Atomenergiekonferenz in Genf 1955 eine Perspektive für die friedliche Nutzung der Atomenergie abgezeichnet. In den USA, Großbritannien und der Sowjetunion wurden langfristige Programme für den Bau von Atomkraftwerken beschlossen.

Beide deutsche Staaten blickten mit großem Interesse nach Genf und waren gewillt, möglichst bald in die neue Technologie einzusteigen, zumal inzwischen auch die alliierten Forschungsverbote für atomphysikalische Fragen weitgehend aufgehoben waren. Die DDR-Führung – auch beflügelt durch die Rückkehr zahlreicher hochkarätiger deutscher Wissenschaftler, die am sowjetischen Atomprojekt mitgewirkt hatten – handelte rasch. In der Atomtechnik sah sie, ganz dem internationalen Trend folgend, eine Zukunftstechnologie, mit der die Probleme der Energieversorgung ein für allemal gelöst werden sollten. Innerhalb kurzer Zeit wurde der institutionelle Rahmen für die neue Technologie geschaffen. Bereits Ende 1955 entstanden ein »Wissenschaftlicher Rat für die friedliche Anwendung der Atomenergie« und ein »Amt für Kernforschung und Kerntechnik« sowie das Zentralinstitut für Kernforschung in Rossendorf bei Dresden.[25]

Fritz Selbmann übernahm die Leitung des Amts für Kernforschung und Kerntechnik, das Ulbricht sogar in den Rang eines Atomministeriums erheben wollte. Selbmann riet davon ab, weil er zu offensichtliche Parallelen zu dem von Franz Josef Strauß (CSU) geleiteten Bonner Atomministerium fürchtete. Er führte 1956 mit Geschick die Verhandlungen mit der Sowjetunion über den Bau des ersten Atomkraftwerkes in der DDR.

Eine interessante Episode aus der Außenpolitik sei an dieser Stelle erwähnt. Bereits Mitte 1955 bot die DDR der Regierung

Ein Bergmann vor einer Erzlutte beim Füllen eines Huntes im Schacht 371
in Schlema (Ende der 1950er Jahre).

des Sudan an, bei der Suche nach Wasser zu helfen. Anfang 1956 reiste dazu eine Delegation in das afrikanische Land, der auch zehn Wismut-Mitarbeiter angehörten.[26] Die Initiative, neben den Wasserbohrungen im Sudan auch nach Uranerzen zu suchen, ging wahrscheinlich vom Minister für Außenhandel und Innerdeutschen Handel, Heinrich Rau, aus. Das Projekt geriet jedoch nach wenigen Monaten in die Krise. Die »Wasserhöfe« kamen nicht voran, da die Projekte auf fehlerhaften Gutachten beruhten.

Im Politbüro der SED wurden Stimmen laut, die einen Abbruch der aufwendigen und bis dahin erfolglosen geologischen Arbeiten im Sudan forderten. Rau konterte mit dem Hinweis auf potentielle Uranerzvorkommen im Sudan, die denen in Kongo kaum nachstünden.

Letztendlich brachte die Mission aber nicht die erhofften Ergebnisse. Die Episode zeigt jedoch, dass sich die DDR und mit ihr die SDAG Wismut in dieser Zeit stark genug fühlte, um sich aktiv in die weltweite Konkurrenz um Uranressourcen einzuschalten und in diesem Sinne »Entwicklungshilfe« zu betreiben.

In der Fachpresse der DDR wurde unterdessen das »Uranargument« bemüht. So hieß es in einem Artikel der Zeitschrift *Energietechnik*: »Die DDR kann durch den Uranreichtum entscheidende Vorteile für sich in Anspruch nehmen und dadurch eine größere Sicherheit für annehmbare Produktionskosten bei Atomkraftwerken erreichen.«[27] Das »Uranargument« wurde zwar gern angeführt, spielte aber in den Verhandlungen mit der Sowjetunion über den Bau von Atomreaktoren in der DDR zunächst gar keine Rolle. Später blockierte die Sowjetunion selbst die Mitarbeit von Vertretern der SDAG Wismut an der Arbeit des Amtes für Kernforschung und Kerntechnik.[28] Eine zu große Eigenständigkeit des Juniorpartners DDR war in Moskau unerwünscht.

Im Dezember 1957 ging in Rossendorf der erste funktionsfähige Forschungsreaktor der DDR in Betrieb. Nur zwei Monate zuvor war das sogenannte Atom-Ei der Technischen Hochschule München in Garching eingeweiht worden. Den prestigeträchtigen Wettlauf um die Inbetriebnahme des ersten Reaktors hatte die DDR demnach knapp verloren.

Auf die Uranproduktion der SDAG Wismut hatte das Amt für Kernforschung und Kerntechnik jedoch keinen Zugriff. Zunächst befassten sich mehrere Arbeitsgruppen mit verschiedenen Reaktorkonzepten. Zur Brennstoffversorgung wurde festgestellt, dass in der DDR das für die Versorgung der künftigen Atomkraftwerke nötige Uranmetall selbst hergestellt werden sollte. Schwach angereichertes Uran wollte man aus der Sowjetunion beziehen.

Die eigenen Uranvorkommen wurden immer wieder als wichtiges Argument zugunsten der Atomwirtschaft ins Feld geführt. So plädierte der stellvertretende Außenminister Sepp Schwab Ende 1956 für den Beitritt der DDR zu EURATOM. Einige Monate später trat der neue Leiter des Amtes für Kernforschung und Kerntechnik, Karl Rambusch, für den Beitritt der DDR zur Internationalen Atomenergiebehörde ein.[29] Er schrieb dazu: »Die DDR ist heute der größte Uranproduzent in Europa. Diese Tatsache und die Erfahrungen unserer hochbegabten Wissenschaftler befähigen die DDR schon heute, auf internationaler Ebene einen nicht unwesentlichen Beitrag zur friedlichen Nutzung der Atomenergie zu leisten. Dieser Beitrag ist größer als der, den einige Länder, die bereits der Internationalen Atomagentur angehören, zu leisten in der Lage sind.«[30] Beide Initiativen scheiterten aber letztlich an der internationalen Isolierung der DDR zu dieser Zeit. Die Schulkinder lernten allerdings das zukunftsweisende Gedicht: »Wenn ich groß bin, wisst ihr schon, werd' ich Agronom. Pferd und Dieseltraktor gibt's bei mir nicht mehr, denn ich pflüge mit Atom.«

In der Bundesrepublik blickte man mit gewisser Sorge auf den ostdeutschen Uranerzbergbau. Die Befürchtungen bezogen sich nicht etwa auf die ökologischen Folgen des Bergbaus, sondern auf den eigenen Mangel an Uranerzen. Im Aufbau einer eigenen Uranerzförderung sah die Deutsche Atomkommission eine Voraussetzung für den Aufbau einer Atomwirtschaft in der Bundesrepublik. In der öffentlichen Debatte wurde auf den ostdeutschen Vorsprung bei der Uranerzförderung verwiesen. Mit staatlicher Hilfe sollte deshalb die Suche nach Uranerz in der Bundesrepublik gefördert werden. Zu den Protagonisten der Uranprospektion gehörte u.a. Professor Friedrich Schumacher, der nach seinem Weggang aus Freiberg Leiter des Mineralogisch-Petrologischen Instituts der Universität Bonn geworden war.[31]

Am 27. Oktober 1956 überreichte der Generaldirektor der Maximilianshütte Weißenstadt (Fichtelgebirge) feierlich den ersten aus (west)deutschem Erz gefertigten Uranstab an Atomminister Franz Josef Strauß.

Trotz dieser öffentlichen Werbung blieb die Uranversorgung aus einheimischen Vorkommen für die bundesdeutsche Atomwirtschaft letztlich bedeutungslos. So blieb im wirtschaftlichen Wettlauf zwischen beiden deutschen Staaten, in dem die DDR ansonsten hoffnungslos unterlegen war, der Juniorpartner der Sowjetunion auf dem Gebiet der Uranerzgewinnung vorn.

Die ehrgeizigen Pläne der SED-Führung zum Aufbau von Atomkraftwerken hingen vom Wohlwollen der Sowjetunion ab. Diese hatte weitreichende Absichtserklärungen gegeben. Demnach wollte sie der DDR die für den ersten Reaktor erforderlichen Mengen an natürlichem und angereichertem Uran liefern und der DDR später auch den Aufbau einer eigenen Brennstoffversorgung gestatten.

Die Bemühungen in Richtung auf eine selbständige Herstellung von Brennelementen in der DDR erhielten jedoch bald einen Dämpfer. Obwohl die Arbeitsgruppe »Uran« sich um Kontakte zur SDAG Wismut bemühte, lehnte das Kombinat eine Mitarbeit weiterhin ab. Auch das Freiberger Institut für Nichteisenmetalle versuchte 1959/1960 erfolglos, mit der SDAG Wismut in Kontakt zu kommen. Solange es kein Abkommen gab, das der DDR einen begrenzten Zugriff auf die eigenen Uranvorkommen zubilligte, gab die SDAG Wismut keine Informationen preis.

Der Beinahe-»Atomminister« Fritz Selbmann war zu dieser Zeit schon in der politischen Bedeutungslosigkeit verschwunden. Zum Eklat war es nach einem Bankett bei der SDAG Wismut in Karl-Marx-Stadt am 9. Dezember 1957 gekommen.[32] Zu den Teilnehmern gehörte neben Selbmann auch der ZK-Sekretär für Wirtschaft, Gerhart Ziller. Letzterer kündigte eine Abrechnung mit Ulbricht an: »Entweder wir gehen vor die Hunde, ... oder wir gehen als Sieger hervor.«[33] Für ihre Kritik hatten sie sich jedoch einen denkbar schlechten Ort ausgesucht. Ulbricht besaß unter den Führungskräften der SDAG Wismut einige seiner treuesten Anhänger. Der Funktionär des MfS Otto Last informierte seinen Chef, Erich Mielke, und dieser setzte umgehend Ulbricht von der »Verschwörung« in Kenntnis. Der in internen Machtkämpfen höchst erfahrene und gerissene Ulbricht rief daraufhin am 12. Dezember 1957 das Politbüro zu einer außerordentlichen Sitzung zusammen. Ein Kesseltreiben gegen Selbmann und Ziller setzte ein. Letzterer hielt dem psychischen Druck nicht mehr stand und nahm sich zwei Tage später das Leben.

Auch andere tatsächliche oder vermeintliche Widersacher wie Karl Schirdewan und Ernst Wollweber drängte Ulbricht wenig später aus ihren Ämtern. Ihre weitere Bestrafung fiel vergleichsweise milde aus. Sie bekamen gut dotierte, aber politisch bedeutungslose neue Stellen. Der Säuberung in der Parteispitze folgte die »Bereinigung« des Parteiapparates.

Auch die SDAG Wismut blieb nicht von diesen Ereignissen verschont. Der stellvertretende Generaldirektor Schröder wurde von seinem Posten entbunden.[34] Ihre Sonderstellung innerhalb der Wirtschaft der DDR wurde dadurch jedoch in keiner Weise beeinträchtigt. Im Gegenteil, der Zugewinn an Handlungsspielräumen gegenüber dem sowjetischen Miteigentümer, die Pläne zum Aufbau einer Atomwirtschaft und nicht zuletzt die Entdeckung neuer mächtiger Lagerstätten bei Ronneburg stärkten ihre Position.

Ronneburg als neues Zentrum der Uranerzgewinnung

Im Gegensatz zu solch traditionsreichen Bergbaustädten wie Schneeberg, Johanngeorgenstadt und Annaberg in Sachsen gab es in der Region um das thüringische Ronneburg bis 1950 keinen Bergbau. Auch die Ronneburger Radiumquellen, die andernorts als Indiz für das Vorhandensein von Uranvorkommen angesehen wurden, schienen keine neuen Ansatzpunkte zu bieten, zumal das Radiumbad bereits 1935 seinen Betrieb eingestellt hatte.

Kaum mehr als eine Episode in der Stadtgeschichte blieb die Verlagerung von Teilen der Physikalisch-Technischen Reichsanstalt (PTR) 1943 von Berlin nach Ronneburg. Bis kurz vor Kriegsende bewahrte die PTR in Ronneburg die Radiumreserve des Deutschen Reiches auf. Das wertvolle Material – ca. 22 Gramm mit einem Schätzwert von rund drei Mio. Dollar – wurde im April 1945 nach Bayern gebracht und dort vergraben. Die Amerikaner kamen dem jedoch rasch auf die Spur, gruben die Stahlbehälter Ende Juni aus und ließen das Radium in die USA fliegen.[35] Die Einrichtungen der PTR in Ronneburg wurden im Sommer 1945 von sowjetischen Truppen demontiert und ein Teil der Wissenschaftler zur Mitarbeit am sowjetischen Atomprojekt verpflichtet.

Die nachhaltigsten Veränderungen für die Region sollte ab Herbst 1950 der Uranerzbergbau bringen. Die Wismut AG hatte inzwischen ihre Sondierungstätigkeit auf Thüringen ausgedehnt. Bereits die ersten Erkundungen in der Nähe der Ortschaften Lichtenberg und Schmirchau sowie am Stadtrand von Ronneburg verliefen so positiv, dass ab 1. Oktober 1950 das Abbauobjekt 90 in Gera gegründet werden konnte.[36] Über ihre tatsächliche Ausdehnung und die Arten der Vererzung konnten zu diesem Zeitpunkt noch keine klaren Vorstellungen bestehen. Es sollte noch bis Anfang 1954 dauern, bis eine erste grundsätzliche Bewertung der Vorräte der Lagerstätte Ronneburg vorlag. Danach stand fest: Hier waren die mit Abstand größten Uranvorkommen vorhanden, über die die SDAG Wismut verfügte. Rund zwei Drittel der gesamten Uranvorräte des Unternehmens entfielen auf diese eine große Lagerstätte. Zwangsläufig verlagerte sich deshalb der Schwerpunkt des Bergbaus von Sachsen nach Thüringen.

Auch in der Ronneburger Region mussten jetzt Dörfer und Felder dem Bergbau weichen. Dies betraf u.a. Lichtenberg, Schmirchau und Gessen. Anwohner, die nicht freiwillig ihre Gehöfte gegen Entschädigung räumten, wurden dazu auf Grundlage des geltenden Bergbaurechts gezwungen.

Zunächst wurden Versuche unternommen, auch in dem neuen Revier die für Gangerzlagerstätten typischen Abbaumethoden anzuwenden. Aufgrund der anderen geologischen Verhältnisse blieben die Ergebnisse jedoch unbefriedigend. Im Ronneburger Revier war ein Abbauverfahren mit räumlich unregelmäßigen Erzkörperkonturen geboten. Die bei der weiteren Erkundung der Lagerstätte und dem Abbau gewonnenen Erfahrungen führten zu einer fortlaufenden Modifizierung der Abbauverfahren. Es kamen hauptsächlich Bruchverfahren zur Anwendung (Kastenabbau, Kammerbau, Scheibenbruchbau, Scheibenbau mit Versatz). Darüber hinaus wurde noch eine Reihe weiterer Verfahren experimentell erprobt, bis man sich ausschließlich auf den Teilsohlenabbau mit Versatz einstellte. Im Kastenabbau als einem anfänglichen Verfahren wurde der Abbauhohlraum mit einer Rahmenzimmerung ausgebaut. Auf dreidimensionalen Zeichnungen des Kastenabbaus sind übereinander verschachtelte »Kästen«, wie bei einer kunstvoll errichteten Regalwand, zu sehen. Freilich nahm dieser Bau unter Tage ganz andere Dimensionen an. Die »Kästen« wurden von unten nach oben errichtet. Das taube Gestein diente dabei zur Verfüllung der unteren Segmente.

Nachdem der Kastenabbau in der Lagerstätte Dittrichshütte erfolgreich erprobt worden war, kam er nun auch in den Grubenfeldern Lichtenberg und Schmirchau zur Anwendung.

Fördergerüst der SDAG Wismut für den Abbau unter Tage (Schacht 38 in Schlema).

Die Hauptprobleme bei diesem Verfahren waren die mangelnde Standfestigkeit der Kästen, die niedrige Pro-Kopf-Leistung pro Mann und Schicht sowie der enorm hohe Holzverbrauch. Daher wurde nur in vergleichsweise geringem Umfang auf den Kastenabbau zurückgegriffen.

Etwas häufiger praktizierte man den Scheibenbau mit Eigenversatz. Bei diesem aus dem Steinkohlenbergbau stammenden Verfahren wurden mehrere »Scheiben« bis über 15 Meter Mächtigkeit von unten nach oben abgebaut. Das taube Gestein konnte als Eigenversatz verwendet werden. Teilweise wurde auch Sand über Rohrleitungen von über Tage als Versatzmaterial eingespült. So ausgeklügelt dieses Verfahren auch war, die Leistungen pro Mann und Schicht blieben dabei relativ niedrig.

Die Lösung schien gefunden, als Ingenieure den Übergang zum Scheibenbruchbau vorschlugen. Dabei wurde der Erzkörper horizontal und vertikal in Blöcke unterteilt. Ihr Abbau erfolgte scheibenweise von oben nach unten, daher auch der Name »Bruchbau«. Dieses Verfahren dominierte bis Ende der 1960er Jahre besonders in den Bergwerken Lichtenberg, Reust und Paitzdorf.

Die Direktion der SDAG Wismut freute sich über den Produktivitätsfortschritt. Doch erneut gab es unvorhersehbare Probleme. In den großen Bruchmassen konnten relativ leicht endogene Brände auftreten. Nach einigen unliebsamen Erfahrungen ging man dazu über, die Bruchmassen einzuschlämmen, um der Brandgefahr vorzubeugen.

Mit dem Erreichen der 90-Meter-Sohle wurden in Schmirchau 1955 Erzkörper großer Mächtigkeit angetroffen. Bei einer solch reichen Lagerstätte lohnte der Übergang zum Kammerbau. Erfahrungen damit gab es aus dem sowjetischen Bergbau. Wie der Name schon sagt, wurde das Erz von Kammer zu Kammer abgebaut. Die Kammern hatten dabei Ausmaße von 25 bis 40 Metern in der Länge und 8 bis 16 Metern in der Breite. Die Kammerhöhe lag bei 20 Metern. Der Vorteil des Kammerbaus bestand darin, dass die Arbeitsgänge weitgehend mechanisiert und Großtechnik eingesetzt werden konnte.

Allerdings hatten alle bis Mitte der 1960er Jahre in den Thüringer Lagerstätten angewendeten Abbauverfahren verschiedene technische, sicherheitstechnische oder aber wirtschaftliche Nachteile. Vor allem die immer wieder auftretenden Brände stellten ein anhaltendes Problem dar.

Zur Brandbekämpfung wurde über Rohrleitung von über Tage Pulpe, das ist ein Lehm-Wasser-Gemisch, eingespült.[37] Die Pulpe sollte jedoch nur eingesetzt werden, wenn man vorher die offenen Hohlräume im Brandgebiet beseitigt hatte. Dazu waren teilweise Großraumsprengungen mit mehreren Tonnen Dynamit nötig. Die größten Sprengungen wurden vorher dem Seismologischen Institut in Jena angezeigt.

An erster Stelle stand für die Generaldirektion stets die Erfüllung des Produktionsplans, weshalb oft unter großem Druck gearbeitet wurde. Dies führte wiederholt zu unsachgemäßen Sprengungen und enormem Pulpeneinsatz. Wenn aber erst einmal ein Grundstreckensystem mit Pulpe vollgelaufen war, so bedeutete dies Produktionsausfall und zusätzlichen Aufwand. So mussten infolge von Ausfällen durch die Brandbekämpfung der Produktionsplan im Bergbaubetrieb Schmirchau 1962/1963 drastisch reduziert, aber die Kosten um rund 50 Mio. Mark aufgestockt werden.

Nach jahrelangen Experimenten wurde schließlich der Teilsohlenabbau mit Versatz eingeführt. Dieses in verschiedenen Varianten praktizierte Verfahren erwies sich als am besten geeignet für die Bedingungen im Ronneburger Revier mit seinen massiven Erzkörpern. Der Abbau einer Scheibe, die bis zu vier Meter hoch war, erfolgte nun in mehreren Abschnitten. Die ausgeerzten Abschnitte wurden mit Versatz von über Tage verfüllt. Die weiteren Arbeiten fanden dann unter einem künstlichen Dach statt. Die Abbaufläche unter den künstlichen Dächern betrug maximal 300 m^2.

Als Versatz kam ein Gemisch aus Wasser-Zuschlagstoffen und Bindemitteln zum Einsatz. Das Gemisch wurde über Tage hergestellt und durch Rohrleitungssysteme in die entsprechenden Abschnitte eingebracht. Der erhärtete Versatz verhinderte in den Hohlräumen ein Nachbrechen der Dachschichten und sollte außerdem die Absenkungen an der Tagesoberfläche mindern.

Ein Problem bei der Herstellung des Versatzes, von dem riesige Mengen benötigt wurden, war die kostengünstige Beschaffung der dafür nötigen Rohstoffe. Das Material musste rasch erhärten und eine bestimmte Druckfestigkeit besitzen. Aus wirtschaftlichen Gründen wurde vor allem auf die Braunkohlenfilteraschen mehrerer Großkraftwerke zurückgegriffen. Der Jahresbedarf der SDAG Wismut an Braunkohlenfilterasche lag bei 250 000 bis 550 000 Tonnen. Da selbst diese enormen Mengen nicht ausreichten und die Qualität schwankte, wurden außerdem noch selbst entwickelte Mischbinder eingesetzt. Davon kamen jährlich zwischen 105 000 bis 300 000 Tonnen zum Einsatz.[38] Als Zuschlagstoffe für den Versatz wurden Kiese und Sande genutzt. Die SDAG Wismut betrieb zu diesem Zweck große Kies- und Sandgruben. Sie gehörte damit also auch zu den größten Baustoffproduzenten in der DDR.

Anfang der 1980er Jahre wurden von den vier zentralen Versatzwerken in Schmirchau, Reust, Paitzdorf und Beerwalde jährlich über 2 Mio. m^3 Versatz produziert.[39] Von der Forschung wurden unterschiedliche Versatzrezepturen entwickelt. Bei Einhaltung der technologischen und sicherheitstechnischen Vorschriften erreichte der Versatz eine außerordentlich hohe Standsicherheit. Diese war, so schätzten es die Experten des Kombinats ein, größer als die Standsicherheit des anstehenden Gebirges. Nicht zuletzt wurden dadurch auch große Mengen an Grubenholz gespart.

Mit der Einführung des Teilsohlenabbaus mit Versatz wurden relativ große Auffahrungsbreiten erreicht, was den Einsatz von produktiven Großgeräten ermöglichte und die Arbeitsbedingungen für die Bergleute verbesserte. Die Leistungen stiegen deutlich an. Schon im Jahr 1969 wurden rund 70 Prozent des Abbaus im Ronneburger Revier nach dem Teilsohleverfahren gewonnen.[40]

Die gesamte Lagerstätte Ronneburg wurde einschließlich prognostischer Vorräte mit 200 000 Tonnen Uran bewertet. Davon sind bis 1990 rund 113 000 Tonnen abgebaut worden.[41]

Aufbereitungsfabriken und Absetzanlagen

Ende der 1950er Jahre begann eine grundlegende Modernisierung der Aufbereitungsprozesse. Die ältesten Aufbereitungswerke in Johanngeorgenstadt, Tannenbergsthal, Aue und Oberschlema wurden 1956/1957, die bei Freital, Lengefeld und Gittersee bis 1962 geschlossen, es folgte die Konzentration auf wenige Werke mit neuen Aufbereitungstechnologien. So begann 1957 die Einführung von Ionenaustauschern. Da Uran sowohl in schwefelsaurer als auch sodaalkalischer Lösung negativ geladene Komplexverbindungen bildet, kann es mit Anionentauschern besser vom Erz abgetrennt werden. Dadurch konnte der Erzgehalt im Konzentrat deutlich erhöht werden.

Verarbeitungsrückstände aus der Aufbereitung wurden in Schlammteiche, sogenannte Industrielle Absetzanlagen, eingeleitet, wie hier in Trünzig (1963).

Letztlich sollte die Aufbereitung der Uranerze nur noch in zwei Werken stattfinden. Eines davon war die seit 1950 in Betrieb befindliche Fabrik in Crossen. Die modernste Aufbereitungsfabrik der DDR wurde ab 1959 in Seelingstädt gebaut. In der Projektierung gab es keinen Vorlauf, teilweise musste man nur nach Skizzen arbeiten – ein in der Planwirtschaft typisches Verfahren, auch etwas beschönigend »gleitende Projektierung« genannt.

An einem solchen Begriff lässt sich auch eines der Grundprobleme von Planwirtschaften erklären: das Phänomen des forcierten Wachstums und der folgenden Investitionsspannungen. Jedes Mal wurde eine neue Planungsperiode – 1959 begann der Siebenjahrplan (1959–1965) – mit einem Investitionsschub begonnen. Damit verbunden waren drei Phänomene: Das erste war das Opfer, dass der Bevölkerung abverlangt wurde, indem sie in der Hoffnung auf eine bessere Zukunft auf einen Teil ihres gegenwärtigen Verbrauchs verzichten musste. Das zweite war der Aufschub, d.h. dem Verbrauch dienende Investitionen (Häuserbau, Infrastruktur, usw.) wurden eingeschränkt. Das dritte war die Vernachlässigung der sogenannten nichtproduktiven Bereiche.

Am Beginn der Planungsperioden gab es stets mehr prioritäre Projekte als Mittel, um sie finanzieren zu können. Dieser »Investitionshunger« war systemimmanent und lässt sich bis zum Ende der DDR nachweisen. Die unteren und mittleren Funktionäre wünschten sich, dass ihre Vorschläge angenommen und in den Plan aufgenommen wurden. Wenn es erst einmal soweit war, konnte niemand das Projekt aufhalten, selbst wenn die Kosten viel höher ausfielen als erwartet (»in den Plan klettern«). Dies führte zwangsläufig zu Investitionsspannungen und der auch bei der SDAG Wismut üblichen Praxis der gleitenden Projektierung.

Für die Direktion der SDAG Wismut war entscheidend, dass ihr neues Werk so rasch wie möglich die Produktion aufnahm. Dies wurde erreicht. Nach nur zweieinhalb Jahren Bauzeit konnte Ende 1961 das Aufbereitungswerk Seelingstädt angefahren werden.[42]

Allerdings fielen die Baukosten höher aus als geplant. Die Ökonomen rechtfertigten die Mehrkosten mit dem Verweis auf die vorzeitige Inbetriebnahme. Erst später sollte sich zeigen, dass es erhebliche Sicherheitsmängel gab.

Das hydrometallurgische Werk Seelingstädt verfügte über eine Erzentladung mit Erzbunker, fünf Zechen-Eindicker von je 60 Meter Durchmesser, ein Kesselhaus, eine Kompressorenanlage, eine Zentralwerkstatt, mehrere Kilometer Rohrleitungen, einen Schlammteich, ein Laboratorium sowie diverse Material-, Öl- und Säurelager. Die Technologie kam aus der Sowjetunion.

Nach Überwindung der Anlaufschwierigkeiten blieb das Werk in Seelingstädt bis zum Ende der Tätigkeit der SDAG Wismut die modernste Aufbereitungsanlage. Die alten Aufbereitungsfabriken in Freital, Lengenfeld und Gittersee konnten bis 1962 geschlossen werden.

Zunächst wurde in Seelingstädt und 1965 auch in Crossen das sogenannte RIP-Aufbereitungsverfahren eingeführt. Die Erze wurden gemahlen und in uranreiche und uranarme Produkte getrennt. Anschließend wurden die uranreichen Mahlprodukte gelaugt und sorbiert. Das auf diesem Weg gewonnene chemische Konzentrat kam danach in Drehrohröfen und einen Sprühturm zum Trocknen. Bei diesem Verfahren traten allerdings schädliche Emissionen auf. Daher wurden 1984 Verdampfer eingeführt, die ohne Emissionen arbeiteten.

Die Aufbereitungstechnologien wurden schrittweise verbessert, für Menschen und Umwelt blieben sie dennoch belastend.[43]

Bei der hydrometallurgischen und physikalischen Aufbereitung der Uranerze fielen nach allem, was hier an technologischen Prozessen nur angedeutet werden kann, enorme Mengen an Verarbeitungsrückständen an, die in Absetzanlagen eingeleitet wurden. Davon gab es in den 1950er Jahren insgesamt 19, jeweils in der Nähe der Aufbereitungsfabriken. Es handelte es sich um kleinere Schlammteiche, die Flächen von zwei bis 22 Hektar bedeckten und zwischen 0,2 bis 6,6 Mio. Tonnen Schlamm fassten. In Seelingstädt wurden zwischen 1961 und 1991 ca. 109 Mio. Tonnen Uranerze mit schwefelsauren und sodaalkalischen Verfahren verarbeitet. Die Schlämme aus der Aufbereitung wurden von 1960 bis 1967 in die Absetzanlagen Trünzig A und B geleitet. Danach kamen die Rückstände in die noch größeren Absetzanlagen Culmitzsch A und B. In Trünzig und Culmitzsch wurden insgesamt über 100 Mio. Tonnen Schlamm aus der Aufbereitung deponiert.

Die Dimensionen dieser Anlagen lassen sich am besten auf Luftbildern erkennen. Die Absetzanlagen Culmitzsch A und B bedeckten eine Fläche von rund 234 Hektar. Das entspricht etwa der Größe von 312 Fußballfeldern. Weite Flächen der Gemeinden Wolfersdorf, Gauern, Seelingstädt und Kleinkundorf/Culmitzsch mussten für den Bau der Absetzanlagen herhalten.

Das Grubenunglück von Niederschlema

Am 15. Juli 1955 brach bei Niederschlema im Schacht 250, Blindschacht 208b auf der Sohle minus 480 Meter, kurz vor Mitternacht ein Brand aus.[44] Der Schweißer Günther Paersch hatte zuvor einen defekten Ventilator ausgeschaltet und bemerkt, dass ein Draht am Ventilator glühte. Während er noch nach einem Elektriker suchte, begann es zu brennen. Das Feuer breitete sich rasch aus und erfasste auch die an den Blindschacht horizontal angeschlossenen Grubenbaue sowie Füllorte, Feldstrecken, Maschinenräume und Pumpenkammern.[45]

Die Nachtschichten der Objekte Oberschlema und Niederschlema/Alberoda, insgesamt ca. 10 000 Kumpel, konnten gerade noch rechtzeitig alarmiert und nach über Tage geschickt werden. Unter Tage verblieben war die Brigade von Wolfgang Abendroth, insgesamt fünf Kumpel. Sie bemerkten den Brand erst am frühen Morgen. Der Rückweg war ihnen durch starke Rauchentwicklung versperrt. Ihre einzige Überlebenschance bestand darin, die Vortriebsstrecke zuzumauern und auf Hilfe zu hoffen: »Wir bauten quasi unser eigenes Gefängnis, ohne zu wissen, ob wir es je wieder verlassen würden.«[46]

Unterdessen herrschte über Tage eine kaum beschreibbare Hektik. Die Verantwortlichen hatten noch keinen exakten Überblick, wie viele Kumpel sich noch im Unglücksschacht befanden. Selbst ansonsten kühl und besonnen handelnde Männer verloren die Nerven. So fuhr am Morgen des 16. Juli 1955 der Leiter des Grubenrettungswesens, Max Markstein, in den Unglücksschacht ein. Er hatte schon viele Rettungsaktionen geleitet und zahlreichen Kumpeln das Leben gerettet. Ihm schlossen sich der Steiger Fritzsche und der Sicherheitsbeauftragte des FDGB-Kreisvorstandes, Brühl, an. Im Bemühen, schnell zu helfen, vernachlässigten die drei elementare Sicherheitsbestimmungen und nahmen keine Atemschutzgeräte mit. Sie erlitten bereits unweit des Schachteingangs tödliche Kohlenmonoxydvergiftungen.

Die Rettungsarbeiten, zunächst nur von Grubenrettungskommandos der SDAG Wismut geführt, wurden in den folgenden Stunden durch eine außergewöhnlich starke Rauchentwicklung behindert. Bei der Einsatzleitung in der Hauptrettungsstelle Oberschlema stieg die Nervosität. Hinzu kam, dass die sowjetischen Leiter der Rettungsstelle widersprüchliche Anweisungen gaben und zeitweilig den Überblick über die Standorte der eingesetzten Rettungsmannschaften verloren. Diese gingen dilettantisch vor und setzten sich unnötig hohen Risiken aus. »Es kam vor, dass Brigaden oft in Blindschächte geschickt und nicht organisiert wurde, dass der Rückweg gesichert wird. Dieses hatte zur Folge, dass Obersteiger Röder und Jänsch tödlich verunglückten und weitere vier Kollegen des Rettungskommandos ebenfalls zugrunde gegangen wären, wenn nicht durch Zufall eine Brigade auf der oberen Sohle sich zum Füllort eines Blindschachtes verirrt hätte, die dann die Notsignale dieser Kollegen hörten.«[47]

Noch am 18. Juli meldete die Einsatzleitung der Polizei in Aue 23 Vermisste.[48] Allein mit eigenen Kräften vermochte die Schachtleitung den Brand nicht einzudämmen. Nun wurden auch Rettungsmannschaften von anderen Betrieben angefordert. Die Schachtleitung sträubte sich zunächst jedoch hartnäckig gegen einen Einsatz der auswärtigen Wehren.[49] Erst auf Anordnung des sowjetischen Generaldirektors wurden diese doch hinzugezogen.

Die Hammerberghalde und das Blaufarbenwerk in Schlema (Ende der 1950er Jahre).

Die fünf eingeschlossenen Kumpel konnten schließlich nach über 50 Stunden gerettet werden. Den Brand selbst vermochte man erst am 24. Juli 1955 endgültig zu löschen. Danach wurden alle Schächte der Objekte in Ober- und Niederschlema sowie Alberoda, mit Ausnahme des Blindschachtes 208b, wieder in Betrieb genommen.

Das Grubenunglück forderte insgesamt 33 Tote, unter ihnen 14 Bergleute, sieben Mitarbeiter des ingenieurtechnischen Personals, ein Polizist, neun Rettungskräfte sowie zwei Leitungsfunktionäre. Mehr als 150 Bergleute und Rettungskräfte erlitten Gasvergiftungen. Werner Schneider, damals stellvertretender Obersteiger, benannte vierzig Jahre später die Ursachen für das Ausmaß der Katastrophe: »Es hatte bis dahin wenig Brandschutzmaßnahmen gegeben. Eine Feuerwehr für unter Tage existierte nicht. Die Leute waren an Rettungsgeräten nicht ausgebildet. Jeder Schacht hatte seine eigene Einsatzleitung, zwischen denen es in den ersten Stunden keine Verbindung gab. Jeder operierte blind in den Tag hinein.«[50]

Nach Bekanntwerden des Unglücks lief die Kommunikation in den Führungsetagen nur noch über das Sondertelefonnetz der Gebietsparteileitung der SED. Offenbar blieb einige Tage unklar, ob überhaupt eine öffentliche Stellungnahme erfolgen sollte. Parallel zu den Rettungsarbeiten begannen Polizei und Staatssicherheit, die Stimmung unter der Belegschaft und der Bevölkerung abzufragen.[51] Verschiedentlich wurden auch Vermutungen laut, dass es sich bei dem Grubenbrand um einen »Sabotageakt« gehandelt haben könnte. Bereits der erste Polizeibericht deutete dies an, und auch die Staatssicherheit ermittelte in diese Richtung.[52] Ganz geklärt werden konnte die Unfallursache nie, ein bewusster Sabotageakt wurde aber weitgehend ausgeschlossen.

In Schlema erinnert ein Gedenkstein an die tragischen Ereignisse vom Juli 1955. Regelmäßig finden Gedenkveranstaltungen zu Ehren der tödlich verunglückten Bergleute statt. In dieses Gedenken sind auch all diejenigen einbezogen, die vor der Gründung der SDAG Wismut im sächsischen und thüringischen Uranerzbergbau ums Leben kamen. Ihre genaue Zahl ist bis heute nicht bekannt.

Für den Gesamtzeitraum der Tätigkeit der Wismut AG bzw. SDAG gibt das Unternehmen fast 42 000 Unfälle, darunter 916 schwere Unfälle mit insgesamt 772 Toten an.[53] Unter Berücksichtigung der Dunkelziffern für die Jahre 1946 bis 1953 muss man wohl von mehr als 1000 Toten durch Unfälle ausgehen.[54]

Bereits 1948 hatte die Landesregierung von Sachsen mehrere umfangreiche Unfallerhebungen in allen Wirtschaftszweigen durchgeführt. Demnach lag die Unfallquote im Steinkohlenbergbau um einiges höher als bei der Wismut AG. Bezogen auf tödliche Arbeitsunfälle nahm der Uranerzbergbau jedoch einen traurigen Spitzenplatz ein.[55]

Die häufigste Unfallursache war Steinfall jeglicher Art, vor allem im Abbau und nach dem Sprengen. Vereinzelt ereigneten sich auch schwere Stollenbrüche und Brände. An zweiter Stelle standen, jedenfalls in den ersten Jahren, Sprengunfälle. Wiederholt kam es auch zu spektakulären Wegeunfällen infolge der völlig überbesetzten Eisenbahnwaggons sowie der veralteten Förderanlagen. Nicht zuletzt gab es auch zahlreiche Unfälle über Tage, so beim Anlegen von Schürfgräben, bei geologischen Bohrungen, bei der Aufbereitung und in den Werkstätten.

Die Direktion der Wismut AG vermutete bei einer Vielzahl von Unfällen »Sabotage«. Dichtung und Wahrheit lassen sich diesbezüglich nur schwer trennen. »Der Russe hatte die Einstellung: Unfälle gibt es nicht! An jedem Unfall ist einer schuld. Und der Schuldige wurde gesucht«,[56] berichtet ein früherer Bergmann.

Hinzu kam die Praktik der Verschleierung von Unfällen. Diese hatte vor allem folgende Hintergründe: Die Werbung von Freiwilligen sollte nicht behindert, die Belegschaft nicht verunsichert und der antisowjetischen Propaganda keine Anhaltspunkte geliefert werden. Indem die sowjetische Direktion die Schuld für die Arbeitsunfälle hauptsächlich bei »Diversanten« und »Spionen« suchte, konnten sich die eigenen Leitungskräfte der Verantwortung entziehen.

Seit Anfang der 1950er Jahre entwickelten sich die Unfallzahlen rückläufig. Die Belegschaft wurde stark reduziert und die Ausbildung eines gut qualifizierten und motivierten Stamms von Bergleuten forciert. Auch die technische Ausrüstung konnte wesentlich verbessert werden. An Stelle der Fahrten wurden jetzt Förderkörbe benutzt, alle Hauerbrigaden mit Bohrstützen ausgestattet. Auf den wichtigsten Unter-Tage-Strecken kamen Elektroloks zum Einsatz. Arbeitsschutzbekleidung stand nunmehr ausreichend zur Verfügung. »Das sicherheitstechnische Regime verbesserte sich zusehends und auch die Maßnahmen zum Gesundheitsschutz, das Nassbohren, das Anfeuchten des gesprengten Haufwerks, die Maßnahmen für eine bessere Bewetterung wurden besser eingehalten und – mindestens genau so wichtig – die Einhaltung vom Aufsichtspersonal kontrolliert.«[57]

Das Grubenunglück von Niederschlema hatte weitreichende Konsequenzen für das betriebliche Sicherheitssystem bei der SDAG Wismut. Das gesamte Rettungswesen wurde neu strukturiert. Einen Unfall dieses Ausmaßes gab es zum Glück kein zweites Mal.

Umweltsünden

Auch nach der Bildung der SDAG Wismut spielten Gedanken zum Umweltschutz nur eine untergeordnete Rolle, wie dies in den 1950er/1960er Jahren bei nahezu allen großen Uranproduzenten der Welt der Fall war. Ein Umdenken setzte erst ein, als sich Todesfälle bei langjährig unter Tage Tätigen häuften und die Atomeuphorie abgeklungen war.

Die Verantwortlichen bei der SDAG Wismut konzentrierten sich auf die Produktionsplanerfüllung, die weitere Mechanisierung und bessere Organisation der Arbeiten. Dadurch wurde die Zahl der Objekte verringert, was zwangsläufig auch zu einer Verringerung der Kontamination in der Fläche führte. Mehr geschah jedoch kaum.

So blieb es meist der Initiative Einzelner überlassen, auf die Probleme des Strahlenschutzes hinzuweisen. Die Mahnschreiben von Professor Wildführ an die sächsische Landesregierung aus dem Jahr 1947 verhallten ungehört. Zehn Jahre später wandte sich der Leiter des Instituts für angewandte Radioaktivität in Leipzig, Prof. Weiss, in einer »delikaten Angelegenheit« an den Vorstandsvorsitzenden der SDAG Wismut, Fritz Selbmann. Weiss hatte von einem couragierten Geologen die Meldung erhalten, dass Arbeiter der Aufbereitungsfabriken über Hautekzeme klagten.[58] Der Geologe bat ihn, Staubproben aus dem betreffenden Betrieb zu untersuchen. Weiss ermittelte daraufhin einen Wert, der um das Hundertfache über dem gerade publizierten Grenzwert in einer Verordnung über den Umgang mit radioaktiven Isotopen in der Industrie lag. Er bat deshalb Minister Selbmann um eine Intervention. Der Minister zeigte sich besorgt, sicherte dem Informanten Vertraulichkeit zu und veranlasste Veränderungen des technologischen Regimes in dem betreffenden Aufbereitungsbetrieb.

In den Anfangsjahren des Uranbergbaus konnten die Gesundheitsrisiken noch heruntergespielt werden. Selbst auf die eindringlichsten Warnungen hatte der SED-Parteivorstand damals nicht reagiert, wohl auch im Wissen um die eigene Ohnmacht gegenüber der Direktion der Wismut AG.

Im Herbst 1958 unterdrückte die Gebietsparteileitung der SED etwa die Publikation und Diskussion von seit Jahrzehnten bekannten Materialien über die »Schneeberger Krankheit«. In einem Schreiben an das ZK der SED wurde darauf verwiesen, dass solch ein Material nur dem »Klassenfeind« nützen und der SDAG Wismut schaden würde. Wie die Bergleute gegen die Radioaktivität geschützt werden könnten, wüsste man nirgends besser als bei der SDAG Wismut selbst.[59]

Als sich jedoch die Meldungen über massenhafte Erkrankungen von Bergleuten häuften, sah sich das Politbüro der SED genötigt, im Juni 1960 einen Bericht über »Krankheiten im Wismut Schacht« entgegenzunehmen.[60] Der Bericht selbst fehlt leider in den Archivunterlagen.

Fünf Jahre später wurde das Problem der steigenden Zahl von Berufserkrankungen erneut auf höchster Ebene angesprochen. Der Leiter der Staatlichen Plankommission, Erich Apel, vermerkte in einem Bericht an Parteichef Walter Ulbricht, dass inzwischen mehr als 6200 Fälle von Berufserkrankungen, darunter 4500 Silikosefälle, bei der SDAG Wismut anerkannt worden seien. Ein großes Problem stelle die Beschäftigung von Rehabilitanden dar. Allein im Objekt 9 (Aue) beträfe dies knapp 22 Prozent der Belegschaft.[61] Die Probleme waren also bekannt. Doch nach wie vor hielten sich die Aufwendungen für den Umweltschutz bei der SDAG in engen Grenzen.

Orte der Strahlenbelastung waren grundsätzlich alle Halden, Schächte und Stollen, Betriebsgelände, Absetzanlagen, Erzverladestellen und Verbindungsstraßen. Hinzu kamen Gebäude und Straßen, für deren Bau Haldenmaterial verwendet wurde.

Berginspektor Rudolf Oelsner schilderte, wie ihm einmal »eine ganze Halde geklaut« wurde. Eine Landwirtschaftliche Produktionsgenossenschaft oder ein Baubetrieb hatten wieder einmal billigen Schotter gebraucht und kurzerhand die Wismut-Halde abgebaggert. Mögliche Folgen durch Strahlenbelastungen wurden ignoriert.[62]

Jeder Bergbau hat seine Halden, aber der Uranbergbau war weltweit durch besonders großen Abraum gekennzeichnet. Die Gründe dafür waren vielschichtig. Ziel des Bergbaus auf Uran war es, den wertvollen Erzkörper möglichst vollständig abzubauen. Anders als bei Steinkohlen- oder Kalibergbau blieb beim Uranbergbau kaum gewinnbares Erz im Berg. Infolgedessen fielen pro Tonne Uranerz viele Tonnen taubes Gestein an. Zu bedenken ist auch, dass die Erzgänge in den sächsischen Lagerstätten oft nur nach Zentimetern maßen. Um diese Ganglagerstätten abzubauen, musste ein erheblicher Aufwand betrieben werden, und es fielen große Mengen tauben Gesteins an. Eine vollständige Trennung von Gestein und Erz war theoretisch denkbar, praktisch aber kaum möglich. Daher gelangte auch ein Teil des Erzes auf die Halden und strahlte dort weiter.

Noch problematischer für die Umwelt waren die Rückstände aus der Aufbereitung, die in Absetzanlagen (»Schlammteiche«) geleitet wurden. Sobald das feinkörnige Material in diesen Teichen trocknete, konnte es vom Wind verweht werden. Die größte Gefahr bestand im Brechen der Deiche dieser Schlammbecken.

Ein erster schwerer Unfall ereignete sich 1955, als der Schlammteich Crossen überlief.

Am 7. April 1961 kam es zu einer weiteren Katastrophe, als

ein Rohrabschnitt der Absetzanlage Helmsdorf brach. Ungefähr 700 000 m^3 radioaktiver Schlamm flossen in den Helmsdorfer Bach und von dort in die Zwickauer Mulde.[63] Die Auswirkungen dieser Havarie waren bis zur Elbe spürbar. Es dauerte vier Tage, bis die Schäden behoben werden konnten. Obwohl Messungen eine erhöhte Belastung der örtlichen Wasserkreisläufe zeigten, wurde die Bevölkerung darüber nicht informiert, sondern mit verharmlosenden Aussagen belogen.[64] Die Vermeidung »negativer Diskussionen« war wichtiger als die Gesundheit der Bürger.

Wenn auch nach außen Gelassenheit demonstriert wurde, so löste jedoch die Umweltkatastrophe von Helmsdorf ähnlich dem Grubenunglück von Schlema eine interne umfangreiche Bestandsaufnahme aus. Mehrere leitende Mitarbeiter der SDAG Wismut verfassten einen 367-seitigen Umweltbericht. Dieser nur in russischer Sprache vorliegende Text wurde zur »Vertraulichen Verschlusssache« erklärt. Der Hauptteil des Berichts befasst sich mit den Belastungen des Wassers. Die Autoren wiesen eine starke mineralische und auch radioaktive Belastung des Kaitzbaches nach, wobei die größten Belastungen durch die Absetzanlage verursacht wurden. Da dieser Bach durch dicht bewohntes Gebiet floss, waren dringend Maßnahmen erforderlich. Der Bach wurde umgeleitet und die Dämme des Schlammteiches stabilisiert.

Beträchtlich waren auch die Belastungen im Bereich der Zwickauer Mulde, in die große Mengen Grubenwässer ungereinigt eingeleitet wurden. Selbst die Aufbereitungsfabrik Crossen leitete Abwasser mit Radioaktivität in die Zwickauer Mulde.

Die Autoren des Umweltberichts von 1963 schlugen eine Reihe von Verbesserungen des technologischen Regimes vor, um die Umweltbelastungen zu mindern. Größere Aufwendungen sollten dafür allerdings nicht getätigt werden. Wenn doch in den Umweltschutz investiert wurde, dann geschah dies aus ökonomischen Erfordernissen, nicht wegen der Daseinsvorsorge.

Die radioaktiven Belastungen der Luft stellten ein weiteres Problem dar. Die Kontamination breitete sich in der Luft wie eine Rauchfahne aus einem Schornstein aus. Eine über der zulässigen Norm liegende Belastung von Ortschaften konnten die Autoren nicht feststellen. Allerdings kritisierten sie die Belastungen durch die Abwehung radioaktiver Stäube. Diese traten nicht zuletzt bei den Umschlag- und Transportprozessen auf. Das Erz wurde auf offenen LKW gefahren.

Bei allen Bewertungen von Umweltbelastungen spielten und spielen Grenzwerte eine zentrale Rolle. Ehrlicherweise wurde im Bericht darauf hingewiesen, dass die in der DDR gültigen Grenzwerte für die Strahlenbelastung zu hoch seien und an die international gültigen Grenzwerte angepasst werden sollten. Gefordert wurde der Aufbau eines ständigen Messnetzes.

Der Bericht widerspiegelte eine gegenüber den Anfangsjahren veränderte Einstellung zum Umweltschutz. Die offensichtlichen Probleme wurden nicht länger ignoriert, sondern intern untersucht. Allerdings blieben die Reaktionen auf den Bericht unzureichend. Das Thema Strahlenschutz und Umweltbelastungen wurde in den Monaten nach dem Unfall nicht ein einziges Mal auf die Tagesordnung des Vorstandes der SDAG Wismut gesetzt. Dagegen gab es eine Reihe von Sitzungen auf denen über die Wege zur Bekämpfung endogener Brände in den Thüringer Lagerstätten diskutiert wurde. Die Brände bedrohten die Planerfüllung, daher musste man sich vor allem damit befassen. Der Unweltschutz wurde hingegen nur als ein belastender Kostenfaktor gesehen.

Das Politbüro der SED diskutierte im März 1964 über den Bau eines neuen Schlammabsetzbeckens durch die SDAG Wismut. Dafür musste die Gemeinde Culmitzsch geräumt werden. Die Kosten der Umsiedlung wurden mit maximal 30 Mio. Mark veranschlagt.[65] Beim Bau des Absetzbeckens sollte die »volkswirtschaftlich günstigste Variante« gewählt werden. Was dies im Klartext bedeutete, wurde in seltener Offenheit angesprochen: Man hielt eine Gesundheitsgefährdung bis 400 Meter außerhalb der Schutzdämme für möglich und baute das Absetzbecken oberhalb der Wohnstätten, so dass die Schlamm- und Flüssigkeitsmassen eine ständige Bedrohung darstellten.

Die 1962 geschaffene übergeordnete Kontrollinstanz, das Staatliche Amt für Atomsicherheit und Strahlenschutz (SAAS), hatte keinen Durchgriff auf die SDAG Wismut und konnte den Bau nicht verhindern.

»Sonnensucher«, Arbeitertheater und schreibende Kumpel

Zu Recht betonen ehemalige Wismut-Mitarbeiter immer wieder, dass ihr Leben nicht nur aus der Arbeit unter oder über Tage bestand. Sie möchten die Geschichte der SDAG Wismut nicht ausschließlich auf die Themenkomplexe »Uranproduktion« und »Strahlenexposition« reduziert sehen. In der Tat ist eine Sozial- und Kulturgeschichte der Uranbergleute noch zu schreiben. Einige Einzelaspekte sollen aber schon benannt werden.

Eine neue Richtung bekamen kulturelle Aktivitäten Ende der 1950er Jahre mit dem »Bitterfelder Weg«. Der Name ging auf eine im April 1959 veranstaltete Autorenkonferenz des Mitteldeutschen Verlages im VEB Chemiekombinat Bitterfeld zurück. Auf der Konferenz wurde diskutiert, wie den Beschäftigten ein aktiver Zugang zu Kunst und Kultur ermöglicht werden kann. Die vorhandene Trennung von Kunst und Leben und die Entfremdung zwischen Künstler und Volk sollten überwunden werden. Künstler und Schriftsteller wurden aufgefordert, in den Fabriken zu arbeiten und Arbeiter bei deren eigener künstlerischer Tätigkeit zu unterstützen (»Bewegung schreibender Arbeiter«). In der Tat kam es zu einem Aufschwung der Laienkunst, etwa durch regelmäßig veranstaltete Arbeiterfestspiele. Bei der SDAG Wismut existierten zu dieser Zeit bereits Dutzende Volkskunstgruppen und Zirkel. Ihre Mitgliederzahlen lagen bei mehreren Tausend.

Die geplante Aufhebung der Trennung von Berufs- und Laienkunst war aber auch mit einer veränderten gesellschaftlichen Aufgabe der Kunst verbunden. Sie sollte nicht mehr das Gegebene kritisch hinterfragen, sondern die Erfolge des Sozialismus propagieren. Prägend für den »Bitterfelder Weg« wurde das Entstehen von Arbeitertheatern und von Zirkeln schreibender Arbeiter. In Aue entstand noch 1959 ein Arbeitertheater,[66] das bis 1963 190 Aufführungen zeigte, zu denen rund 56 000 Besucher erschienen. Während der Elan des Theaters in Aue jedoch bald erlahmte und sich das Ensemble auflöste, entstanden in Gera, Auerbach und Königstein neue Arbeitertheater der SDAG Wismut, die bis zum Ende des Kombinats existierten.

Großer Beliebtheit erfreuten sich auch mehrere Amateurpuppen- und Kindertheater sowie verschiedenste Freizeitzirkel, die praktisch in allen größeren Kultureinrichtungen der SDAG gegründet wurden. Unter anderem gab es Amateurfilmgruppen, Zeichenzirkel, Keramikzirkel, Tanz- und Ballettgruppen, Blasorchester, Kabaretts, Tanzorchester, Chöre und Singeclubs.

Eine Besonderheit in vielen Industriekombinaten der DDR stellte das betriebliche Auftragswesen und die Förderung der Berufskunst dar. Kurz gesagt, es wurden Planstellen für Künstler und

Bergmannsumzug. Die SDAG Wismut knüpfte erfolgreich an alte Bergmannstraditionen an und gewann damit in der Region an Akzeptanz.

Schriftsteller geschaffen und nicht unbeträchtliche Summen für Auftragswerke von Malern und Bildhauern ausgegeben.

Die SDAG Wismut schickte die Bergleute Horst Salomon und Martin Viertel zum Literaturstudium nach Leipzig und stellte beide Schriftsteller nach ihrer Rückkehr wieder ein. Freilich fuhren sie nun nicht mehr ein, sondern konnten sich, materiell abgesichert, ausschließlich ihrer schriftstellerischen Arbeit widmen. Horst Salomon schrieb Gedichte und mehrere Bühnenstücke. Martin Viertel veröffentlichte unter anderem den Wismut-Roman »Sankt Urban«, mehrere Kinderbücher und schrieb Stücke für das Geraer Arbeitertheater. Zugleich bespitzelte und denunzierte er Schriftstellerkollegen.[67] Aus Enttäuschung über das Scheitern des Sozialismus in der DDR gab Viertel im Dezember 1989 alle ihm verliehenen staatlichen Auszeichnungen zurück und überwies die damit verbundenen Dotierungen an ein Kinderheim in seiner Heimatstadt Gera.

Die interessantesten Bücher und Filme über Menschen bei der SDAG Wismut durften bezeichnenderweise nicht aufgeführt bzw. publiziert werden. Es handelte sich zum einen um den Roman »Rummelplatz« von Werner Bräunig. Der Chemnitzer Bräunig war 1957 in die Arbeitsgemeinschaft »Junger Autoren« der SDAG

Wismut aufgenommen worden. Ein Jahr später wurde er zum Studium ans Literaturinstitut nach Leipzig delegiert. Im Jahr 1960 begann er mit der Arbeit an einem realitätsnahen Roman über den Uranbergbau, aus dem Abschnitte vorab erschienen. Nach einer scharfen Kritik in der Zeitung *Neues Deutschland*, dem Zentralorgan der SED, blieb sein Manuskript unpubliziert. Man warf ihm vor, die Werktätigen der SDAG Wismut und die sowjetischen Partner »beleidigt« zu haben. Erst im Jahr 2007 konnte »Rummelplatz« postum im Aufbau-Verlag erscheinen.

Ganz so lange musste das Publikum nicht warten, um den Wismut-Film »Sonnensucher« von Konrad Wolf zu sehen. Der Film war 1958 unmittelbar nach seiner Fertigstellung verboten worden. Angeblich sei dafür eine Intervention des sowjetischen Botschafters ausschlaggebend gewesen. Diese Vermutung lässt sich freilich nicht beweisen. Erst 1972 kam »Sonnensucher« das erste Mal in die Kinos. Der atmosphärisch dichte und an Originalschauplätzen in Johanngeorgenstadt gedrehte Film behandelt den Arbeitsalltag im Uranerzbergbau im Jahr 1950. Thematisiert wurden auch die Konflikte zwischen der sowjetischen Betriebsleitung, deutschen Kommunisten und den zum Teil zwangsverpflichteten Arbeitern. Da arbeiteten ehemalige SS-Männer neben russischen Offizieren, was zwangsläufig zu Auseinandersetzungen führen musste. Aber auch Gefühle wie Verbitterung, Apathie und Desillusionierung bekamen ihren Platz.

Konrad Wolf beschäftigte das Verhältnis zwischen Deutschen und Russen Zeit seines Lebens. In seinem Wirken bewegte er sich in einer Art Dauerspagat zwischen dem Amt eines Parteifunktionärs und der Ehrlichkeit seines filmkünstlerischen Schaffens.[68] Dies wird nicht zuletzt in »Sonnensucher« spürbar.

Die Bergleute und ihre Arbeits- und Lebensumwelt boten insbesondere für die bildende Kunst verschiedenste Projektionsflächen. So zeichnete Carl-Heinz Westenburger aus Tannenberg Bergleute und Landschaften. Seine Bleistiftzeichnungen sagen mehr über den Arbeitsalltag der Bergleute aus als viele spätere Beschreibungen.

Nach der Bitterfelder Konferenz gab auch die Direktion der SDAG Wismut bei mehr oder weniger renommierten Künstlern sowie begabten Laien Bilder und Plastiken in Auftrag. Eine Besonderheit der Auftragskunst der SDAG Wismut bestand darin, dass an ihr auch zahlreiche Maler aus der Sowjetunion mitwirkten. Allerdings hatten sie nicht selten ideologisch motivierte Vorgaben er-

Szene aus dem Wismut-Film »Sonnensucher« von Konrad Wolf. Der Film wurde unmittelbar nach seiner Fertigstellung 1958 verboten und erlebte seine Voraufführung erst am 20. Juli 1971 in Ronneburg zum 25. Jahrestag der Wismut. 1972 kam er in die Kinos.

halten, die den künstlerischen Gehalt beeinträchtigten. Insgesamt entstanden mehr als 3000 Gemälde und Grafiken im Rahmen der Auftragskunst.

Das Ende der Bergbau-Euphorie kann man an einem 1987 – ein Jahr nach Tschernobyl – entstandenen Porträt der Malerin Alexandra Müller-Jontschewa ablesen. Ein hochdekorierter Bergmann steht in einer mondähnlichen Landschaft. Er blickt ernst und nachdenklich drein. Dass es nur vier Jahre später mit dem Uranbergbau in Thüringen und Sachsen vorbei sein sollte, konnte die Malerin nicht ahnen. Ihr Bild fängt dennoch die bedrückende Endzeitstimmung der späten 1980er ein.

Durchaus erfolgreich verliefen die Bemühungen des Uranbergbauunternehmens, eine eigene Traditionspflege zu begründen. Von besonderer Bedeutung war dabei der »Tag des Bergmanns«. An diesem Ehrentag jeweils am ersten Sonntag im Juli gab es Auszeichnungen und Prämien, und es wurde gefeiert. Traditionelle Bergmannsbräuche wurden von der Wismut AG aufgegriffen und wieder belebt.

Das Regierungsabkommen vom 7. Dezember 1962

Am 7. Dezember 1962 wurde zwischen der UdSSR und der DDR ein neues Abkommen über die Tätigkeit der SDAG Wismut geschlossen. Anders als 1953 stellte der Abschluss diesmal keine Adhoc-Reaktion auf Krisenprozesse dar.

Die Gültigkeit der gesetzlichen Bestimmungen der DDR für die Tätigkeit der SDAG und die Teilung des Vermögens der Gesellschaft zu gleichen Teilen fand in dem Abkommen Bestätigung. Bestehen blieb auch die weitgehende Steuerfreiheit der Firma, bis auf eine Gemeindesteuer-Pauschale in Höhe von 4,5 Mio. Mark. Wieder in den Vertrag aufgenommen wurde die paritätische Besetzung des Vorstandes der Gesellschaft und der Wechsel des Vorstandsvorsitzenden nach einer Amtsperiode von fünf Jahren.

Gegenüber dem Vertrag von 1953 und den Protokoll von 1957 traten folgende Veränderungen ein: 1) Für die Tätigkeit der SDAG galten nunmehr verbindlich die gesetzlichen Bestimmungen der DDR. Dies war für die deutsche Seite der entscheidende Punkt des neuen Abkommens. 2) Das Recht der SDAG Wismut auf die Urangewinnung galt nicht mehr unbeschränkt. Bei Komplikationen für die Wirtschaft der DDR sollte eine entsprechende Regierungsvereinbarung getroffen werden. 3) Alle Aufwendungen für die Inanspruchnahme von Grundstücken und Ausgaben für die Rekultivierung sollten nunmehr gemeinsam getragen werden. 4) Der künftige Bedarf der DDR an Uranprodukten sollte durch die SDAG Wismut gesichert werden. 5) Der von der UdSSR zu zahlende Preis für das Uran wurde in gesonderten Vereinbarungen festgelegt.

Mit dem Abkommen in Verbindung stand auch der Wegfall einiger finanzieller Sonderregelungen für die Wismut.[69] So wurden ab 1963 Lohnzuschläge für Bergarbeiter (bis 800 Mark brutto) und die Ausgaben für den Betriebsschutz nicht mehr allein aus dem Staatshaushalt der DDR finanziert. Diese Aufwendungen hatte fortan die SDAG, d. h. die deutsche und die sowjetische Seite gemeinsam, zu tragen. Andererseits wurden die Kosten der Lehrlingsausbildung bei der Wismut nunmehr voll aus dem Staatshaushalt der DDR beglichen.

Das Abkommen verlängerte die Tätigkeit der SDAG bis 1973. Die mit dem Vertrag verbundene langfristige Festpreisregelung folgte dem Trend auf dem internationalen Uranmarkt, auf dem ebenfalls Lieferkontrakte mit einer Geltungsdauer von 10 bis 15 Jahren geschlossen wurden.[70]

Die 1958 eingeführte Verfahrensweise der gegenseitigen Verrechnung für das gelieferte Uran wurde beibehalten, d. h. die DDR deckte die Aufwendungen der SDAG in nationaler Währung zu den Selbstkosten, die vom Vorstand der SDAG mit den Jahresplänen bestätigt wurden, plus 10 Prozent, während die UdSSR ihre Leistungen für die Jahre 1963–1965 zu Festpreisen im Clearing-Verfahren verrechnete. Demgemäß betrug der Preis für 1 kg Uran 12,5 Rubel und für 1 kg Urankonzentrat 24,75 Rubel.

Der Vertrag von 1962 beendete den Zustand des ständigen Suchens nach neuen Kompromissformeln. Er markierte für die SDAG Wismut das Ende des Nachkriegszeitalters. Wirtschaftliche Differenzen zwischen der UdSSR und der DDR wurden nunmehr vor allem über die Preisverhandlungen für das Uran ausgetragen.

Die besten Jahre (1963–1977)

Die Wirtschaftsreform und die SDAG Wismut

Anfang 1963 beschloss die SED-Führung, eine Reform des Wirtschaftssystems in Angriff zu nehmen.[1] Diese zielte auf eine Modernisierung der Volkswirtschaft und Steigerung der Produktivität. Die Betriebe und Branchenverwaltungen erhielten mehr Spielraum. Ihnen sollten nur noch Eckdaten vorgegeben werden. Zum zentralen Leistungsmaßstab wurde der Gewinn und nicht wie bisher die Bruttoproduktion erklärt. Ein »System ökonomischer Hebel« – Preise, Kosten, Prämien, Zinsen usw. – sollte dazu führen, effizienter mit den Produktionsfaktoren zu wirtschaften und bessere Anreize für die Produzenten zu schaffen.

Begünstigt wurde die Wirtschaftsreform durch eine veränderte gesellschaftliche Atmosphäre. Nach dem Mauerbau am 13. August 1961, den manche Historiker als das »eigentliche Gründungsdatum« der DDR ansehen, sahen nicht wenige Bürger die Chance, nunmehr einen anderen Sozialismus aufzubauen als das, was man bisher kannte. Während die Aufbruchstimmung vor allem die Intellektuellen erfasste, standen die Arbeiter der Wirtschaftsreform eher zurückhaltend gegenüber, da sie einen größeren Leistungsdruck oder Lohnkürzungen fürchteten.

Im Grunde genommen versuchten die Reformer, marktwirtschaftliche Mechanismen in Kraft zu setzen, ohne jedoch die Grundlagen einer Marktwirtschaft – das individuelle Eigentum an Produktionsmitteln, Rechtssicherheit und freie Märkte – einzuführen. Daher prägten von Anfang an Halbherzigkeiten die Reformschritte. Die Verteilung der wichtigsten volkswirtschaftlichen Ressourcen blieb Sache der Zentrale.

An der Spitze der Reformer standen Staats- und Parteichef Walter Ulbricht, der Vorsitzende der Staatlichen Plankommission, Erich Apel, und der Sekretär der Wirtschaftskommission beim ZK der SED, Günter Mittag. Andere Mitglieder der SED-Spitze standen dem Versuch, den Kombinaten und Betrieben mehr Rechte einzuräumen und stärker auf indirekte Lenkungsmethoden zu setzen, skeptisch gegenüber. Später, als die Reformen unter dem Namen »Neues ökonomisches System der Planung und Leitung« (NÖS) nicht die erhoffte schnelle Wirkung zeitigten, wurden die Skeptiker zu mehr oder minder offenen Reformgegnern.

Bei der SDAG Wismut herrschte gegenüber dem NÖS eher Zurückhaltung. Generaldirektor Woloschtschuk konnte mit den Reformideen nicht sonderlich viel anfangen. Er war aus dem eigenen Land eine straff geregelte Planwirtschaft gewohnt. Zudem trafen seiner Meinung nach eine Reihe von Kriterien des NÖS auf die Wismut gar nicht zu. Wie sollte ein strategisch so bedeutsames Kombinat wie die SDAG überwiegend nach den Prinzipien der Wirtschaftlichkeit geführt werden? War ein strenges Leistungsregime in seinem Verantwortungsbereich nicht längst etabliert? Inwiefern konnten die Prinzipien des NÖS überhaupt auf ein deutsch-sowjetisches Unternehmen mit seinen Sonderbedingungen angewandt werden?

Anfangs nahm man in Moskau die Reformbestrebungen der SED-Führung mit Gelassenheit auf. Je selbstbewusster Ulbricht jedoch auftrat, desto unwilliger blickte die sowjetische Führung auf die Wirtschaftsreformen in der DDR. Zu ersten Mißtönen kam es 1964/1965 anlässlich der deutsch-sowjetischen Wirtschaftsverhandlungen. Die Sowjetunion bestand darauf, zunehmend qualitativ hochwertige Güter als Gegenleistung für ihre steigenden Rohstofflieferungen zu erhalten, und kürzte die Lieferungen von Getreide und Walzstahl in die DDR.

Diese Verstimmungen schlugen in gewisser Weise auch auf die SDAG Wismut durch. Die Bergleute und Angestellten bekamen davon zwar kaum etwas mit, doch in der Direktion kam es zu Spannungen. Latente Interessenkonflikte bestanden vor allem im Hinblick auf die künftigen Förderquoten und die Kostenteilung. Während die sowjetischen Wirtschaftsfunktionäre nach wie vor auf einer Strategie des maximalen Abbaus der erzreichsten Vorräte beharrten, tendierte die deutsche Seite zu einer stärkeren Beachtung der Produktionskosten und Schonung der Vorräte. Der Konflikt über die weitere Entwicklungsrichtung der SDAG wurde im Vorfeld der Regierungsverhandlungen über die Uranpreise 1965 deutlich. Eine besondere Rolle sollte dabei dem Vorstandsvorsitzenden der SDAG Wismut, Erich Markowitsch, zufallen. Auch deshalb lohnt ein Blick auf seine Vita.[2]

Aus einer Berliner Arbeiterfamilie stammend, hatte sich Markowitsch mit 16 Jahren der kommunistischen Jugendbewegung angeschlossen und war 1930 der KPD beigetreten. Kurz nach Hitlers Machtantritt wurde er verhaftet und zu sechs Jahren Zuchthaus verurteilt. Auch danach kam er nicht frei, sondern durchlitt das KZ Sachsenhausen und überlebte von 1942 bis 1944 das IG-Farben-Arbeitslager Monowitz bei Auschwitz. Die letzten Kriegsmonate verbrachte er im KZ Buchenwald, wo er Mitglied des illegalen Lagerkomitees wurde.

Nach dem Krieg übernahm er in der Maxhütte Unterwellenborn eine jener Schlüsselpositionen, die nach 1945 die Kommunisten in allen Verwaltungen und Betrieben als erstes unter ihre Kontrolle zu bringen suchten: die Leitung der Kaderabteilung.

Seine Lebensaufgabe fand der durchsetzungsfähige Mann schließlich als Werkleiter beim Aufbau des Eisenhüttenkombinates Ost (EKO), dem größten Neubauvorhanden der jungen DDR. 1959 stieg Markowitsch in die Regierung auf, in der er verschiedene Funktionen wahrnahm; unter anderem war er Minister und 1. Stellvertreter des Vorsitzenden des Volkswirtschaftsrates, eines von 1961 bis 1966 bestehenden »Superministeriums«. Zugleich war er Mitglied des Wissenschaftlichen Rates für die friedliche Anwendung der Atomenergie beim Ministerrat der DDR. 1963 übernahm er auch den Vorsitz des Vorstands der SDAG Wismut. Zu dieser Zeit hatte das Kombinat die schwierigsten Jahre längst hinter sich. Die SDAG Wismut förderte so viel Uranerz wie nie zuvor und hatte ihren Gesamtaufwand systematisch reduzieren können. Dennoch musste der Uranbergbau hoch subventioniert werden. Die Erlöse aus dem Verkauf des Urans an die Sowjetunion deckten die Aufwendungen bei weitem nicht. Daher hatte es sich Markowitsch zum Ziel gesetzt, die Wirtschaftlichkeit zu verbessern und, wenn möglich, auch höhere Uranpreise durchzusetzen.

In einem ausdrücklich nicht für die sowjetische Seite bestimmten Geheimbericht über die bisherige Tätigkeit der SDAG Wismut wurde unverhohlen Kritik am sowjetischen Generaldirektor geübt.[3] Dieser sei nur auf eine hohe Produktion fixiert, ohne ausreichende Berücksichtigung der Kosten. Unzufrieden waren die Deutschen auch mit den Verkaufspreisen. Seit 1963 nahm die UdSSR das Uran zu Festpreisen ab. Für 1 kg Stufenerz wurden 12,50 Rubel und für 1 kg chemisches Konzentrat 24,75 Rubel bezahlt. Diese Preise lagen weit unter denen der 1950er Jahre. Dabei muss allerdings berücksichtigt werden, dass die SDAG Wismut inzwischen zahlreiche unrentable Schächte geschlossen und Personal abgebaut hatte, was sich in einer höheren Produktivität und sinkenden Kosten niederschlug.

Im Jahr 1964 produzierte die SDAG Wismut so kostengünstig wie nie zuvor. Der Aufwand je Kilogramm Uran konnte gegenüber 1958 nahezu halbiert werden. Dieses Niveau ließ sich freilich nur halten, wenn auch weiterhin eine Strategie der Maximalproduktion verfolgt worden wäre. Genau dies lag nun aber nicht im Sinne der DDR-Regierung. Schon für die kommenden Jahre rechnete der Volkswirtschaftsrat mit ansteigenden Produktionskosten und plädierte daher für einen ressourcenschonenden Abbau. Die perspektivisch steigenden Kosten sollten durch höhere Uranpreise aufgefangen werden, was allerdings eine Veränderung des gerade erst eingeführten Festpreissystems erfordert hätte.

Markowitsch informierte Ulbricht in einem streng vertraulichen Schreiben über seine Unterredung mit dem sowjetischen Generaldirektor.[4] Er wählte diesen Weg, um Ulbricht von den besagten Differenzen zwischen der deutschen und der sowjetischen Seite in Kenntnis zu setzen. Unter anderem wollte Markowitsch erreichen, dass die Grenzen der Abbauwürdigkeit von Uranvorkommen künftig nicht mehr einseitig nur von der sowjetischen Seite festgelegt werden. Dies hatte in der Vergangenheit dazu geführt, dass beträchtliche Erzvorräte mit niedrigem Gehalt nicht abgebaut wurden. Diese Vorräte wurden »gelöscht«, d.h. auf ihre Förderung wurde verzichtet. Markowitsch sah voraus, das die SDAG Wismut alsbald auch zur Förderung und Verarbeitung von armen Erzen übergehen musste. Das Kombinat war darauf jedoch noch nicht ausreichend vorbereitet. Neben diesem grundsätzlichen Problem der künftigen Ausrichtung des Uranbergbaus kritisierte er massive Fälle von Korruption in der Materialwirtschaft der SDAG Wismut.

Streit um die Perspektive des Uranbergbaus

Mitte April 1965 wurden der Vorstandsvorsitzende der SDAG, Markowitsch, Generaldirektor Woloschtschuk sowie der 1. Sekretär der SED-Gebietsleitung Wismut vom Minister für Mittleren Maschinenbau der UdSSR, Jefim Slawski, zur Planbesprechung in die Sowjetunion eingeladen. Jefim Pawlowitsch Slawski war einer der mächtigsten sowjetischen Industrieminister.[5] Geboren 1898, hatte er sich während der Revolutionszeit der kommunistischen Partei angeschlossen, Ingenieurwissenschaften studiert und seit 1933 Leitungsfunktionen in der Wirtschaft übernommen. Als einer von ganz wenigen Wirtschaftsfunktionären wurde er dreimal als »Held der sozialistischen Arbeit« ausgezeichnet.

Seit 1957 leitete er das Ministerium für Mittleren Maschinenbau der UdSSR. Die Bezeichnung wurde aus Tarnungsgründen gewählt. Tatsächlich war sein Ministerium hauptsächlich für die Entwicklung der sowjetischen Atomindustrie einschließlich des Uranbergbaus zuständig und damit ein wichtiger Bestandteil des militärisch-industriellen Komplexes. Es kam der Wirklichkeit ziemlich nahe, wenn ihn deutsche Kollegen als »Sonderminister für den speziellen Bereich« charakterisierten. Slawski stieg 1961 zum Mitglied des ZK der KPdSU auf. Er blieb bis 1986 im Amt und galt als ein ausgesprochener Förderer der SDAG Wismut.

Im Vorfeld seiner Reise nach Moskau entwarf Markowitsch eine Direktive, die er dem sowjetischen Generaldirektor vorenthielt und nur mit Ulbricht abstimmte. Das Papier war als »Geheime Verschlusssache« gekennzeichnet.[6] Ein seltenes Dokument, das eines sehr deutlich belegt: Die deutsch-sowjetische Zusammenarbeit war immer auch von einem gewissen gegenseitigen Misstrauen, taktischen Differenzen und dem Feilschen um die finanziellen Konditionen gekennzeichnet.

Markowitsch wollte selbstbewusst auftreten und die Leistungen der DDR beim Ausbau der Uranförderung gebührend betonen. Die Uranlagerstätten in Sachsen und Thüringen sah er als Nationalreichtum an, mit dem möglichst schonend umgegangen werden sollte. Sein Ziel war es, die Nutzung der Uranvorkommen auf lange Sicht, d.h. über das Jahr 2000 hinaus, zu sichern. Davon versprach er sich wirtschaftliche Vorteile für die DDR, u.a. eine Versorgung der im Aufbau befindlichen Kernkraftwerke mit Brennstoffen. Die Tendenz zur weiteren Forcierung des Abbaus der Uranerzlagerstätten der DDR sollte nach Möglichkeit gestoppt werden.

Außerdem hatte sich Markowitsch vorgenommen, herauszufinden, zu welchem Preis die Sowjetunion Uran von den anderen sozialistischen Ländern kaufte und wie viel Kernbrennstoff die DDR künftig für ihre Atomkraftwerke erhalten könne. Er vermerkte

Einsatz schwerer Technik über Tage zum schnellen Abbau der Erzlager (1960er Jahre).

dazu: »Diese Fragen dürfen nicht direkt gestellt werden und sind, soweit möglich, im Rahmen von geschickt geführten Unterhaltungen herauszusondieren.«[7]

Die Differenzen über die Entwicklungsstrategie konnten nicht ausgeräumt werden. Die sowjetische Seite ließ bei den Moskauer Verhandlungen die ostdeutschen Bedenken nicht gelten. Daraufhin weigerte sich Markowitsch im Oktober 1965, die Bilanz der SDAG Wismut zu bestätigen.[8] Er verlangte zudem eine Stellungnahme vom Generaldirektor zu den Korruptionsfällen in der Materialwirtschaft der SDAG. In einem Schreiben an Ulbricht informierte Markowitsch am 17. Dezember 1965 über die fortbestehenden Meinungsverschiedenheiten zwischen ihm und Woloschtschuk.[9] Dahinter verbargen sich weniger persönliche Differenzen als handfeste wirtschaftliche Interessenkonflikte.

Die aus der Tätigkeit der SDAG Wismut resultierenden volkswirtschaftlichen Belastungen wurden von der Funktionselite der DDR zunehmend kritisch gesehen. Davon zeugte auch ein geheimes Grundsatzpapier des Vorsitzenden der Staatlichen Plankommission, Erich Apel, vom Oktober 1965.[10] Einerseits bescheinigte Apel dem Unternehmen seit 1954 eine beeindruckende Entwicklung. Zugleich sprach er eine Reihe von Problemen in zuvor nicht gekannter Deutlichkeit an. Unter anderem wurde die steigende Zahl von Berufserkrankungen thematisiert. Scharf kritisiert wurden ebenfalls die Tendenzen zur Materialverschwendung. Innerhalb von fünf Jahren waren bei der SDAG Wismut für sage und schreibe 131 Mio. Mark nicht verwendbare Materialien angefallen. Freilich lag dies wohl weniger an der Unfähigkeit einiger Materialwirtschaftler als an den generellen Mängeln des Planungssystems, das eben Praktiken begünstigte, wonach Material auf Vorrat oder für Tauschzwecke beschafft wurde.

Sorgen bereitete Apel vor allem die finanzielle Entwicklung des Uranbergbaus. Diese war für die DDR ungünstiger als geplant verlaufen, da mehr Arbeitskräfte eingesetzt und mehr hochwertige Erze abgebaut wurden. Der Aufwand für die Uranproduktion, so Apel, ließ keine ausreichende Devisenrentabilität zu. Unter Berücksichtigung aller Kosten musste die DDR für einen Rubel Erlös 9,57 Mark aufwenden. Ein denkbar schlechtes Geschäft.

Aus dieser ernüchternden Bilanz zog Apel folgende Schlüsse: Es sollten keine zusätzlichen Arbeitskräfte mehr für die SDAG Wismut bewilligt werden. Da die Uranvorräte nach den damals vorliegenden Prognosen voraussichtlich nur noch zwölf Jahre reichten, sollte die Produktion nicht mehr erweitert werden. Die Anreicherungstechnologien sollten zudem verbessert werden, um künftig auch Erze mit weniger Mineralgehalt verarbeiten zu können, weshalb man auch die geologische Erkundung verbessern sollte. Außerdem müsse die DDR versuchen, gegenüber der UdSSR höhere Preise für die Uranlieferungen auszuhandeln. Als Orientierungspunkt galten die von der ČSSR erzielten besseren Preise für chemisches Konzentrat.

Ende 1965 fanden in Moskau die Verhandlungen über den Fünfjahresplan (1966–1970) für die SDAG Wismut und die Uranpreise statt. Um zu kostendeckenden Preisen zu kommen, hätten die deutschen Vertreter nahezu eine Verdopplung des Uranpreises aushandeln müssen. Ein solches Ansinnen war nicht durchsetzbar. Aber auch jede andere Preisanhebung wurde abgelehnt. Laut Regierungsprotokoll vom 22. Dezember 1965 blieben die 1962 vereinbarten Preise unverändert.[11] Auch ein Wechsel in der Unternehmensphilosophie – weg von der maximalen Produktion und hin zu einem ressourcenschonenden und kostenbewussten Wirtschaften – misslang. An dieser Frage sollte sich der Streit zwischen der sowjetischen und deutschen Seite wenig später erneut entzünden.

Im Mai 1966 besuchte Minister Slawski wieder einmal die SDAG Wismut. Er zeigte sich beeindruckt. Man tauschte wie immer Höflichkeiten aus und feierte gemeinsam die Erfolge des deutsch-sowjetischen Musterbetriebes. Die SED-Gebietsleitung konnte ihren Oberen melden, dass keinerlei Probleme an den sowjetischen Minister herangetragen wurden.[12]

Ein knappes Jahr später sah es anders aus. Nunmehr begannen die Regelungen des NÖS, vor allem die Industriepreisreform, auch auf die SDAG Wismut durchzuschlagen. Darüber kam es zwischen der Generaldirektion und dem Vorstand zu Kontroversen.

Erneut reiste Markowitsch, der nach dem Selbstmord von Erich Apel Ende 1965 seine einflussreiche Funktion im Ministerrat verloren hatte und das Amt für Berufsausbildung leitete, zu einer Konsultation nach Moskau. Er sollte dort vor allem in Erfahrung bringen, wie viel Uranerz die Sowjetunion nach 1970 abnehmen würde.[13] In der DDR hatte gerade eine Prognosewelle begonnen, d.h. alle Industriezweige waren gehalten, Konzeptionen für ihre Entwicklung bis 1980 und darüber hinaus aufzustellen. Auch die SDAG Wismut sollte nunmehr ihre Entwicklungsperspektive möglichst langfristig abstecken, wobei es um wenige zentrale Kennziffern ging. Im Gegensatz dazu machte die sowjetische Seite dem Wismut-Kombinat eine Vielzahl von Planvorgaben. Die deutschen Vorschläge zur Vereinfachung des Planungsgeschehens stießen in Moskau auf wenig Gegenliebe. Nach der Absetzung des reformorientierten Chruschtschow saßen nun eher engstirnige Funktionäre unter Breschnew auf der Gegenseite am Tisch. Die Retourkutsche ließ nicht lange auf sich warten. Bei den Anfang Juni 1967 stattfindenden Verhandlungen über die künftige Finanzierung der SDAG Wismut warf die sowjetische Seite unverhofft die Frage der Neufestsetzung des Wismut-Koeffizienten auf, was bedeutete, dass man künftig weniger zahlen wollte.[14]

Schließlich einigte man sich darauf, eine gemischte deutsch-sowjetische Expertenkommission zu bilden, die eine langfristige Vorratsprognose erarbeiten sollte.[15]

Im Ergebnis dessen rechnete man 1967 auf längere Sicht noch mit 192000 Tonnen abbauwürdigen Uranvorräten, was die deutsche Seite etwas beruhigte.[16] Ein Teil der noch zu fördernden Uranerze würde indirekt über die Lieferung von Brennstäben aus der Sowjetunion dem Ausbau der Atomwirtschaft in der DDR wieder zugute kommen, so hoffte man. 1968 kam es erneut zu Verhandlungen über die Uranpreise und die Entwicklungsperspektive der SDAG Wismut. Erich Markowitsch nahm daran nicht mehr teil. Er war Anfang August 1967 überraschend von seiner Funktion als Vorsitzender des Vorstandes entbunden worden.[17] An seine Stelle trat Horst Kaminsky.

Diese Personalentscheidung war auch insofern bemerkenswert, als dass nach den kommunistischen Widerstandskämpfern Selbmann und Markowitsch, beides durchsetzungsfähige Autodidakten, mit Horst Kaminsky erstmals ein Mann an die Spitze der SDAG Wismut gestellt wurde, der erst nach dem Krieg in der Funktionselite der SED aufgestiegen war. Geboren im März 1927, hatte Kaminsky als 18-Jähriger noch in der Wehrmacht gekämpft und war 1944 der NSDAP beigetreten. Nach dem Krieg hatte er Rechtswissenschaften an der Humboldt-Universität zu Berlin studiert. Vom Hauptbuchhalter und späteren Mitarbeiter der Staatlichen Plankommission (SPK) stieg er 1964 zum Staatssekretär und Stellvertretenden Minister für Finanzen auf.[18] Er verkörperte den Typus des kompetenten und politisch loyalen Fachmanns. Das Charisma seiner Vorgänger hatte er nicht. Seine Vorlagen und Entscheidungen waren wohldurchdacht und mit geradezu diplomatischem Geschick formuliert. Er suchte eher den Kompromiss als die Konfrontation.

Außerdem erklärte sich der Ministerrat der DDR damit einverstanden, dass die Funktion des Generaldirektors der SDAG auch in den nächsten fünf Jahren mit einem sowjetischen Bürger besetzt blieb. Das waren eindeutige Zugeständnisse an die sowjetische Führung, zu denen Markowitsch nicht bereit war. Er musste die Regierung jetzt ganz verlassen und wurde Werkdirektor des Eisenhüttenkombinates Ost.

Doch auch nach seinem Abgang hielten die Diskussionen über die Perspektive des Uranbergbaus an. Von der Wirtschaftskommission beim ZK der SED wurden verschiedene Varianten zur künftigen Entwicklung des Uranbergbaus durchgerechnet.[19] Variante 1 sah einen kontinuierlichen Rückgang der Produktion vor, mit dem Ziel, den Uranbergbau mindestens bis zum Jahr 2000 betreiben zu können. Ab 1980 wurde mit einem erhöhten Eigenbedarf der DDR gerechnet. Neue Produktionskapazitäten sollten bei der SDAG erst nach 1980 aufgebaut werden.

Variante 2 ging von einer maximalen Auslastung der Aufbereitungskapazitäten und der Inbetriebnahme neuer Schächte zwischen 1971 und 1980 aus. Gemäß den vorliegenden Vorratsberechnungen wäre dann nur noch ein Betrieb bis 1990 möglich gewesen. Die deutschen Fachleute machten keinen Hehl daraus, dass sie Variante 1 favorisierten. Sie merkten an, dass es Probleme in der Zusammenarbeit mit Generaldirektor Woloschtschuk gab, »die ihren Ausgangspunkt in der unterschiedlichen Auffassung beider Seiten über die Entwicklung des Industriezweiges haben bzw. daraus resultieren, dass gegenwärtig einseitige interne Untersuchungen und Berechnungen angestellt werden«.[20] Die Spannungen gingen so weit, dass man bei der Wirtschaftskommission des ZK der SED vorschlug, bestimmte komplizierte Fragen zur Entwicklung des Uranbergbaus nur noch mündlich vorzutragen und nicht mehr schriftlich zu fixieren. Was sich in den Folgemonaten abspielte, war ein Grundsatzstreit über die Entwicklungsrichtung der SDAG Wismut. Letztlich setzte sich die sowjetische Seite weitgehend durch.

Im Juli 1968 verhandelten die Ersten Stellvertreter der Ministerpräsidenten der DDR und der UdSSR Alfred Neumann und Wladimir Nowikow in Berlin über den Uranbergbau.[21] Am 17. Dezember 1968 wurde von beiden ein ergänzendes »Protokoll zum Abkommen vom 7. Dezember 1962« unterzeichnet.[22] Der Vertrag vom Dezember 1962 wurde demnach bis Ende 1985 verlängert, also die Produktionspläne nicht reduziert und die Uranpreise beibehalten. Bis Ende der 1970er Jahre blieb es bei einer hohen jährlichen Produktion zwischen 6100 und 6900 Tonnen Uran. Die von den Deutschen befürchtete Kostenexplosion trat jedoch in diesem Zeitraum nicht ein.

Mit dem Protokoll vom Dezember 1968 sicherte die Sowjetunion der DDR die Lieferung von Kernbrennstoffen zu und erklärte sich auch damit einverstanden, die vereinfachten Planungsregelungen des NÖS bei der SDAG Wismut einzuführen. Außerdem wurde eine Prognose für die Entwicklung des Industriezweiges bis 1985 in Auftrag gegeben. Daran arbeiteten nicht weniger als 250 Experten. Der Vorstand der SDAG billigte im April 1969 die aufgrund der Prognose festgelegte Grundlinie. Demgemäß sollten von 1971 bis 1985 ca. 90 000 Tonnen Uran gewonnen, ein Vorratszuwachs von 106 000 Tonnen erzielt, 4,25 Mrd. Mark in die Produktion und 2,5 Mrd. Mark in die geologische Erkundung investiert werden.[23] Damit war die Marschrichtung für die kommenden 15 Jahre vorgegeben.

Alles in allem war die Entwicklung der SDAG Wismut in den 1960er Jahren durch die Beibehaltung der von der sowjetischen Seite favorisierten Politik der maximalen Förderung charakterisiert. Trotz eines unverkennbar gewachsenen Selbstbewusstseins gelang es den Deutschen nicht, ihre Preisvorstellungen und Entwicklungskonzepte durchzusetzen. Da die Preise für das Uran der SDAG Wismut sich inzwischen oberhalb der Weltmarktpreise für Uran bewegten, war die Sowjetunion nicht bereit, den Ostdeutschen in diesem Punkt entgegenzukommen. Sie trösteten sich mit der Aussicht auf die Lieferung sowjetischer Kernbrennstoffe für die noch zu bauenden Atomkraftwerke. Insofern wurde die SDAG Wismut nunmehr nicht länger nur als »zusätzlicher Verteidigungsbeitrag« angesehen, sondern als ein strategisches Unternehmen, das den Einstieg der DDR in die zivile Atomwirtschaft erleichtern sollte.

Bekräftigung der Atomenergiepläne

Die DDR musste sich in den 1960er Jahren von der Idee verabschieden, selbst maßgeblich an der Entwicklung von Atomkraftwerken zu arbeiten. Alle weiteren Schritte hingen entscheidend von der Kooperation mit der Sowjetunion ab. Mitte 1965 hatten die Sowjetunion und die DDR die Errichtung von zwei Atomkraftwerken einschließlich der Brennstofflieferungen vereinbart. Ein erstes industrielles Versuchskraftwerk wurde im Mai 1966 bei Rheinsberg in Nordbrandenburg in Betrieb genommen. Nach 1980 wollte die DDR ihren Zuwachs an Elektroenergie ausschließlich aus Atomenergie erzielen. Dafür wäre der Bau mehrerer größerer Atomkraftwerke nötig gewesen. Selbst der Bau von »Schnellen Brütern« wurde diskutiert. Das sind Reaktoren, die nicht nur zur Energiegewinnung, sondern gleichzeitig zur Erzeugung von weiterem spaltbarem Material dienen.

Der »Schnelle Brüter« konnte sich bis heute nicht durchsetzen, da es immer noch große Bedenken bezüglich der Sicherheit gibt. Der großtechnische Umgang mit Plutonium stellt im Vergleich zu Uran zudem ein wesentlich höheres Gesundheitsrisiko dar. In den 1960er Jahren waren diese Probleme noch nicht absehbar, jedoch wusste man bereits damals, dass es sich um eine sehr komplizierte Technologie handelte. Die Sowjetunion stand daher den Überle-

Steuerzentrale des ersten Atomkraftwerkes der DDR in Rheinsberg.

gungen der DDR-Wissenschaftler, auf »Schnelle Brüter« zu setzen, sehr reserviert gegenüber.

Bei einem Gespräch mit dem sowjetischen Partei- und Staatschef Leonid Breschnew im März 1967 drängte Ulbricht auf konkrete Zusagen bezüglich der Lieferung von Atomtechnologie. Wiederum war der kostenintensive Ausbau der Uranförderung ein wichtiges Argument. Ulbricht erklärte: »Selbstverständlich versteht niemand, dass wir die Energieversorgung nicht lösen können, wenn wir Uran fördern. Das versteht kein Mensch! (...) Wir müssen ja auch einen Nutzen davon haben, was wir bei Uran investiert haben. Wir haben dort Milliarden investiert, und wir haben keine andere Möglichkeit. (...) Die anderen [Länder des Rats für gegenseitige Wirtschaftshilfe (RGW)] haben es ja nicht eilig, nur wir haben es eilig. Wir sind die einzigen, die es eilig haben.«[24]

Ulbricht hatte zweifellos ein Gespür für wirtschaftliche Problemlagen und blickte zunehmend skeptischer auf die mangelhafte Kooperation im Ostblock. Mit seinen drastischen Einschätzungen machte er sich jedoch den Generalsekretär der KPdSU nicht gerade zum Freund.

Die sowjetische Führung war strikt dagegen, mit Ulbricht über eine Technologie zu diskutieren, die der DDR die Produktion von Plutonium ermöglicht hätte. Soviel Souveränität sollte der DDR in solch einer wichtigen Frage nicht zugestanden werden. Es blieb bei den sowjetischen Zusagen, Schlüsselteile für Leichtwasserreaktoren zu liefern. In der Folgezeit blieb die Zusammenarbeit zwischen beiden Ländern auf dem Gebiet der Reaktortechnik von andauernder Unsicherheit geprägt. Ein Grund dafür war, dass sich die Entwicklung der zivilen Nutzung der Atomenergie auch in der Sowjetunion noch in der Erprobungsphase befand. Außerdem verfügte die Sowjetunion über große Erdöl- und Erdgasvorräte, so dass für sie der Ausbau des zivilen Teils der Atomenergiewirtschaft nicht vordringlich war.

Die DDR sah sich demgegenüber in einer Zwangslage. Ihre Elektroenergieerzeugung basierte zu mehr als 80 Prozent auf der Braunkohle. Deren Förderung wurde aber tendenziell immer teurer. Auch die Erdölimporte aus der Sowjetunion reichten nicht aus für eine energiepolitische Wende.

Die Auseinandersetzungen über die Entwicklungsrichtung des Uranbergbaus in der DDR fanden im Frühsommer 1968 vorerst ein Ende. Gegenüber den Erschütterungen, die sich im Nachbarland ČSSR anbahnten, waren die Probleme der SDAG Wismut marginal. Während die SED-Führung ihre Reformen auf die Wirtschaft beschränkte, hatten die tschechoslowakischen Reformkommunisten 1967/1968 den Anspruch auf eine gesamtgesellschaftliche Reform erhoben. Ihnen ging es um einen »Sozialismus mit menschlichem Antlitz«. Die neue Parteiführung der KPČ mit Alexander Dubček an der Spitze setzte auf eine Demokratisierung der Gesellschaft. Die SED-Führung stand diesem Reformkurs höchst skeptisch gegenüber und sah darin eine »Sozialdemokratisierung« sowie Aushöhlung des sozialistischen Staates.

Die Führungskräfte der SDAG Wismut standen dem »Prager Frühling« wohl überwiegend ablehnend oder abwartend gegenüber. Davon zeugten auch Diskussionen, die sie in kleinem Kreis mit Kollegen der tschechoslowakischen Uranindustrie führten. Tschechische Geologen informierten Anfang Mai 1968 den Hauptgeologen der SDAG Wismut, dass leitende Funktionäre der tschechoslowakischen Uranindustrie von ihren Posten entbunden worden waren und dass auch schon Gespräche mit Firmen aus dem westlichen Ausland liefen, die am Urankauf interessiert seien. Die Tschechen suchten bei den Ostdeutschen Unterstützung für ihre Reformen. Sie luden deutsche Geologen ein, um über die künftige Erkundungsstrategie zu diskutieren. Die deutschen Fachkräfte lehnten jedoch jede Kooperation mit den Reformern in der tschechoslowakischen Uranindustrie ab. Der Erste Sekretär der SED-Gebietsparteileitung der Wismut beeilte sich, gegenüber der Berliner Parteiführung zu versichern, dass man alle Verbindungen zum Uranbergbau der ČSSR unter Kontrolle habe und keinerlei eigenmächtiges Handeln dulden würde.[25]

Am 20. August 1968 setzten die UdSSR, Polen, Ungarn, Bulgarien und die DDR ihre Militärmaschinerie gegen den »Prager Frühling« in Bewegung.[26] Der NVA kam dabei die Rolle zu, den Nachschub und das Hinterland für die sowjetischen Truppen zu sichern. Sie überschritt nicht die tschechoslowakische Grenze.

Die tschechoslowakische KP-Führung wurde entmachtet und musste den sowjetischen Vorgaben zur »Wiederherstellung des Sozialismus« zustimmen. In der DDR sorgte die SED-Führung dafür, dass es nicht zu Sympathiekundgebungen für den tschechoslowakischen Reformweg kam. Obwohl es sicher auch unter den Wismut-Mitarbeitern Sympathien für die Reformer im Nachbarland gab, blieb eine offene Unterstützung die Ausnahme. Die SDAG Wismut funktionierte auch weiterhin nahezu reibungslos.

Die Kernenergieplanungen der DDR blieben trotz vieler Rückschläge virulent. Nachdem Rheinsberg (Atomkraftwerk I) 1966 mit einer Leistung von 70 Megawatt (MW) in Betrieb gegangen war, wurden die Planungen für den Bau des Atomkraftwerkes II bei Greifswald forciert.[27] Im April 1970 fasste der Ministerrat den Beschluss, bei Stendal ein drittes Atomkraftwerk zu bauen. Im Jahr 1973 ging der erste Block des Greifswalder Atomkraftwerkes in Betrieb, 1975 der zweite, 1978 der dritte und 1979 schließlich auch der vierte Block. Die Leistung je Block lag bei jeweils 440 MW. Wiederholte Störfälle in Greifswald und technologische Probleme führten zur mehrfachen Veränderungen der Konzeption für den 1974 begonnenen Bau des Atomkraftwerkes Stendal, das eine Leistung von 2000 MW erreichen sollte. Es ging jedoch nie in Betrieb.

Das war freilich bei Baubeginn nicht abzusehen und so spielte die Inbetriebnahme der Atomkraftwerke in Rheinsberg und Greifswald und des geplanten dritten Atommeilers bei Stendal noch bis zuletzt eine wichtige Rolle in der Argumentation der DDR-Führung zugunsten der Beibehaltung des Uranerzbergbaus.

Dresden-Gittersee und Königstein

In der ersten Hälfte der 1970er Jahre entwickelte sich die SDAG Wismut vergleichsweise gut. Die Förderung konnte auf hohem Niveau stabilisiert werden. So sollte es nach dem Willen der Regierungen der UdSSR und der DDR weitergehen. Im Regierungsprotokoll vom 14. November 1975 wurden für 1976–1980 trotz komplizierterer geologischer Verhältnisse hohe Produktionszahlen festgelegt. Die Uranpreise blieben unverändert.[28] Erstmals sollte in Königstein die Urangewinnung mit chemischen Methoden in Angriff genommen werden.

Dieser neue Standort hatte sich inzwischen zu einem wichtigen Teil des Kombinats entwickelt. Da es sich in vielerlei Hinsicht um eine besondere Lagerstätte handelte, lohnt ein Rückblick auf den Beginn der Aktivitäten der SDAG Wismut im Raum Dresden.

Angesichts des Steinkohlenmangels der DDR war man Anfang der 1950er Jahre auch zum Abbau von Restkohlenfeldern übergegangen. So wurde von der Hauptverwaltung Steinkohle im Süden von Dresden die Schachtanlage Gittersee errichtet.[29]

Die Geologen der Wismut AG hatten bei Explorationsarbeiten am Pietzsch-Stollen im benachbarten Dresden-Coschütz schon 1946 radioaktive Anomalien festgestellt. In späteren Jahren stießen sie nahe Dresden-Gittersee und Bannewitz östlich von Freital auf abbauwürdige Vererzungen.

Gegen die Konkurrenz der Wismut AG hatte selbst der durchaus privilegierte Steinkohlenbergbau keine Chance. Die Schächte I und II im Revier Gittersee mussten 1952 an die Wismut AG übergeben werden. Die Förderung von Kohle wurde zugunsten von »Urankohle« eingestellt. Für diese Kohle wurde in Dresden-Coschütz ein spezielles Aufbereitungswerk gebaut.

Schwierigkeiten bei der Aufbereitung, unkontinuierliche Vererzungen und die extremen Rauchgasschäden durch Haldenbrände führten 1955 allerdings zur Rückgabe des Betriebes an die VVB Steinkohle Freital. 1958 wurde der Betrieb in VEB Steinkohlenwerk »Willi Agatz« umbenannt. In den folgenden Jahren kam es zu umfangreichen Umbau- und Erweiterungsarbeiten, der Schacht 1 etwa wurde bis auf 545 Meter nachgeteuft.

Mitte der 1960er Jahre nahmen die Schwierigkeiten bezüglich der Kohlenqualität immer mehr zu. Um den Betrieb ökonomisch zu stabilisieren und aufrechtzuerhalten, eröffnete sich mit der Wiederaufnahme der parallelen Förderung von Erzkohle und deren Verkauf an die SDAG Wismut ein neuer Absatz. Ab 1963 wurde die Förderung uranerzhaltiger Kohle wieder aufgenommen. Die Erzkohle verarbeitete man nach Schließung des Aufbereitungswerkes in Dresden-Coschütz nunmehr im entfernteren Crossen bei Zwickau. Mit der stetigen Erhöhung der Fördermengen uranerzhaltiger Steinkohle kam es im September 1967 zur vollständigen Einstellung des Abbaus der Energiekohle im Döhlener Becken.

Am 1. Januar 1968 übernahm die Wismut den Bergbaubetrieb »Willi Agatz« Dresden-Gittersee. Die SDAG modernisierte den Betrieb umfassend. Der Höhepunkt des Uranbergbaus in Dresden-Gittersee wurde Mitte der 1970er Jahre erreicht. Danach stagnierte die Förderung bzw. entwickelte sich rückläufig. Am 23. Juni 1989 wurde der letzte Hunt mit erzhaltiger Kohle aus dem Baufeld Gittersee gefördert.

Wer den Ortsnamen »Königstein« hört und sich ein wenig in der sächsischen Geschichte auskennt, dürfte wohl zuerst an Europas größte Bergfestung denken. Sie liegt inmitten des Elbsandsteingebirges auf einem Tafelberg oberhalb des Ortes Königstein am südlichen Ufer der Elbe. Das 9,5 Hektar große Felsplateau erhebt sich 240 Meter über den Fluss. Die Festung spielte eine bedeutende Rolle in der Geschichte Sachsens, wenn auch weniger durch militärische Ereignisse. Die sächsischen Herzöge und Kurfürsten nutzten Königstein vor allem als sicheren Hort in Kriegszeiten, als Jagd- und Lustschloss, aber auch als gefürchtetes Staatsgefängnis. Die tatsächliche militärische Bedeutung war eher gering.

Aufmerksamen Besuchern der Festung dürfte bei einem Blick auf die reizvolle Umgebung nicht entgangen sein, dass unweit entfernt Bergbauanlagen betrieben wurden. Viel war freilich nicht darüber zu erfahren, was es mit dem von der SDAG Wismut nahe Königstein seit 1966 betriebenen Bergbau auf sich hatte. Aus Rücksicht auf den Tourismus und aus Gründen der Geheimhaltung erfolgte das Abkippen des Abraums bei Königstein nicht auf Halden, sondern in natürliche Schluchten der Umgebung.

Keine touristische Attraktion, sondern eine Produktionsanlage des Uranbergbaus war eine mehr als 4 km lange Seilbahn, die vom Königsteiner Bergwerk zum Bahnhof Pirna-Rottwerndorf führte. In Gondeln wurde Erz befördert. Aufgrund des Höhenunterschiedes von 150 Metern konnte das Bergwerk nicht direkt an die Elbtalbahn angebunden werden. Aus ökologischen Gründen wäre ein Unter-Tage-Transport sinnvoll gewesen. Hinter den Zeit- und Kostenerwägungen musste auch in diesem Fall der Umweltschutz zurückstehen.

Sieht man von der Besonderheit der Lage in einem Touristengebiet ab, war Königstein anfangs ein Abbauobjekt wie zahlreiche andere auch. Dies sollte sich allerdings ab 1969 ändern. Nun kam dort neben den klassischen Abbaumethoden ein ökologisch hochproblematisches Abbauverfahren zur Erprobung und Anwendung. Es handelte sich um eine chemische Laugungstechnologie. Solche Verfahren wurden von der SDAG Wismut – einem internationalen Trend folgend – seit 1968 erprobt und zuerst unter Tage in Schmirchau, dann im Tagebaubetrieb Lichtenberg eingeführt. Man machte sich dabei den Umstand zunutze, dass Schwermetalle wie Uran mit Hilfe von schwefelsauren Lösungen aus dem Gestein »herausgewaschen« werden können. Die SDAG Wismut reichte zahlreiche Patente auf diese Verfahren ein.

Laugungstechnologien wurden eingesetzt, um auch noch Vorräte zu gewinnen, die ansonsten verlorengegangen wären. Man bezeichnete dies als »zusätzliche Metallgewinnung«. Ein Vorteil chemischer Gewinnungsverfahren bestand in der Einsparung einer Reihe von Prozessstufen, die ansonsten beim konventionellen Bergbau angefallen wären. Die Laugung von Halden war im Bergbau ein durchaus übliches Verfahren. Untersuchungen hatten ergeben, dass der Wertstoffgehalt in den Althalden noch so groß war, dass ihre Laugung lohnte.

Die Erze wurden dazu oberirdisch auf abgedichtete Flächen gekippt. Pro Haufen wurden in Lichtenberg zwischen 60 000 bis 110 000 Tonnen Erze und in Königstein zwischen 4600 bis 7500 Tonnen Erze aufgefahren. Die Dauer eines Laugungszyklus schwankte zwischen zwei bis sechs Monaten. Nach der Laugung sammelte sich die uranhaltige Lösung in Gräben. Von dort wurde die Lösung zu Sammelbecken abgeleitet.[30] Nach Abschluss der Laugung wurden die Halden wahlweise abgefahren oder man ließ sie einfach stehen.

In den 1970er Jahren wurde damit begonnen, Laugungsverfahren in größerem Umfang auch unter Tage einzuführen. Ziel war es, eine zusätzliche Uranquelle aus nicht effektiv abzubauenden Armerzen zu gewinnen. Versuchsarbeiten dazu liefen in Schmirchau, Reust und Königstein. Letztendlich erlangte das Laugungsverfahren unter Tage aber nur in Königstein wirtschaftliche Bedeutung.

Das in wasserführenden Sandsteinen befindliche leicht lösliche Uran wurde bei mangelhafter Lösungsdurchlässigkeit des Gesteins durch Sprengungen aufgelockert und mit schwefelsaurer Lösung ausgelaugt. In den Jahren von 1969 bis 1989 wurden dazu etwa 160 000 Tonnen Schwefelsäure eingesetzt und etwa 50 Mio. Tonnen Gestein mit der Lösung kontaktiert.

Das größte Problem bei der Unter-Tage-Laugung war die Gefährdung des Grundwassers. Aus diesem Grund wurde beispielsweise in Australien, das über besonders reichhaltige Uranerzvorkommen verfügt, die Unter-Tage-Laugung verboten.[31]

Fortschritte in der Bohrtechnologie

In den »goldenen Jahren« bis 1977 wurde die technische Ausstattung der SDAG Wismut erheblich verbessert. Dies betraf nahezu alle Arbeitsbereiche unter und über Tage.

Als eines der größten Probleme wurde der direkte Körperkontakt des Hauers mit dem Bohrhammer angesehen. Häufige Langzeitfolge dieser Tätigkeit waren Gelenk- und Gehörschäden. Die Trennung des Bergmanns vom Bohrhammer war deshalb erklärtes Ziel der Arbeitsphysiologen.

Gewerkschaftsleitung und Generaldirektion griffen dieses Vorhaben auf und verabschiedeten 1970/1971 einen Plan zur komplexen Mechanisierung. Es ging dabei sowohl um weitere Produktivitätsfortschritte als auch um eine Reduzierung der schweren körperlichen Arbeit.

Seit Ende der 1960er Jahre wurde mit verschiedenen Typen von Bohrwagen experimentiert. Die hochgesteckten Erwartungen konnten die ersten Bohrwagen, die auf Gleisen bewegt wurden, allerdings nicht erfüllen. Zwar übertrafen sie die Leistungen der Handbohrhämmer, aber an jene bei Mehrmaschinenbedienung kamen sie nicht heran. Trotzdem wurden sowjetische und später auch von der SDAG Wismut selbst entwickelte Bohrwagen nach und nach im gesamten Streckenvortrieb eingeführt.

Für die Hauer war der Übergang zur Arbeit mit Bohrwagen oder auch der neuen Bohrsäule K1R nicht unproblematisch. Ihre Arbeit wurde leichter, doch sie liefen nunmehr Gefahr, weniger zu verdienen, da sich die Vortriebsgeschwindigkeit etwas verlangsamte.

Vor der durchgehenden Mechanisierung des Streckenvortriebs

Bohrarbeiten mit Stütze zur Entlastung des Bergmanns unter Tage (1960er Jahre).

wurden Arbeitsbelastungen von mehr als 2000 kcal je Schicht verzeichnet. Nach der Einführung von Bohrwagen, Wurfschaufelladern und dem stützlosen Ausbau lag die Schichtbelastung bei 800 bis 1500 kcal. Die Arbeit der Bergleute blieb dennoch hart.

Mitte der 1970er Jahre wurde bereits mehr als die Hälfte des Streckenvortriebs und am Ende des Jahrzehnts fast der gesamte Streckenvortrieb mit Bohrgeräteträgern erzielt.[32] Damit waren die Bohrarbeiten im Steckenvortrieb praktisch durchgehend mechanisiert.

Die Brigaden drängten auf die weitere Verbesserung der Bohrtechnik. Im Eigenbau entstand schließlich der hydraulische Bohrwagen GBW 6. Bis 1989 wurden davon 170 Stück gefertigt und eingesetzt.

Weitaus komplizierter war es, den Vertikalvortrieb zu mechanisieren. Den größten Fortschritt in diesem Bereich brachte der Einsatz von fahrbaren Aufbruchbühnen der Typen Alimak (Schweden), KPW 1-4 (Sowjetunion) und MSB (Eigenfertigung). Trotzdem konnte im Vertikalvortrieb nur eine geringe Erhöhung der bereits mit konventionellen Mitteln erreichten Vortriebsleistung

Gleisbohrerwagen (1970er Jahre).

erzielt werden. Eine grundsätzliche Verbesserung und weitgehende Mechanisierung brachten dann aber Großlochbohrverfahren (ca. 1 m Durchmesser). Bis zur Einstellung des Uranbergbaus dominierten beim noch verbleibenden Überhangvortrieb konventionelle Technologien mit entsprechend hohen Arbeits- und Gesundheitsbelastungen für die Hauer. Im Gangerzbergbau im Westerzgebirge gelang es nicht, trotz zahlreicher Versuche, den Firstenstoßbau durch ein weniger belastendes Verfahren abzulösen und den Hauer vom Bohrhammer zu trennen.[33]

Die mechanische Verladung des Stufenerzes erfolgte inzwischen direkt in die Förderwagen. Wichtigste Hilfsmittel waren dabei druckluftgetriebene Kleinschrapper. Die Geräte besaßen eine geringe Arbeitsgeschwindigkeit und hatten nur ein kleines Fassungsvermögen. Von entscheidendem Vorteil war jedoch ihre Robustheit und geringe Störanfälligkeit. Das mit den Schrappern zusammengeklaubte Erz wurde nunmehr über »Erzlutten« – Blechrohre von rund 30 cm Durchmesser – bis zu den Förderwagen transportiert.

Mit der Durchsetzung von Bohrwagen im Streckenvortrieb verbesserten sich auch die Möglichkeiten für ein richtungsgenaues Bohren. Damit konnte erstmals auch das Verfahren des »schonenden Sprengens« angewandt werden. Mit dieser Bezeichnung brachte man zum Ausdruck, dass bei diesem Sprengverfahren weniger Gestein aus dem Berg herausgebrochen wurde. Dafür erfolgte die Sprengung punktgenauer. Das konnte am besten erreicht werden, indem man die Sprengladungen so anordnete, dass sich die Spannungswellen gleichzeitig detonierender, benachbarter Ladungen überlagerten und so zur Bildung eines Spalts führten. Für dieses Verfahren war zwar ein erhöhter Bohrlochaufwand nötig, aber der Anteil des sogenannten Mehrausbruchs konnte um rund 60 Prozent gesenkt werden.

Im Verlaufe von viereinhalb Jahrzehnten Uranerzbergbau in Sachsen und Thüringen wurden 455 000 Tonnen Sprengstoff und 321 Mio. Stück sprengkräftige Zündmittel eingesetzt.[34]

Die technische Ausstattung der SDAG Wismut kam mit den Jahren spürbar voran. Im Ostblock brauchte die Wismut diesbezüglich keinen Vergleich mit anderen Bergbaubetrieben zu scheuen. Mit der technischen Ausstattung der fortgeschrittensten westlichen Bergbauunternehmen konnte das Kombinat jedoch auch zur besten Zeit nicht konkurrieren. Dies war der Tendenz geschuldet, möglichst alle Ausrüstungen selbst herzustellen oder aus der Sowjetunion einzuführen. Der latente Devisenmangel erlaubte es der UdSSR und der DDR nicht, für die SDAG Wismut in größerem Umfang auf dem Weltmarkt die modernsten Bergbauausrüstungen einzukaufen. Die Embargo-Politik des Westens tat ein Übriges. Daher musste neues Gerät überwiegend nachentwickelt werden. Ein typisches Beispiel für solch eine Nachentwicklung waren die sowjetischen Aufbruchbühnen vom Typ KPW. Sie bewährten sich gut, waren aber rund ein Drittel schwerer als die schwedischen Aufbruchbühnen vom Typ »Alimak«.[35]

Verbesserung des Strahlenschutzes

In der DDR kann die verbale Hinwendung zum Umweltschutz als gesellschaftspolitisches Ziel auf den Beginn der 1970er Jahre datiert werden.[36] Zwar schränkte der neue Generalsekretär der SED, Erich Honecker, ein, man werde nur schrittweise vorankommen, da die Gelder erst aufgetrieben werden müssten, aber zumindest der organisatorische Rahmen für den Umweltschutz wurde verbessert. Bereits 1970 hatte die Volkskammer ein Landeskulturgesetz verabschiedet, und im Fünfjahrplan 1971–1975 wurde erstmals ein nennenswertes Umweltprogramm in Höhe von 7 Mrd. Mark festgeschrieben. Im Jahr 1972 entstand das Ministerium für Umweltschutz und Wasserwirtschaft, das bis 1974 jährliche Berichte über den Zustand der Umwelt in der DDR herausgab. Diese positiven Anfänge wurden jedoch alsbald von wachsenden wirtschaftlichen Problemen konterkariert.

Dennoch hatte das zaghafte Bekenntnis zu einer aktiveren Umweltpolitik, trotz aller Unzulänglichkeiten, auch Konsequenzen für die SDAG Wismut. Dies zeigte sich vor allem bei der Verbesserung der Arbeitsbedingungen für die Bergleute unter Tage und beim Strahlenschutz.

Zu Recht haben rückschauend Kritiker der SDAG Wismut und selbst ehemalige Leitungskräfte darauf verwiesen, dass dies mindestens zwanzig Jahre zu spät geschah. Der ersten Generation von Wismut-Bergleuten nutzten diese Schritte nichts mehr. Nur muss man bei solch einer Sicht der Dinge die konkreten Umstände berücksichtigen. In den Anfangsjahren des Uranbergbaus gab es weltweit kein einziges Unternehmen, das sich um eine ausreichende Bewetterung, regelmäßige Radonmessungen und ständige ärztliche Untersuchungen der Bergleute scherte. Ein allmähliches Umdenken setzte erst nach jahrelangem Ringen amerikanischer Ärzte Ende der 1960er Jahre ein.[37] In dieser Zeit wurde der zweifelsfreie wissenschaftliche Nachweis erbracht, dass von den Radonfolgeprodukten ein besonders hohes Gesundheitsrisiko ausgeht. Amerikanische Gesundheitsbehörden hatten damals festgestellt, dass von 3000 Uranminenarbeitern über die Hälfte zu hohen Strahlendosen ausgesetzt war. Bereits seit 1950 hatten Mediziner vor solch einer Entwicklung gewarnt, ohne dass man sie erhörte. Erst als die *Washington Post* im März 1967 über zahlreiche Lungenkrebsfälle unter Uranbergleuten berichtete, gab es ein größeres Aufsehen. Die Minenbetreiber mussten schließlich Ende 1968, als der Höhepunkt des Uranbooms bereits überschritten war, strenge Grenzwerte für die radioaktive Belastung akzeptieren.

Aus den internationalen Fachpublikationen und eigenen Untersuchungen kannte man bei der SDAG Wismut das Problem der Radonfolgeprodukte. Trotzdem war der Strahlenschutz für die

Wismut auch in den 1970er Jahren kein Thema, über das offen gesprochen wurde. Die Politik des Verschweigens und Verharmlosens wurde unverändert beibehalten. Dennoch blieben die verbalen Bekenntnisse der SED-Führung zum Umweltschutz, die Gründung eines Umweltministeriums und eines Staatlichen Amtes für Atomsicherheit und Strahlenschutz (SAAS) sowie die internationale Debatte der Ärzteschaft über die Schädlichkeit der Radonfolgeprodukte nicht ohne Konsequenzen für die SDAG. Hinzu kamen interne Faktoren. So erforderte das Vordringen in immer größere Tiefen in Aue und Ronneburg eine grundsätzliche Verbesserung der Wetterführung in den Schächten.

Es lässt sich nicht eindeutig nachweisen, ob es der interne Problemdruck war oder die externen Einflüsse, die zu einer stärkeren Beachtung des Strahlenschutzes führten. Jedenfalls kam es zu einer Verbesserung des Schutzes vornehmlich für die Bergleute unter Tage, wohingegen über Tage ein fahrlässiger Umgang mit kontaminiertem Material (Halden, Absetzanlagen, Transporte) bestimmend blieb.

Bereits 1967 war in Niederdorf bei Stollberg ein arbeitshygienisches Zentrum eingerichtet worden. Die Wahl fiel nicht zufällig auf Niederdorf, denn hier gab es schon seit 1952 die Silikosezentralstelle des Erzbergbaus. Zu den Hauptaufgaben des Zentrums gehörten die Begutachtung von Berufserkrankungen, die Ausarbeitung von Richtlinien für die ärztliche Tauglichkeitsbeurteilung sowie detaillierte Arbeitsplatzstudien.[38]

Ab 1971 wurden in den Schachtanlagen Abteilungen für Bewetterung und Klimatisierung aufgebaut und ein elektronisches Programm zur Erfassung der Belastungen durch Radonfolgeprodukte angelegt. Letzteres bedeutete, dass nunmehr für jeden einzelnen Wismut-Mitarbeiter die Strahlenbelastung ermittelt werden sollte. In der Praxis lief dies aber nur auf die Messung der Radon-Belastung je Arbeitsplatz hinaus.[39]

Mitte 1976 wurden von der Generaldirektion Instruktionen zur Warnung und ggf. Sperrung von Betriebspunkten im Thüringer Uranbergbau herausgegeben. Jetzt wurde auch ein ständiges Messnetz aufgebaut und eine Zusammenarbeit mit dem SAAS begonnen. Ein wichtiges Ergebnis dieser Kooperation war das Einsetzen sogenannter Radonfolgeproduktfilter an einigen Betriebspunkten. Deren Prinzip bestand darin, den Luftstrom in den Gruben durch Kästen zu führen, die mit Mineralwolle ausgelegt waren. Dabei

Neue Technologien bei der Aufbereitung von kontaminierten Schlämmen kamen ab den 1970er Jahren zum Einsatz, hier der Aufbereitungsbetrieb Seelingstädt.

konnte der Staub aus dem Luftstrom (»Wetter«) herausgefiltert werden. Mit dem Staub wurden nach Expertenschätzungen auch etwa 80 Prozent der Radonfolgeprodukte zurückgehalten.[40]

Mit dem Vordringen in immer größere Tiefen veränderten sich die Anforderungen an die Bewetterung. Zur Gewährleistung erträglicher Arbeitsbedingungen war nunmehr die Kühlung der Luft erforderlich. Dafür wurden bewegliche und leistungsstarke Kühlaggregate eingesetzt. Gemeinsam mit dem Institut für Wärmetechnik der Akademie der Wissenschaften der UdSSR entwickelte die SDAG ein System der künstlichen Wetterkühlung für die Lagerstätte Niederschlema-Alberoda.[41] Ziel war es, im Vortriebs- und Gewinnungsbereich Temperaturen von 25 bis 30 Grad Celsius zu sichern. Dank des Anlegens weiterer Wetterschächte und der Installation von Gebläsen konnte die Frischwetterzufuhr in den Schächten kontinuierlich verbessert und die Radongefahr gemindert werden, wie ein Vergleich der bereitgestellten Frischwettermenge zeigt. Diese lag 1957 erst bei 4,1 m^3 pro Mann und Minute. Im Jahr 1960 waren es bereits 12 m^3, 1970 knapp 40 m^3 und 1980 fast 62 m^3 pro Mann und Minute.

Die Stilllegung gefährlicher Betriebspunkte, die bessere Bewetterung, der Einsatz von Radonfiltern und regelmäßige ärztliche

Untersuchungen minderten das Risiko für die »Strahlenwerktätigen«. Der Begriff stammte übrigens aus dem offiziellen Vokabular der Zentralstelle für Strahlenschutz, Vorgängerin des SAAS und lässt sich in zahlreichen internen Schriftstücken finden.

Die Zentralstelle für Strahlenschutz hatte in der ersten Strahlenschutzverordnung der DDR vom 10. Juni 1964 den Uranbergbau nicht berücksichtigt. Die Sonderstellung der SDAG Wismut ließ dies nicht zu. Allgemeine Strahlenschutznormen für den Bergbau, wiederum ohne Erwähnung der SDAG Wismut, wurden erst im April 1967 verabschiedet.

Wichtig für die Betreuung der Wismut-Beschäftigten war die Einführung der »Tabellen der Gesundheitsstufen« auf der Grundlage jährlicher arbeitsmedizinischer »Tauglichkeits- und Überwachungsuntersuchungen«. Im Ergebnis dieser Untersuchungen wurden Anfang der 1970er Jahre 89 Prozent der Beschäftigten als voll tauglich, 10,5 Prozent als bedingt tauglich und 0,5 Prozent als untauglich eingeschätzt.[42] Der letztgenannten Gruppe wurden alternative Arbeitsplätze angeboten. So erfolgten zwischen 1970 und 1980 etwa 1000 Arbeitsplatzwechsel pro Jahr aus gesundheitlichen Gründen, wobei die Abnutzung des Stütz- und Bewegungssystems sowie Lärmschäden dominierten.

Berufskrankheiten und das Problem der Schwellenwerte

Unter Medizinern herrscht inzwischen weitgehend Einigkeit darüber, dass hauptsächlich die Anfangsjahre des Uranerzbergbaus durch hohe Silikose- und Strahlenkrebsrisiken gekennzeichnet waren. Auch wenn diese Risiken weiterhin fortbestanden, so spielten sie seit den 1960er Jahren jedoch eine weitaus geringere Rolle als zuvor. Deutlich über 90 Prozent aller inzwischen anerkannten Lungenkrebs- und Silikosefälle gehen auf die Jahre vor 1955 zurück.[43] Da zwischen der Expositionszeit und dem Ausbruch der Krankheit oft mehr als zehn Jahre lagen, häuften sich in den 1960er Jahren die Fälle von Berufskrankheiten.

Eine systematische Erfassung der Berufskrankheiten hatte bei der SDAG Wismut erst ab 1956 begonnen. Die dafür nötigen Statistiken wurden von der Arbeitssanitätsinspektion bei der Generaldirektion geführt. Ab 1967 ging die Führung der als »Vertrauliche Verschlusssache« deklarierten Berufskrankheit-Statistiken in die Verantwortung der Arbeitshygieneinspektion des Gesundheitswesens Wismut über.

Der »Schneeberger Lungenkrebs« stand bereits seit Mai 1925 auf der Liste der Berufskrankheiten des Deutschen Reiches. Mit der Liste der Berufskrankheiten der SBZ vom Dezember 1947 wurde die Anerkennungsmöglichkeit auf »Unternehmen des Erzbergbaus im Erzgebirge« erweitert.

Letztmalig wurde die Liste der Berufskrankheiten in der DDR im April 1981 überarbeitet. Nun war nicht mehr von »Schneeberger Lungenkrankheit« die Rede, sondern von »bösartigen Neubildungen oder ihren Vorstufen durch ionisierende Strahlung«.

Problematisch war und ist bei den meisten Berufskrankheiten die Festlegung einer Grenze für deren Anerkennung. Im besonderen Maße traf dies auf die Anerkennungsschwelle für Lungenkrebs zu. Die Entscheidungsfindung, ob eine Berufskrankheit gegeben war oder nicht, basierte bis 1970 auf Einzelbegutachtungen einer kleinen Zahl von Ärzten des Gesundheitswesens Wismut. Etwa ab 1960 gab es eine »Kommission für strahleninduzierte Lungenkrebserkrankungen«, die später nur noch als BK-92-Kommission bezeichnet wurde. Die von den Ärzten und der Kommission getroffenen Entscheidungen gaben permanent Anlass zu Kritik und zu Rechtsstreitigkeiten.

Da sich die individuelle Dosisbelastung der Bergarbeiter mangels Messdaten nicht exakt rekonstruieren ließ, konnte nur aus der Art der Tätigkeit und ihrer Dauer auf die Höhe der Exposition geschlossen werden. Sofern ein klinisch gesichertes Krebsleiden festgestellt werden konnte, waren die Ärzte in den 1960er Jahren gehalten, eine durch ionisierende Strahlung verursachte Berufskrankheit nur anzuerkennen, wenn der Betreffende mindestens zehn Jahre unter Tage in den erzgebirgischen Schächten gearbeitet hatte. Für die ab 1950 in Thüringen angelegten Schächte wurden von vornherein weitaus geringere Strahlenbelastungen unterstellt.

Im August 1970 legte der Strahlenschutzbeauftragte der SDAG Wismut erstmals eine Expositionstabelle für mehrere Reviere vor, in der die Strahlenbelastung, dem internationalen Standard folgend, in Working Level Month (WLM, ein WLM entspricht 3700 Becquerel, der sonst üblichen Einheit der Radioaktivität) ausgewiesen wurde. Diese Tabelle bildete fortan die Grundlage für die Expositionsbewertung in Berufskrankheitsverfahren. Für die erzgebirgischen Schächte nahm man bis 1955 eine jährliche Belastung

Die SDAG Wismut verfügte über zahlreiche Gesundheits- und Sozialeinrichtungen; hier das Bergarbeiterkrankenhaus Erlabrunn.

von 150 WLM an, für die Jahre ab 1966 dann nur noch 4 WLM infolge der Verbesserung der Bewetterung.

Als Grenzwert wurde eine rechnerische Exposition von 450 WLM festgelegt. Bei Erreichen oder Überschreiten dieses Wertes musste ohne Begutachtung die Berufserkrankung anerkannt werden. Fälle mit Belastungen zwischen 200 und 450 WLM wurden von der BK-92-Kommission entschieden.

Im Mai 1974 kam es in Abstimmung mit dem SAAS zu einer Absenkung der Richtwerte. Als Anerkennungsrichtwert sollten nunmehr 250 bis 300 WLM gelten. Vor- und Nachbelastungen der Bergleute sollten vom SAAS ermittelt und diese Werte der Arbeitssanitätsinspektion des Gesundheitswesens Wismut zur Verfügung gestellt werden. Damit wurde die Anerkennung von Berufskrankheiten erleichtert.

Gut ein Jahr später legte der Strahlenschutzbeauftragte der SDAG Wismut eine neue Expositionstabelle vor. Darin wurden die Radonbelastungen für Objekte im Erzgebirge und im Vogtland deutlich niedriger ausgewiesen als zuvor. In der Konsequenz bedeutete dies für Bergleute, die an diesen Standorten gearbeitet hatten, dass ihnen die Anerkennung von Berufskrankheiten durch ionisierende Strahlung wieder erschwert wurde.[44] Die Verantwortlichen für den Strahlenschutz bei der SDAG Wismut und beim SAAS stimmten sich dahingehend ab, die 1974 eingeführten Anerkennungswerte von 250–300 WLM zu verlassen und ab 1. Juni 1976 wieder auf den höheren Schwellenwert von 450 WLM zurückzugreifen. Bis heute wird über die Hintergründe und die Verantwortlichkeiten für diese für viele Bergleute verhängnisvolle Entscheidung gestritten.

Ende der 1980er Jahre kamen den Verantwortlichen in der BK-92-Kommission zunehmend Zweifel an den, trotz kleinerer Korrekturen, nach wie vor hohen Schwellenwerten. Diskutiert, aber nicht umgesetzt, wurde eine Absenkung des Schwellenwerts für die Direktanerkennung auf 300 WLM. Erst nach der politischen Wende reagierten die SDAG Wismut und das SAAS im Juni 1990 mit einer Absenkung des Schwellenwertes auf nunmehr nur noch 200 WLM.

Krise und Ende des Uranbergbaus (1978–1990)

Das Kombinat

Der Begriff vom »genetischen Programm« des klassischen sozialistischen Systems ist von János Kornai in den wissenschaftlichen Diskurs eingeführt worden.[1] Der Schlüssel zum Verständnis des klassischen sozialistischen Systems sind demnach die ungeteilte politische Macht der regierenden Partei und die Dominanz staatlichen Eigentums. Das staatliche Eigentum verlangt nach bürokratischer Kontrolle und bringt hierarchische Abhängigkeitsverhältnisse hervor. Das Vorherrschen bürokratischer Koordinierung führt dann zu solchen Phänomenen wie den weichen Budgetbeschränkungen, schwacher Preisempfindlichkeit usw. Die interne Logik des Systems treibt die bürokratische Macht zum »Perfektionismus«. Für privates Eigentum, autonome Akteure und einen freien Wettbewerb ist auf längere Sicht in diesem System kein Platz. Früher oder später beginnt die Zentralmacht, je nach Höhe ihrer Toleranzschwelle, mit der Beseitigung der Privatindustrie. Aufgrund der Besonderheiten der deutschen Teilung und der bis 1961 noch durchlässigen Grenze zwischen der Bundesrepublik und der DDR verlief der Prozess der Verstaatlichung des industriellen Eigentums in der DDR langsamer als in anderen Ostblockstaaten und wurde erst 1972 weitgehend abgeschlossen.

Die Wismut AG nahm in diesem Fall Entwicklungen vorweg, die später die gesamte DDR-Wirtschaft prägten. Auch wenn sie zunächst nicht als Kombinat bezeichnet wurde, wies die Wismut AG jedoch von Anfang an alle Merkmale eines Kombinats auf. Diese bestanden aus juristisch und wirtschaftlich selbständigen Betrieben unterschiedlicher Größe, die eine eigene Rechnungsführung besaßen. Soweit unterschied sich ein Kombinat nicht grundsätzlich von einem Konzern. Anders als der privatrechtlich organisierte Konzern war das Kombinat jedoch untrennbar mit der Wirtschaftstätigkeit des Staates verknüpft. Daher können die DDR-Kombinate kaum mit westlichen Konzernen verglichen wer-

Die Gebäude der Generaldirektion der Wismut in der Jagdschänkenstraße in Chemnitz (ehemals Karl-Marx-Stadt).

den. Aus der Sicht der Planungsbürokratie bestand der Vorteil der Kombinate darin, dass man nur noch mit wenigen Wirtschaftseinheiten verkehren musste.[2]

Die Kombinate waren im Interesse einer hohen Binnenautonomie auf eine hohe Fertigungstiefe angewiesen und hatten sich dementsprechend auch möglichst viele Zulieferbetriebe angegliedert. Dies hatte weitreichende wirtschaftliche und soziale Konsequenzen. So war der Großbetrieb in der DDR weit mehr als eine bloße Arbeitsstätte, sondern erfüllte auch weitreichende soziale Funktionen von der Kinderbetreuung bis zur Kultur.

Die SDAG Wismut gehörte zu den »Vorzeigekombinaten«. Ihre Belegschaft war überwiegend gut qualifiziert und hoch motiviert. Bereits 1948 war in Freiberg ein Bergtechnikum eingerichtet worden. Dort wurde hauptsächlich das mittlere Leitungspersonal in drei-, sechs- und zwölfmonatigen Kursen ausgebildet. Als sich eine längere Perspektive für den Uranbergbau abzeichnete, richtete man 1956 in Breitenbrunn eine eigene Ingenieurschule für den Erzbergbau ein.[3] Viele Absolventen kamen jedoch weiterhin von der Bergakademie Freiberg zur Wismut. Mitte der 1970er Jahre verfügten nahezu alle leitenden Mitarbeiter der SDAG über einen Hoch- oder Fachschulabschluss. Die Facharbeiterausbildung fand vor allem an den Betriebsberufsschulen in Schlema und Gera statt. Bis zum Ende der Tätigkeit der SDAG stieg der Facharbeiteranteil auf über 90 Prozent. Angesichts dieser Zahlen kann man davon ausgehen, dass die Wismut zu den Kombinaten in der DDR mit der bestausgebildeten Belegschaft gehörte.

In den 1980er Jahren besaß die SDAG Wismut folgende Struktur: An der Spitze stand die Generaldirektion in Karl-Marx-Stadt. Ihr unterstellt waren fünf Bergbaubetriebe im Ronneburger Gebiet, ein Betrieb in der Region um Aue sowie einer im Elbsandsteingebirge und einer bei Dresden-Gittersee. In den Aufbereitungsbetrieben in Crossen und Seelingstädt wurden die Erze verarbeitet. Zum Kombinat gehörten des Weiteren: ein Erkundungsbetrieb, ein Bau- und Montagebetrieb, zwei große Werkstätten in Drosen und Niederschlag sowie ein Transportbetrieb und ein Wissenschaftlich-Technisches Zentrum.

Außerdem existierte mit der Arbeiterversorgung ein eigenständiges Versorgungsnetz innerhalb und außerhalb der Wismut-Betriebe. Das Gesundheitswesen war bereits 1950 aus der Wismut AG ausgegliedert und mit allen Vermögenswerten der Sozialversicherungskasse (SVK) übergeben worden. Der Name »Gesundheitswesen Wismut« blieb bestehen, so dass der Eindruck entstand, das Gesundheitswesen gehöre auch weiterhin zur Wismut. Das vergleichsweise gut ausgestattete »Gesundheitswesen Wismut« mit seinen Kindergärten, Polikliniken, Krankenhäusern und Kureinrichtungen war seit den 1950er Jahren allgemein zugänglich.

Zum Wismut-Komplex gehörten auch die Industriegewerkschaft Wismut des FDGB mit dem Feriendienst Wismut, Gebietsleitungen der Freien Deutschen Jugend (FDJ), der Gesellschaft für Sport und Technik (GST), der Gesellschaft für Deutsch-Sowjetische-Freundschaft (DSF) und der Kammer der Technik (KdT). Mehr als 1000 hauptamtliche Angestellte waren in diesen Organisationen tätig.

Die Wismut förderte Sportvereine, an der Spitze die Fußballmannschaft Wismut Aue, und unterstützte zahlreiche kulturelle Aktivitäten. Mit der Region verzahnt war das Kombinat durch eine spezielle »Abteilung für Wismutangelegenheiten« bei den Räten der Bezirke. Die Verankerung in der Region war demnach allgegenwärtig. In den Bergbaugebieten war nahezu jede Familie von den Aktivitäten der »Wismut« auf die eine oder andere Weise betroffen. Kurzum, die SDAG Wismut dominierte die Bergbauregion und verfügte über ein relativ selbständiges und geschlossen arbeitendes politisches, wirtschaftliches und soziales System.[4] Das »System Wismut« war über Jahrzehnte gewachsen und hatte seine Sonderstellung bewahren, teilweise sogar noch ausbauen können.

Geologen und Bergleute wussten aus ihrer täglichen Arbeit, dass sich die Bedingungen für die Fortsetzung des Bergbaus von Jahr zu Jahr verschlechterten. Die ertragreichsten Lagerstätten waren längst abgebaut und die neu erschlossenen Vorräte konnten nur mit größerem Aufwand gefördert werden. An ein baldiges Ende oder auch nur eine wesentliche Reduzierung des Uranerzbergbaus dachte dennoch kaum jemand von ihnen. Bisher hatte stets das Verfügbarkeitsdenken Vorrang vor der Wirtschaftlichkeit gehabt. Noch immer gab es das nukleare Wettrüsten, weshalb die Sowjetunion auf der Lieferung möglichst großer Uranmengen bestand. Hinter den Kulissen nahmen jedoch die Spannungen zwischen den beiden Eignern der SDAG Wismut zu, wie die Uranpreisverhandlungen zeigen sollten.

Komplizierte Preisverhandlungen

Die wirtschaftlich beste Zeit war für die SDAG Wismut Mitte der 1970er Jahre vorbei. Noch hoffte man, durch bessere Produktionsorganisation und den Einsatz moderner Bergbautechnik die unvermindert hohen Förderziele erreichen zu können.

Die Fördermengen und die Einnahmen der SDAG wurden immer fünf Jahre im Voraus geplant. Schwankungen in der Förderung in den verschiedenen Abbaubetrieben gab es zwar immer wieder mal, doch sie konnten zumeist durch zusätzliche Leistungen der gut laufenden Betriebe kompensiert werden. Damit wurde die Planerfüllung des Kombinates gesichert, was letztlich allen Beschäftigten zugute kam.

Mitte 1977 zeichnete sich jedoch erstmals ab, dass die Wismut erhebliche Probleme bei der Erfüllung des Fünfjahresplans (1976–1980) bekommen würde. An den Flanken der großen Ronneburger Lagerstätte waren die Abbaubedingungen zu optimistisch eingeschätzt worden. Zudem erwies sich der Metallgehalt der dort abgebauten Uranerze als besonders niedrig. Aus diesen Gründen sahen sich die Abbaubetriebe Paitzdorf und Beerwalde außerstande, ihre Pläne zu erfüllen.[5] Die Schwierigkeiten setzten sich 1978/1979 fort. Im Frühjahr 1978 musste daher die Generaldirektion der SDAG Wismut dem Wirtschaftssekretär des ZK der SED, Günter Mittag, mitteilen, dass eine Senkung des Förderplans unvermeidlich sei. Der Plan sollte um 1270 Tonnen Uranerz gemindert werden.[6] Die Frage war, wie das erwartete Defizit zwischen den Eignern geteilt würde.

Der Vorstandsvorsitzende der SDAG, Horst Kaminsky, schlug eine Änderung des deutsch-sowjetischen Regierungsprotokolls vom 14. November 1975 vor. Er insistierte darauf, dass die DDR künftig von der Sowjetunion einen höheren Preis für das gelieferte Uranerz erhalten sollte.[7] Als provisorische Lösung sollte der Uranpreis erst einmal bis 1980 auf dem Prinzip der Deckung des Aufwandes beruhen. Zum Unmut der sowjetischen Seite hatte Kaminsky vor, nicht nur den direkten, sondern erstmals auch den indirekten Aufwand in Rechnung zu stellen.[8] Mit Letzterem waren die erheblichen Sozialkosten der SDAG Wismut und Kosten für die Entwicklung der Infrastruktur in den Bergbauregionen gemeint. Für die Zeit ab 1981 sollte dann ein neues Regierungsabkommen angestrebt werden. Die sowjetische Antwort ließ nicht lange auf sich warten. Minister Slawski lehnte den deutschen Vorschlag rundweg ab.[9]

Bis 1975 waren die RGW-Preise jeweils auf Basis der durchschnittlichen Weltmarktpreise der letzten fünf Jahre festgelegt worden. Das hatte für die DDR und die anderen kleineren RGW-Länder den Vorteil gehabt, dass Preissteigerungen für Rohstoffe erst verzögert ankamen. Insofern hatte man sich im Politbüro der SED Ende 1973 auch nicht sonderlich beunruhigt gezeigt, als es infolge des Nahostkrieges zu einem dramatischen Anstieg der Rohölpreise gekommen war. Noch konnte man ja aus der Sowjetunion Öl und andere Rohstoffe zu Preisen beziehen, die bis zu 50 Prozent unter den Weltmarktpreisen lagen. Die sowjetische Führung wollte nun aber nicht länger alle anderen RGW-Länder subventionieren und schlug vor, zu einem jährlich neu anzupassenden Preisbildungsmechanismus überzugehen. Steigende Rohstoffpreise machten sich jetzt im RGW-Handel für die DDR schneller bemerkbar.

Beim Uran, d.h. dem wichtigsten Rohstoff, den die DDR in die UdSSR lieferte, wollte der Vorsitzende des Ministerrates der DDR, Willi Stoph, nunmehr den Spieß umdrehen. Ihm war berichtet worden, dass die Uranpreise weltweit seit 1975 deutlich gestiegen waren. Für die Jahre nach 1980 wurden bereits Preise von mehr als 100 Dollar pro Kilogramm Uran prognostiziert. Stoph legte dem Vorsitzenden des Ministerrates der UdSSR, Alexej Kossygin, nahe, dass ab 1979 die RGW-Preisbildungsprinzipien auch für Uran angewendet werden sollen.[10] Seine Vorschläge liefen darauf hinaus, die Sowjetunion mehr als bisher bei der Finanzierung der steigenden direkten und indirekten Kosten für den Uranbergbau in die Pflicht zu nehmen. In den folgenden Monaten wurde weiter hart über die Neufestsetzung der Uranpreise verhandelt.[11] Die deutliche Verschlechterung der geologischen und bergbaulichen Situation bei der SDAG Wismut war nicht zu leugnen. Darauf musste die sowjetische Seite als Miteigner reagieren.

Kossygin spielte auf Zeit. Bis Ende 1980 sollte das bestehende Preissystem beibehalten werden. Erst danach war die Sowjetunion bereit, über neue Preise zu diskutieren. Die zwischen 1978 und 1980 entstandenen Mehraufwendungen sollten geteilt werden. Dabei ging es um erhebliche Summen. Allein für 1979 beliefen sich die Mehraufwendungen auf über 270 Mio. Mark.[12] Diese zusätzlichen Kosten sollten zu gleichen Teilen von den Staatshaushalten der DDR und der UdSSR übernommen werden. Im Ergebnis der Verhandlungen wurde zwischen den Finanzministern der UdSSR und der DDR vereinbart, dass ab dem 1. Oktober 1979 auch für Uran die RGW-Preisbildungsmechanismen gelten sollen. Damit wurde der ursprünglich bis 1980 geltende Festpreis von 24 Rubel je Kilogramm Uran aufgehoben. Für das IV. Quartal 1979 galt nunmehr ein Preis von 47,20 Rubel/kg und für 1980 von 59,20 Rubel/kg. Das bedeutete für die DDR 1980 Mehreinnahmen von 165 Mio. Transferrubeln.

Auf Grundlage der neuen Außenhandelspreise führte die DDR einen neuen Betriebspreis bei der SDAG Wismut ein. Damit sollten sämtliche direkte Kosten abgedeckt werden. Für 1980 wurde ein Betriebspreis von 306 Mark/kg Uran festgelegt.

Auf den ersten Blick schien die Preissteigerung für die DDR sehr vorteilhaft zu sein. Dem standen jedoch andere Kostenpositionen gegenüber, an denen sich die Sowjetunion nunmehr nicht mehr beteiligte. Bisher wurden die geologischen Arbeiten nicht aus dem Betriebspreis bestritten, sondern jeweils zur Hälfte von beiden Eignern finanziert. Außerdem musste die DDR nach wie vor den territorialen und sozialen Aufwand allein tragen. Hinzu kam noch etwas Unvorhergesehenes. Stoph ahnte nicht, dass sich die Weltmarktpreise für Uran bereits im nächsten Jahr ganz anders entwickeln sollten, als seine Experten prognostiziert hatten. Sie stiegen nicht, sondern sie begannen zu sinken. Die Beibehaltung des RGW-Preisbildungsmechanismus für Uran hätte also nicht, wie von der DDR erhofft, höhere, sondern künftig wesentlich niedrigere Preise ergeben.

Angesichts dessen war es bemerkenswert, dass sich die Sowjetunion bei den Verhandlungen über die Finanzierung der Uranproduktion zu kostspieligen Kompromissen bereit fand. Eine Erklärung dafür bietet die nach wie vor starke Stellung der Uranlobby in beiden Ländern und die über viele Jahre gewachsene Zusammenarbeit zwischen den Führungskräften auf beiden Seiten. Der mächtige sowjetische Minister Slawski setzte sich nach wie vor, trotz mancher Differenzen im Detail, stark für die SDAG Wismut ein. Angesichts der neuerlichen Runde im Wettrüsten und der damals noch wachsenden Bedeutung der Kernenergie für die zivile Nutzung hielt man in Moskau an der Politik der möglichst hohen Uranförderung fest. Selbst drastisch steigende Kosten nahm man dafür wohl oder übel in Kauf.

Die Preisregelung vom November 1979 trug allerdings nur provisorischen Charakter. Das Hauptproblem, wie mit der absehbaren Kostenexplosion in den kommenden Jahren umzugehen sei, bedurfte einer prinzipiellen Regelung. Wiederum war es Kaminsky, der dafür ein Strategiepapier erarbeitete.[13] Er ging davon aus, dass sich die Uranproduktion 1981–1985 rückläufig entwickeln werde, bei gleichzeitiger Erhöhung des Aufwandes. Kaminsky rechnete vor, dass selbst bei einem Preis von 70 Rubel je Kilogramm Uran die Produktionskosten nicht mehr zu decken wären. Hinzu kamen noch die indirekten Kosten, an denen sich die UdSSR stärker beteiligen sollte.

Die neuen RGW-Preisbildungsprinzipien drohten sich im Fall des Urans nunmehr voll gegen die DDR auszuwirken. Der DDR stand ein Preisrückgang bei Uran bevor, ungeachtet ihrer absehbar drastisch steigenden Aufwendungen für die Uranerzförderung. In der Wirtschaftskommission des ZK der SED schrillten daraufhin die Alarmglocken.[14] Doch in Moskau war man nicht gewillt, von dem gerade ausgehandelten Kompromiss abzurücken. Allein 1979/1980 hatte die UdSSR ca. 230 Mio. Rubel zusätzlich für die Uranproduktion der SDAG Wismut ausgeben müssen.[15] Weiter steigende Aufwendungen wollte man nicht akzeptieren.

Dennoch drängte die deutsche Seite auf eine generelle Neuregelung der gesamten Finanzierung der Uranproduktion. Eine Arbeitsgruppe unter Leitung von Horst Kaminsky sollte dafür Vorschläge entwickeln. Ziel war die Rückkehr zu einem Einheitspreis für Uran, der hoch genug angesetzt werden sollte, um alle direkten Aufwendungen der SDAG Wismut zu decken. Außerdem sollte der für die DDR nachteilige Sonderkoeffizient bei der Umrechnung von Rubel zur DDR-Mark entfallen.[16]

In den Jahren 1981/1982 kam es schließlich zu einer annähernden Festschreibung des 1979 vereinbarten hohen Uranpreises. Angesichts inzwischen stark gesunkener Weltmarktpreise für Uran musste die DDR damit zufrieden sein, ungeachtet der Tatsache, dass die UdSSR sich nach wie vor nicht an den indirekten Kosten der SDAG Wismut beteiligte.[17]Ab 1983 war die UdSSR zudem bereit, einen Teil der Finanzierung der geologischen Such- und Erkundungsarbeiten zu übernehmen. Das entsprach einem jährlichen Zuschuss von 35 Mio. Mark.[18]

Viel mehr als eine Atempause stellten diese Regelungen nicht dar, da sich die geologischen Bedingungen für die weitere Uranerzförderung zunehmend komplizierter gestalteten.

Produktion contra Umweltschutz: chemische Laugung unter Tage

Bereits seit Mitte der 1970er Jahre zehrte die DDR-Wirtschaft zunehmend von der Substanz. Honeckers Sozialpolitik wurde von Anfang an über eine steigende Auslandsverschuldung finanziert. Die DDR fand sich schließlich in einer Schuldenfalle wieder. Die Einnahmen aus ihren Exporten reichten kaum noch aus, um die laufenden Kreditzinsen zu bedienen. Dieser angespannten Lage versuchte die SED-Führung durch Exportprogramme zu Dumpingpreisen und die verstärkte Nutzung einheimischer Rohstoffe entgegenzuwirken.

Größter Verlierer der Politik des »Exports um jeden Preis« war der Umweltschutz. Die zu Beginn der Honecker-Ära postulierte Hinwendung zum Umweltschutz wurde nunmehr ins Gegenteil verkehrt. Als Erklärung für diese Politik musste die »Friedenssicherung« herhalten. Bei der SDAG Wismut griff dieses Argumentationsmuster besonders gut. Wer »Erz für den Frieden« produzierte, der stand außerhalb jeder Kritik.

1979 fasste die sowjetische Führung die fatale Entscheidung, in Afghanistan zu intervenieren. Aus dem erwarteten militärischen Siegeszug wurde ein Desaster, und zwar in jeder Hinsicht: militärisch, wirtschaftlich, politisch und moralisch. Zur gleichen Zeit begann die amerikanische Administration unter Ronald Reagan eine neue Runde des überaus kostspieligen Wettrüstens. Die Supermacht Sowjetunion geriet durch diese zusätzlichen Belastungen in ihre, wie sich ein Jahrzehnt später herausstellen sollte, finale Krise.

Die kommenden Erschütterungen, die Anfang der 1990er Jahre zum Zerfall des Ostblocks führen sollten, kündigten sich im RGW und selbst in den bilateralen Beziehungen zwischen der UdSSR und der DDR an. Ende der 1970er Jahre kam es zum zweiten Erdölpreisschock. Paradoxerweise profitierte die DDR zunächst davon.[19] Die DDR konnte das aus der Sowjetunion relativ billig importierte Erdöl zu Kraftstoffen verarbeiten und devisenbringend in den Westen exportieren. Anfangs wurden die Erdölgeschäfte der DDR in Moskau geduldet, später jedoch mit zunehmender Skepsis gesehen. Im Resultat dessen reduzierte die Sowjetunion ihre Öllieferungen in die DDR 1981 um zehn Prozent von jährlich 19 Mio. auf 17 Mio. t. Erich Honecker schätzte die Kürzung so ernst ein, dass er an Leonid Breschnew die Frage übermitteln ließ, warum er »wegen zwei Millionen Tonnen Erdöl die Existenz der DDR aufs Spiel setzen wolle«.[20] Doch selbst der Verweis auf eine mögliche Destabilisierung der DDR, deren wachsende Verschuldung im Westen ihren Handlungsspielraum einengte, half nicht. Die DDR hatte erhebliche Summen in die tiefere Spaltung des Erdöls investiert und sah sich nun einer doppelten Bedrohung gegenüber: steigenden Rohölpreisen und eingeengten Bezugsmöglichkeiten.

Einen nochmaligen Ausweg aus der bedrohlichen Lage eröffneten zwei Milliardenkredite der Bundesrepublik, die 1983/1984 von Franz Josef Strauß (CSU) eingefädelt wurden, und eine zusätzliche Exportoffensive. Zum wichtigsten Exportgut der DDR in den Westen avancierten Mineralölprodukte. Darauf entfielen in der ersten Hälfte der 1980er Jahre fast ein Drittel der Deviseneinnahmen. Dieser außerordentliche Kraftakt war mit dramatischen Einschränkungen für die Binnenwirtschaft verbunden. Pro Jahr wurden sechs Millionen Tonnen Erdölprodukte dem Inlandsmarkt entzogen.[21]

Von den Schlammteichen gingen permanente Umweltgefahren aus; hier der Schlammteich bei Crossen.

Die von der Politik erzwungene Rückkehr zur Kohle ohne ausreichende Berücksichtigung der Kosten offenbarte das Fehlen von Selbstheilungskräften in der Planwirtschaft. Mit der verhängnisvollen Entscheidung zum Ausbau der Kohlechemie wurde der Prozess der wirtschaftlichen Selbstzerstörung der DDR beschleunigt. Diese Entwicklung endete in einem energiepolitischen und ökologischen Fiasko.

Die Wirtschaftspolitik des Verzehrs der Substanz stellte den Hintergrund für eine besonders problematische Entscheidung der Generaldirektion der SDAG Wismut dar. Es ging um die zukünftige Abbautechnologie für die Lagerstätten Dresden-Gittersee und Königstein. In Königstein sollte Uranerz ab 1984 überwiegend auf dem Weg der Laugung gewonnen werden. Kostenanalysen hatten gezeigt, dass das durch die Unter-Tage-Laugung gewonnene Uran billiger war als das Uran aus dem konventionellen Abbau. Der lange Transportweg von Königstein bis zum Aufbereitungswerk in Seelingstädt sowie die von Jahr zu Jahr abnehmenden Durchschnittsgehalte des abgebauten Erzes sprachen für den ausschließlichen Einsatz des Laugungsverfahren in Königstein.

Insgesamt wurden von der SDAG Wismut etwa 8400 Tonnen Uran durch Laugung gewonnen, davon mehr als 4400 durch die Unter-Tage-Laugung in der Lagerstätte Königstein.[22] Das Bergwerk Königstein produzierte das billigste Uran in der SDAG Wismut. Aber um welchen Preis wurde dieser »Fortschritt« erreicht? Infolge der Laugungsverfahren und bei der Schachtwasserreinigung fielen große Schlammmengen an. In Königstein wurde uranreicher Schlamm in einem Becken gelaugt und so nochmals Uran gewonnen.

Ein schwerwiegendes Problem stellte der anschließende Umgang mit den Restschlämmen dar. Dafür wäre der Bau einer industriellen Absetzanlage zwingend erforderlich gewesen. Geschätzte Kosten 40 bis 80 Mio. Mark. Die Direktion der SDAG Wismut wurde an den Produktionsleistungen gemessen und nicht an ihren Bemühungen für den Umweltschutz. Daher entschied man sich, das Problem zu vertagen. Anstelle einer Absetzanlage wurden lediglich sogenannte Trockenbeete angelegt. Das war weitaus kostengünstiger. Die Gefährdungen von Menschen und Umwelt durch diese ökologischen Zeitbomben nahm man hin. Die Hauptgefahr bestand darin, dass die Becken an den Rändern auszutrocknen begannen. Schon bei mäßigem Wind konnten radioaktive Staubwolken entstehen. Die Schlammbecken wurden noch nicht einmal ausreichend durch Zäune gesichert. Nirgends war ein Hinweis darauf zu finden, dass sich in den Absetzbecken radioaktiv kontaminiertes Material befand. Wenn gewarnt wurde, dann nur davor, dass man diese Anlagen nicht betreten und fotografieren sollte.[23]

Begleitbergbau

Im Regierungsabkommen vom August 1953 war festgelegt worden, dass die SDAG Wismut kostenlos geologische Erkenntnisse über nichtradioaktive Lagerstätten der DDR an den Ministerrat der DDR übergeben solle. Ausgehend von einem groß angelegten Revisionsprogramm wurden von nun an die bei allen Erkundungs- und Bergbauaktivitäten angetroffenen Begleitkomponenten registriert und einer vorläufigen Bewertung unterzogen. Im Begleitbergbau wurden unter anderem blei-, zink-, kupfer-, silber-, kobalt-, nickel- und selenhaltige Erze in verschiedenen Bergwerken der SDAG Wismut gewonnen. Es handelte sich dabei zumeist nur um wenige Tonnen, für die rohstoffarme DDR war dies dennoch wichtig.

Die Planungsbehörden setzten einige Hoffnungen in die Erkundung von Nichteisenmetallen durch die SDAG Wismut. Mehrfach schienen wirtschaftlich interessante Funde gelungen.

So erprobte die SDAG Wismut eine neue Aufbereitungsmethode für Selenerze. Das Projekt musste aber 1967 aus technischen und wirtschaftlichen Gründen eingestellt werden.

1970 entdeckte die SDAG Wismut eine ausgedehnte Zinnvererzung im Gebiet Tellerhäuser-Hämmerlein im Kreis Schwarzenberg. Die dortigen Vorräte wurden mit mehr als 200 000 Tonnen Zinnerze angegeben. Angesichts dieser Dimension rechnete die SPK mit einem gewinnbringenden Abbau.

Daraufhin wurde 1976 erstmals von der SDAG Wismut ein Forschungsprojekt aufgenommen, das nicht mit Uran zusammenhing. Es ging darum, neue Aufbereitungs- und Verhüttungsmethoden für Zinnerze zu entwickeln. In einer Pilotanlage in Crossen wurden diese Erze probeweise zu Reinzinn verarbeitet. Das Problem bestand aber darin, dass das Zinnerz außerordentlich fein verteilt im Gestein vorlag, so dass jeweils eine Tonne taubes Gestein im Schmelzprozess ausgesondert werden musste, um wenige Kilogramm Zinn zu gewinnen.[24]

Für die weitere Lagerstättenerkundung und den Aufbau eines Zinnkomplexes stellten die SPK in den 1970/1980er Jahren fast 400 Mio. Mark und die SDAG Wismut über 70 Mio. Mark zur Verfügung.[25]

Damals hatten die Zinnpreise auf dem Weltmarkt neue Höchststände erreicht. Hauptsächlich aus diesem Grund wollte die DDR weniger Zinnerze importieren und setzte auf die Erschließung einheimischer Vorkommen. Der Aufwand für den Aufbau eines neuen Zinnhüttenkomplexes wäre jedoch außerordentlich hoch gewesen. Die SPK rechnete mit sage und schreibe 1,5 bis 2 Mrd. Mark. Als dann jedoch die Zinnpreise wieder zu sinken begannen, mussten die Planer einsehen, dass mit der Zinnproduktion in der DDR kein Geld zu verdienen war. Mitte der 1980er Jahre wurde das Projekt vom Politbüro der SED gestoppt.[26]

Arbeitsgruppen der SDAG Wismut beteiligten sich in den 1970er Jahren auf Bitten anderer Ministerien auch an der Erkundung von Flussspat-, Braunkohlen- und Tonlagerstätten sowie Wasservorkommen. In nennenswerten Größenordnungen wurden

»Nebenerze« vor allem in der Lagerstätte Niederschlema-Alberoda im Kreis Aue von 1957 bis 1988 gewonnen. Immerhin wurden dort u.a. jeweils ca. 12500 Tonnen Kobalt mit einem Erzgehalt von 1,6 Prozent und Nickel mit einem Erzgehalt von 2,2 Prozent abgebaut.[27] Auch Silber konnte in kleineren Mengen gewonnen werden.

Eine neue Preisrunde auf höchster Ebene

Die Uranpreisverhandlungen für den Fünfjahrplan 1986–1990 wurden im Sommer 1984 mit Gesprächen auf der obersten Ebene eingeleitet. Honecker und Stoph kümmerten sich bei Besuchen in Moskau persönlich um das Problem. Die Berechnungen ihrer Experten hatten Folgendes ergeben: Bei Beibehaltung eines Preises von 65,97 Rubel/kg und gleichzeitig steigendem Aufwand würde sich der Kostenzuschuss der DDR bis 1990 auf ca. 2 Mrd. Mark summieren. Direkt abgefedert hätte dies nur eine Erhöhung des Uranpreises auf 108 Rubel/kg. Zum Vergleich: Der Weltmarktpreis für Uran lag damals bei lediglich 38 Rubel/kg.

Die Detailverhandlungen fanden Ende 1985 in Berlin statt. Im Interesse der Kostensenkung sprachen sich die Deutschen für eine Reduzierung des Uranbergbaus aus. Die sowjetischen Experten setzten sich ebenfalls für eine Senkung des Aufwandes ein, zumal genügend Vorräte vorhanden waren. Künftig sollten nur noch günstige Partien abgebaut werden.

Gut informiert über die Verhandlungen waren die Geheimdienste. Ein leitender Mitarbeiter der SDAG berichtete dem MfS: »Alles macht den Eindruck, dass die sowjetische Seite aus dem gemeinsamen Betrieb im nächsten Fünfjahrplan aussteigen will, und jetzt alles tut, um das, was noch günstig herauszuholen ist, herauszuholen. Auf keinen Fall sollen mehr als 66 Rubel pro Kilogramm gezahlt werden.«[28]

Auf sowjetischer Seite dürften ähnliche Informationen, nur unter anderen Vorzeichen, für den KGB verfasst worden sein.

Was haben diese Berichte bewirkt? Soweit bisher bekannt, nicht viel. Zwar wurden, wie im zitierten Bericht, die Probleme ganz offen angesprochen, was öffentlich so nicht möglich war, doch änderte sich dadurch an der Wirtschaftspraxis kaum etwas. Das MfS spielte in diesem konkreten Fall nur eine beobachtende Rolle.

Die deutsche Seite arbeitete auf eine Beibehaltung des hohen Preises von 65,97 Rubel/kg hin und versuchte noch Zuschläge auszuhandeln.[29] Die UdSSR sollte einen jährlichen Zuschlag für die weiter steigenden Produktionskosten zahlen und sich auch weiterhin zu 50 Prozent an den geologischen Kosten beteiligen.

Die sowjetische Seite machte geltend, dass nach den neuen, an den Weltmarktpreisen ausgerichteten RGW-Preisen lediglich ein Preis von 38 Rubel/kg gerechtfertigt wäre. Die von der DDR verlangten Preise für Uran lägen somit rund 70 Prozent über den Weltmarktpreisen, was auf den Zeitraum 1986–1990 berechnet rund 550 Mio. Rubel bedeutete. Letztlich konnten sich die sowjetischen Unterhändler aber nicht der Tatsache verschließen, dass ohne zusätzliche Gelder der Uranbergbau nicht mehr in der beabsichtigen Höhe aufrechtzuerhalten war. Daher stimmte die UdSSR im Regierungsprotokoll vom 14. November 1985 einem Uranpreis von 65,97 Rubel/kg zu, wonach für 1986–1990 noch ein Zuschlag in Höhe von 583 Mio. Mark gezahlt werden sollte, um die steigenden Kosten anteilig mit aufzufangen. Mit diesen Regelungen, die auf eine prinzipielle Veränderung des Regierungsprotokolls vom November 1979 hinausliefen, konnte die DDR zufrieden sein.

Auf strikte Ablehnung war hingegen das Ansinnen der deutschen Verhandlungsführer gestoßen, die Sowjetunion möge auch noch einen Zuschuss zu den »gesellschaftlichen Fonds« der SDAG Wismut leisten. Laut geltenden gesetzlichen Bestimmungen der DDR war jeder Betrieb verpflichtet, in diese Fonds eine Summe einzuzahlen, die sich auf stolze 70 Prozent des Lohnfonds belief. Dieses Geld wurde für betriebliche Sozialleistungen wie den Unterhalt von Kindergärten, Ferienheimen usw., verwendet. Umgangssprachlich war von der »zweiten Lohntüte« die Rede.

Die Einspeisung in die »gesellschaftlichen Fonds« der SDAG Wismut sollte sich 1986–1990 auf sage und schreibe 2,3 Mrd. Mark belaufen. Angesichts dieser Summe, die ja ganz überwiegend den deutschen Beschäftigten zugute kommen sollte, bekamen die sowjetischen Verhandlungsführer kalte Füße. Sie waren zu keiner Kostenbeteiligung bereit.[30]

Mit dem Regierungsprotokoll vom November 1985 sollten die Perspektiven der SDAG Wismut bis zum Jahr 2000 abgesteckt werden. Die Entwicklung verlief jedoch ganz anders, als man es sich in Moskau und Berlin vorgestellt hatte.

Die Reaktorkatastrophe von Tschernobyl

In der Nacht von 25. zum 26. April 1986 kam es im Block 4 des ukrainischen Kernkraftwerkes Tschernobyl[31] zu einer verhängnisvollen Havarie. Bedienungsfehler und Mängel in der Konstruktion des Reaktors lösten einen sogenannten Super-GAU aus, das heißt den größten anzunehmenden Unfall, der die Möglichkeiten der eingesetzten Sicherheitstechnik überforderte. Große Mengen an radioaktivem Material wurden in die Luft geschleudert und verteilten sich hauptsächlich über die Region nordöstlich von Tschernobyl, aber auch über viele Regionen Europas.

Der Unfall führte bei einer bis heute nicht genau bekannten Zahl von Menschen zum Tod. Im Frühjahr und Sommer 1986 wurden etwa 116 000 Personen aus der 30-Kilometer-Zone rund um den Reaktor evakuiert. Später wurden zirka 240 000 weitere Personen umgesiedelt.

Mehrere Tausend Menschen erkrankten an Krebs, der auf die Strahlung zurückgeführt wird. Hinzu kamen enorme psychische, soziale, ökologische und ökonomische Schäden. Nach der Katastrophe errichteten bis zu 200 000 Helfer, sogenannte Liquidatoren, einen provisorischen Betonmantel um den explodierten Reaktor, um Schlimmeres zu verhindern.

Viele von ihnen erkrankten später, mehr als 100 000 ukrainische Liquidatoren sind als Invaliden anerkannt.[32] Etwa 34 000 sind vorzeitig gestorben, 17 400 Familien erhalten eine sogenannte Liquidatorenrente, weil der einzige Ernährer der Familie tot ist. Sie starben an Krebs, an Herzversagen, an Immunschwäche oder am Tschernobyl-Syndrom: rapider Alterung.[33]

Die Parteiführung der KPdSU unter dem gerade neu ins Amt gekommenen Generalsekretär Michail Gorbatschow und die sowjetische Regierung reagierten anfangs hilflos und versuchten nach gewohntem Muster, das Ausmaß der Katastrophe zu kaschieren. Erst nachdem die internationale Öffentlichkeit immer drängender nach Informationen verlangte, wurde in einer knappen Pressemitteilung der Unfall eingestanden. Tschernobyl erschütterte das Selbstverständnis der Atomenergiewirtschaft weltweit. Die Zahl der Atomkraftgegner stieg als Folge dieser tragischen Katastrophe weiter an.

Während sich die sowjetische Regierung angesichts des Schocks von Tschernobyl und des immensen Imageverlustes zu einer neuen

Nach den Atomkraftwerken in Rheinsberg und Greifswald begann die DDR in den 1970er Jahren mit dem Bau eines großen Atomkraftwerkes in Stendal (Sachsen-Anhalt), gegen das sich Ende der 1980er Jahre Proteste richteten.

offeneren Informationspolitik (»Glasnost«) durchrang, setzte das Politbüro der SED in der DDR unvermindert auf die Taktik des Verschleierns und Beschönigens. Die SED versuchte vergeblich, die Reaktorkatastrophe von Tschernobyl zwar als schwerwiegenden, aber beherrschbaren Unfall hinzustellen.

Jahrzehntelang war man in der DDR der marxistischen Weltanschauung gefolgt, die von der prinzipiellen Beherrschbarkeit der Natur durch den Menschen ausging. Auf diesem Hintergrund hatte sich ein anderes Risikoempfinden beim Betreiben von Atomkraftwerken und Uranminen entwickelt, als dies in Westeuropa der Fall war. Eine Problematisierung des technischen Fortschritts fand öffentlich nicht statt. Das Fehlen einer kritischen Öffentlichkeit wirkte gerade im Umweltbereich selbstzerstörerisch. Erschwerend hinzu kamen die durch die Mangelwirtschaft verursachten Ressourcenprobleme. Meist wurde zugunsten des Wachstums, nur selten zugunsten des Umweltschutzes entschieden.

Die SED-Führung weigerte sich, das völlige Desaster der sowjetischen Sicherheitsphilosophie bei Atomkraftwerken einzugestehen, denn ein solches öffentliches Eingeständnis hätte auch das ehrgeizige Kernenergieprogramm der DDR in Frage gestellt. Noch immer hielt man am Ausbau des Atomkraftwerkes Greifswald fest, dort sollten die Blöcke 5 und 6 1990 und die Blöcke 7 und 8 bis 1995 ans Netz gehen. Die Inbetriebnahme des Atomkraftwerkes Stendal war für Mitte der 1990er Jahre avisiert.[34]

Die vom Unfallort in Tschernobyl ausgehende radioaktive Strahlung führte selbst auf dem Gebiet der DDR zu einer erheblichen Belastung der Luft und des Bodens. Vor allem die Grenzwerte für die zulässige Belastung von Milch und Gemüse wurden um ein Vielfaches überschritten. So erreichte am 3. Mai 1986 die Verunreinigung von Rohmilch mit radioaktivem Jod im Bezirk Cottbus 1450 Bq/l, was 700 Prozent des Grenzwertes für Kleinkinder entsprach.[35] Davon erfuhr die Öffentlichkeit nichts.

Täglich ließ sich indessen das Politbüro vom SAAS über die Lage unterrichten. Intern dachte man über eine Einschränkung des Verkaufs von Gemüse nach. Eine offene Diskussion darüber gab es jedoch nicht. Stattdessen legte das SAAS neue befristete Richtwerte fest, die weit über den bisherigen gesetzlich verankerten Grenzwerten lagen.

In den DDR-Medien gab es eine verspätete und verharmlosende Berichterstattung. Den Höhepunkt der versuchten Verdummung der Bevölkerung stellte ein Interview mit Erich Honecker dar, in dem dieser, auf die erhöhten Strahlenbelastungen angesprochen, ein »Hausrezept« seiner Mutter empfahl: vor dem Verzehr sei Blattsalat gründlich zu waschen. Mehr wusste der erste Mann der DDR zu den Sorgen der Bürger nicht zu sagen.

Der Leiter des SAAS, Prof. Georg Sitzlack, äußerte am 26. Mai 1986 gegenüber Journalisten aus Westberlin: »Jeder Schuster kloppt sich mal auf den Daumen, wenn das der Maßstab wäre, hätten wir keine Schuhe.«[36] Dieser skandalöse Umgang mit einer extremen Gefahrensituation beschleunigte den Ansehensverlust der SED-Führung und gab Umweltaktivisten Auftrieb. In den Folgetagen häuften sich die Anfragen und Beschwerden beim SAAS.

Nicht nur gegenüber der eigenen Bevölkerung, auch gegenüber dem Ausland versuchte die DDR-Regierung, die Folgen des Reaktorunfalls herunterzuspielen. Selbst auf Anfragen der Weltgesundheitsorganisation (WHO) reagierte man hinhaltend.

Interne Kommentare fielen ehrlicher aus als die abwiegelnden öffentlichen Erklärungen. Dies zeigte sich unter anderem beim Besuch westdeutscher Politiker in der DDR. Ihnen gegenüber gab Honecker im Mai 1986 zu erkennen, dass man in der DDR nur deshalb an der Kernenergie festhalte, weil es keine Alternative gäbe. Wenn andere Energiequellen zur Verfügung stünden, wollte man sich von der Kernenergie verabschieden.[37] Gegenüber dem Vorsitzenden der SPD-Bundestagsfraktion, Hans-Jochen Vogel, erklärte Honecker sinngemäß: »Wenn die DDR noch über Steinkohlevorräte verfügte, wäre es für ihn keine Frage, dass dann die Kernenergie nicht in Frage käme. (…) Er bedauere, dass der Bau des nächsten großen Kernkraftwerkes bei Stendal schon im Gang sei. Er habe veranlasst, dass das ganze Projekt noch einmal überprüft werde.«[38] (Im DDR-Protokoll fehlt bezeichnenderweise diese Passage.) In späteren Gesprächen mit westdeutschen Spitzenpolitikern wurde Honecker noch deutlicher und stelle ein Zurückfahren der Kernenergie in Aussicht.

In der Tat stand die offizielle Informationspolitik nach dem 26. April 1986 im krassen Gegensatz zu den Konsequenzen für den Betrieb von Atomkraftwerken und die Neubauvorhaben. Das Bewusstsein für die Risiken, die aus den mangelnden Sicherheitsvorkehrungen im sowjetischen Kraftwerksbau hervorgingen, wuchs. Die Sicherheitsstandards wurden verschärft und die Planungen für die Neubauvorhaben von Atomkraftwerken überprüft. Dies bedeutete keinen Ausstieg aus der Kernenergie, aber zumindest nahm man Abschied vom Szenario ihres weiteren schnellen Ausbaus.

Umweltaktivisten gegen den Uranbergbau

Die Katastrophe von Tschernobyl hatte auch Auswirkungen auf die SDAG Wismut. Allerdings stellten sich diese erst mit einiger Verzögerung ein. Anfangs glaubte die Uranlobby in der UdSSR und DDR, wie bisher weiterwirtschaften zu können. Da die Regierungen beider Länder an der Kernenergie festhielten und gemeinsame Abkommen für die Uranförderung bis 1990 sowie perspektivisch bis zum Jahr 2000 gerade erst ausgehandelt worden waren, schien es aus ihrer Sicht keinen akuten Handlungsbedarf zu geben. Widerspruch war man bei der SDAG nicht gewohnt.

Stattdessen dominierten wie gehabt Geheimhaltung und selektive Informationspolitik.

Nach dem Reaktorunglück äußerte sich die evangelische Kirche der DDR kritisch zur Kernenergienutzung. In einem Beschluss der Synode des Bundes der evangelischen Kirche der DDR vom September 1986 plädierten die Kirchenvertreter für ein »weltweites Moratorium für den Ausbau und die Nutzung der Atomenergie«. Vor diesem Hintergrund begann Michael Beleites mit verdeckten Recherchen im Uranbergbaugebiet. Er wird hier stellvertretend für eine kleine, aber wachsende Schar kritischer DDR-Bürger erwähnt, die sich mit dem ökologischen Notstand und der politischen Bevormundung in ihrer Heimat nicht länger abfinden wollten.

Im März 1987 organisierte er zusammen mit Freunden aus Zeitz ein Uranbergbauseminar in Zangenberg. Dazu wurden sowohl kritische Fachleute als auch frühere Wismut-Kumpel und Anwohner geladen. Die Diskussionsergebnisse fasste Beleites in einem Protokoll zusammen. Der Physiker Sebastian Pflugbeil ermutigte ihn, eine Dokumentation zu erstellen.[39] Die Studie mit dem Titel »Pechblende« sollte alsbald für Aufsehen unter Umweltaktivisten und kritischen Bürgern sowie Wut auf Seiten der Staatsmacht sorgen.

Um die Zensur zu unterlaufen, gaben kirchliche Umweltinitiativen Publikationen im Selbstdruck heraus. Trotz der meist nur kleinen Auflage konnte damit eine zwar begrenzte, aber zunehmend kritischere Öffentlichkeit erreicht werden.

Noch wirksamer war der »Umweg« über westliche Medien. Am 4. November 1987 strahlte das ARD-Magazin *Kontraste* einen Beitrag zu den Umweltschäden in der DDR aus, in dem auch das Wismut-Gebiet thematisiert wurde. Der Beitrag war stellenweise schlecht recherchiert und fehlerhaft, was aber angesichts der strengen Auflagen für westliche Journalisten in der DDR und der Tabuisierung von Umweltthemen auch kaum anders sein konnte. Jedenfalls herrschte im Parteiapparat der SED eine ziemliche Aufregung ob dieses Fernsehbeitrages.

Vom MfS wurde die Schrift »Pechblende« als »antisozialistisches Vervielfältigungszeugnis innerer Feinde« charakterisiert. Gegen den Autor begann ein Kesseltreiben in Form von Zersetzungs- und Verunsicherungsmaßnahmen. Ihm wurde ein Redeverbot erteilt. Ein unabhängiges Umweltengagement wurde von staatlicher Seite als »politische Untergrundtätigkeit« gesehen

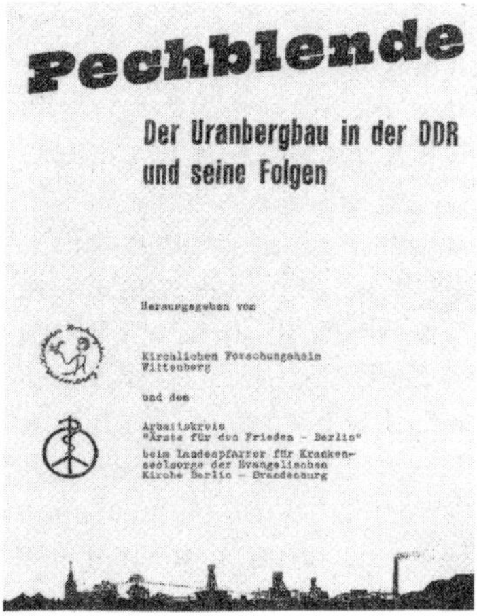

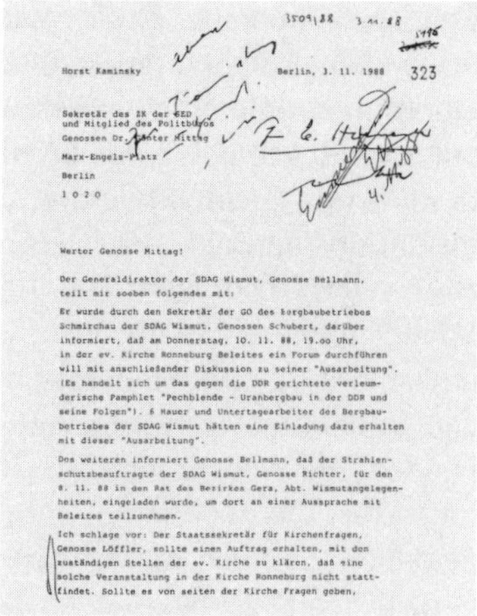
Horst Kaminsky Berlin, 3. 11. 1988

Sekretär des ZK der SED
und Mitglied des Politbüros
Genossen Dr. Günter Mittag
Marx-Engels-Platz
Berlin
1 0 2 0

Werter Genosse Mittag!

Der Generaldirektor der SDAG Wismut, Genosse Bellmann,
teilt mir soeben folgendes mit:

Er wurde durch den Sekretär der GO des Bergbaubetriebes
Schmirchau der SDAG Wismut, Genossen Schubert, darüber
informiert, daß am Donnerstag, 10. 11. 88, 19.oo Uhr,
in der ev. Kirche Ronneburg Beleites ein Forum durchführen
will mit anschließender Diskussion zu seiner "Ausarbeitung".
(Es handelt sich um das gegen die DDR gerichtete verleum-
derische Pamphlet "Pechblende - Uranbergbau in der DDR und
seine Folgen"). 6 Hauer und Untertagearbeiter des Bergbau-
betriebes der SDAG Wismut hätten eine Einladung dazu erhalten
mit dieser "Ausarbeitung".

Des weiteren informiert Genosse Bellmann, daß der Strahlen-
schutzbeauftragte der SDAG Wismut, Genosse Richter, für den
8. 11. 88 in den Rat des Bezirkes Gera, Abt. Wismutangelegen-
heiten, eingeladen wurde, um dort an einer Aussprache mit
Beleites teilzunehmen.

Ich schlage vor: Der Staatssekretär für Kirchenfragen,
Genosse Löffler, sollte einen Auftrag erhalten, mit den
zuständigen Stellen der ev. Kirche zu klären, daß eine
solche Veranstaltung in der Kirche Ronneburg nicht statt-
findet. Sollte es von seiten der Kirche Fragen geben,

Mit der Studie »Pechblende« übte Michael Beleites 1988 scharfe Kritik an den Umweltsünden der Wismut. Das SED-Zentralkomitee verbot daraufhin eine Veranstaltung in der Kirche Ronneburg mit Beleites, was von Erich Honecker gegengezeichnet wurde.

und bekämpft. Das MfS überschätzte die oppositionellen Gruppen in ihrer gesellschaftlichen Wirkung und unterstellte ihnen zu Unrecht, dass sie sich zum Ziel gesetzt hatten, den sozialistischen Staat zu beseitigen.

Im Februar 1988 hielt Michael Beleites auf der ersten ökumenischen Versammlung der DDR-Kirchen in Dresden einen Kurzvortrag zum Thema Uranbergbau, der auch von westlichen Tageszeitungen aufgegriffen wurde.

Inzwischen befassten sich nicht nur die Wismut-Verantwortlichen, sondern selbst Günter Mittag und Erich Honecker mit der »Pechblende«. Am 3. November 1988 informierte der Vorstandsvorsitzende der SDAG Wismut Günter Mittag über eine Veranstaltung mit Michael Beleites, die in der Ronneburger Kirche stattfinden sollte.[40] Diese Veranstaltung wollte Kaminsky, im Wissen um die Unterstützung seiner Haltung durch Mittag und Honecker, unbedingt verhindern. Auf die zuständigen Stellen in der evangelischen Kirche wurde Druck ausgeübt, um die Veranstaltung in der Ronneburger Kirche zu hintertreiben. Die Diskussion um die vom Uranbergbau ausgehenden Umweltgefahren ließ sich jedoch nicht länger unterdrücken.

Eine beschämende Rolle spielten dabei leitende Mitarbeiter des SAAS. Aufgabe dieser Institution wäre es gewesen, auf Gefahrenpotentiale hinzuweisen und ihre Beseitigung zu verlangen. Stattdessen versuchte das SAAS die Gefahren herunterzuspielen. Besonders aufschlussreich ist in diesem Zusammenhang das Informationsmaterial »Zur Strahlenschutzsituation in den Südbezirken der DDR« vom Juli 1988.[41] Dieses Material wurde vom Vorsitzenden des SAAS, Prof. Georg Sitzlack, in Auftrag gegeben und stellte eine direkte Reaktion auf die Broschüre »Pechblende« dar. In dem internen Informationsmaterial hieß es, dass von den Halden und Absetzanlagen keine Gefahr für die Umwelt ausgehe und selbst das Wohnen in unmittelbarer Nähe von Halden unbedenklich sei. Auch die Abwässer seien nur geringfügig über dem natürlichen Pegel belastet, so dass sie sogar als Trinkwasser geeignet seien.

Beim Lesen einer solchen Studie, wohlgemerkt verfasst von der obersten Strahlenschutzbehörde der DDR, verschlägt es einem noch heute den Atem. Woher kam, trotz besseren Wissens, eine solche Ignoranz gegenüber den Umweltproblemen im Uranbergbau? Auch weiterhin wurden keine Maßnahmen geplant, die Strahlenexposition grundlegend zu reduzieren. Ebenso wenig gab es Konzepte zur Bewältigung der Altlasten. Rücklagen dafür wurden nicht gebildet.

In diesem Verharren liegt der eigentliche Skandal.[42] Während die Haltung gegenüber den Umweltproblemen bis in die 1960er Jahre in der DDR nur wenig von der im Westen abwich, betrieb die SED-Führung in den folgenden Jahren, trotz gegenteiliger Beteuerungen, eine Politik der zunehmenden Auszehrung der natürlichen Ressourcen. Stets hatte die Produktion Vorrang vor dem Umweltschutz. Exemplarisch dafür waren vor allem die Ausweitung des Braunkohlenbergbaus, die Beibehaltung der völlig veralteten Karbidchemie und ebenso das Fehlen von Konzepten für die Altlastensanierung im Uranerzbergbau.

Die SDAG Wismut war durchaus nicht völlig untätig gewesen, was den Umweltschutz anging. Es wurden lange Zeit aber nur die allernotwendigsten Schritte unternommen. Dabei war die Gefahr, die von der Uranförderung und -verarbeitung ausging, nicht nur der Direktion des Kombinates, sondern auch den politisch Verantwortlichen in Berlin bekannt. Die für Wirtschaftsfragen zuständigen Minister bzw. Politbüromitglieder, angefangen bei Fritz

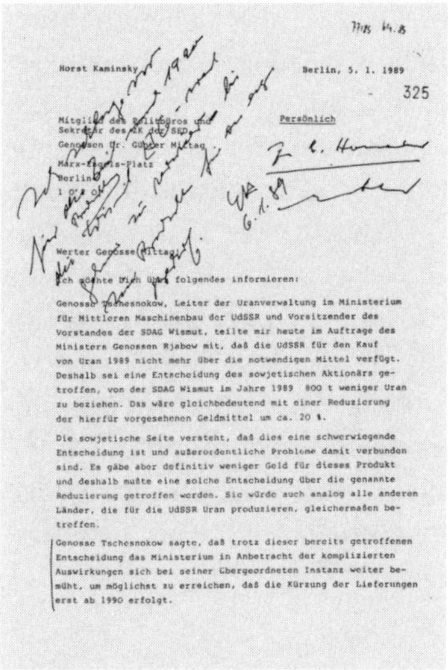
Horst Kaminsky Berlin, 5. 1. 1989

325

Mitglied des Politbüros und
Sekretär des ZK der SED
Genossen Dr. Günter Mittag
Marx-Engels-Platz
Berlin
1 0 2 0

Persönlich

Werter Genosse Mittag!

Ich möchte Dich über folgendes informieren:

Genosse Tschesnokow, Leiter der Uranverwaltung im Ministerium für Mittleren Maschinenbau der UdSSR und Vorsitzender des Vorstandes der SDAG Wismut, teilte mir heute im Auftrage des Ministers Genossen Rjabew mit, daß die UdSSR für den Kauf von Uran 1989 nicht mehr über die notwendigen Mittel verfügt. Deshalb sei eine Entscheidung des sowjetischen Aktionärs getroffen, von der SDAG Wismut im Jahre 1989 800 t weniger Uran zu beziehen. Das wäre gleichbedeutend mit einer Reduzierung der hierfür vorgesehenen Geldmittel um ca. 20 %.

Die sowjetische Seite versteht, daß dies eine schwerwiegende Entscheidung ist und außerordentliche Probleme damit verbunden sind. Es gäbe aber definitiv weniger Geld für dieses Produkt und deshalb mußte eine solche Entscheidung über die genannte Reduzierung getroffen werden. Sie würde auch analog alle anderen Länder, die für die UdSSR Uran produzieren, gleichermaßen betreffen.

Genosse Tschesnokow sagte, daß trotz dieser bereits getroffenen Entscheidung das Ministerium in Anbetracht der komplizierten Auswirkungen sich bei seiner übergeordneten Instanz weiter bemüht, um möglichst zu erreichen, daß die Kürzung der Lieferungen erst ab 1990 erfolgt.

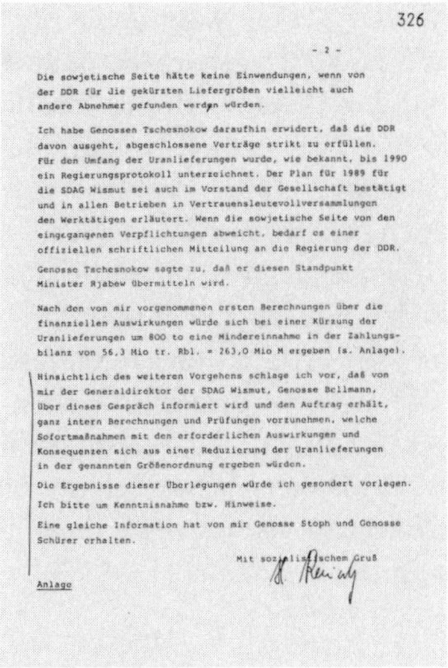
326

- 2 -

Die sowjetische Seite hätte keine Einwendungen, wenn von der DDR für die gekürzten Liefergrößen vielleicht auch andere Abnehmer gefunden werden würden.

Ich habe Genossen Tschesnokow daraufhin erwidert, daß die DDR davon ausgeht, abgeschlossene Verträge strikt zu erfüllen. Für den Umfang der Uranlieferungen wurde, wie bekannt, bis 1990 ein Regierungsprotokoll unterzeichnet. Der Plan für 1989 für die SDAG Wismut sei auch im Vorstand der Gesellschaft bestätigt und in allen Betrieben in Vertrauensleutevollversammlungen den Werktätigen erläutert. Wenn die sowjetische Seite von den eingegangenen Verpflichtungen abweicht, bedarf es einer offiziellen schriftlichen Mitteilung an die Regierung der DDR.

Genosse Tschesnokow sagte zu, daß er diesen Standpunkt Minister Rjabew übermitteln wird.

Nach den von mir vorgenommenen ersten Berechnungen über die finanziellen Auswirkungen würde sich bei einer Kürzung der Uranlieferungen um 800 to eine Mindereinnahme in der Zahlungsbilanz von 56,3 Mio tr. Rbl. = 263,0 Mio M ergeben (s. Anlage).

Hinsichtlich des weiteren Vorgehens schlage ich vor, daß von mir der Generaldirektor der SDAG Wismut, Genosse Bellmann, über dieses Gespräch informiert wird und den Auftrag erhält, ganz intern Berechnungen und Prüfungen vorzunehmen, welche Sofortmaßnahmen mit den erforderlichen Auswirkungen und Konsequenzen sich aus einer Reduzierung der Uranlieferungen in der genannten Größenordnung ergeben würden.

Die Ergebnisse dieser Überlegungen würde ich gesondert vorlegen.

Ich bitte um Kenntnisnahme bzw. Hinweise.

Eine gleiche Information hat von mir Genosse Stoph und Genosse Schürer erhalten.

Mit sozialistischem Gruß

Anlage

Die Probleme der Wismut waren stets Chefsache: ZK-Sekretär Günter Mittag und SED-Chef Honecker befassten sich Anfang 1989 mit den Folgen des verringerten Uran-Ankaufs durch die Sowjetunion.

Selbmann in den 1950er Jahren, Erich Apel bis 1965 und schließlich Günter Mittag in den 1970er/1980er Jahren, waren detailliert darüber informiert. Während sich Selbmann und Apel, wenn auch nur mit begrenztem Erfolg, für Schutzmaßnahmen bei der Wismut einsetzten, lässt sich Ähnliches für Mittag nicht sagen.

Im Gegenteil. Der gefürchtete Wirtschaftssekretär der SED – in den 1980er Jahren intern die Nr. 2 hinter Honecker – trieb die Geheimhaltung von Umweltdaten auf die Spitze und entmündigte de facto den Minister für Umweltschutz und Wasserwirtschaft.

Mittag untersagte 1974 die weitere öffentliche Herausgabe von Umweltberichten.[43] Die Berichte wurden zur »Vertraulichen Verschlusssache« erklärt. Im Jahr 1982 wurde die Praxis der Geheimhaltung von Umweltdaten weiter verschärft. Sie wurden nunmehr als »Geheime Verschlusssache« eingestuft. Günter Mittag behielt sich die Entscheidung über ihre Verteilung vor. Jetzt bekamen nur noch der Vorsitzende des Ministerrates, Willi Stoph, und der Minister für Staatssicherheit, Erich Mielke, die Umweltberichte. In den späten 1980er Jahren kam es dann auch noch zur bewussten Verfälschung von Umweltdaten.

Bei der SDAG Wismut wurde in dieser Zeit die Geheimhaltung auf die Spitze getrieben. Grundsätzlich war jeder Betriebsangehörige zur Geheimhaltung verpflichtet und erhielt nur die Informationen, die er zur Erledigung seiner unmittelbaren Arbeitsaufgabe benötigte. Zwar bemühte man sich um Schadensminimierung, doch das Prinzip des Vermeidens von Schadstoffen kam kaum zur Geltung, denn stets wurde mit dem Verweis auf die militärische Bedeutung der Uranerzförderung (»Erz für den Frieden«) das Primat der Produktion gerechtfertigt.

Umweltbelastungen wurden als »Preis des Fortschritts«, »unvermeidliches Übel« oder gar als »Preis im Friedenskampf« angesehen. Daher wusste sich der Staat gegenüber der aufkommenden Umweltbewegung auch nicht anders zu helfen, als durch Repression.

Die Wende

Die deutschen Führungskräfte der SDAG Wismut blieben trotz der Katastrophe von Tschernobyl Befürworter der Atomtechnologie und verwiesen auf das ambitionierte Kernenergieprogramm der DDR. Der RGW-Konzeption für die Kernenergieentwicklung bis zum Jahr 2010 lag ein Natururanbedarf von über 65000t und Brennstoffkosten von knapp 41 Mrd. Mark (Preisbasis 1983) zugrunde. Die DDR, so ihre Argumentation, würde die Uranvorräte für den Eigenbedarf, d.h. als Gegenleistung für Brennstoffkassetten benötigen. Daher sollte der Uranerzbergbau unbedingt aufrechterhalten werden. Allerdings war es unumgänglich, den Betrieb weitgehend ausgeschöpfter bzw. besonders unrentabler Objekte wie Dresden-Gittersee schrittweise einzustellen. Ein entsprechender Ministerratsbeschluss wurde im Mai 1987 verabschiedet.

Ende 1987 zeichnete sich ab, dass die Sowjetunion die Lieferbedingungen neu verhandeln wollte, da ihr Uranbedarf zurückgegangen war.[44] Im Januar 1989 kündigte die Sowjetunion eine Reduzierung ihres Urankaufs von 3800t auf 3000t an. Proteste der deutschen Seite führten dazu, dass diese Kürzung auf das Jahr 1990 verschoben wurde.

Im Sommer 1989 erschütterte die massenhafte Flucht von DDR-Bürgern über Ungarn in den Westen und ab Herbst eine rasch an-

Das Restloch des Tagebaus Lichtenberg nahe Ronneburg (1990).

wachsende Welle friedlicher Proteste die SED-Herrschaft. Leipzig wurde zum Zentrum der friedlichen Revolution. Die Opposition ergriff nicht die Macht, sondern zwang die Mächtigen, gewaltlos die Grundlagen ihrer Herrschaft in kürzester Zeit zu beseitigen. Ein beispielloser Vorgang in der deutschen Geschichte. Am 9. November 1989 wurde schließlich, eher zufällig, die Mauer geöffnet.[45] Nach dem Sturz von Erich Honecker und dem Rücktritt von Egon Krenz übernahm Hans Modrow (SED/PDS) im November 1989 für die Zeit bis zu den ersten freien Wahlen zur Volkskammer am 18. März 1990 die Regierungsgeschäfte. Sein Regierungskonzept vom 1. Februar 1990 sah einen schrittweisen Übergang von der Kommandowirtschaft zur Marktwirtschaft vor. Zu einer »inneren« Lösung der Wirtschaftsprobleme war aber eine Mehrzahl von DDR-Bürgern nicht mehr bereit. Angestrebt wurde eine schnelle Vereinigung mit der Bundesrepublik.

Die neue Regierung und die Generaldirektion der SDAG mussten der grundlegend veränderten Situation Rechnung tragen. Die SDAG beschloss die Stilllegung des Aufbereitungsbetriebes Crossen, des Bergbaubetriebes »Willi Agatz« bei Dresden-Gittersee und des Bergbaubetriebes Beerwalde im Verlauf des Jahres 1990.

Die sowjetische Seite drängte auf noch drastischere Schritte. Der Stellvertretende Ministerratsvorsitzende der UdSSR übersandte am 8. Dezember 1989 den Vorschlag, die Uranlieferungen in den Jahren 1991–1995 auf insgesamt 6000t abzusenken, die restliche Produktion der DDR zu belassen und ab 1996 vollständig auf Uranbezüge aus der DDR zu verzichten.

Die SDAG lehnte diese Konzeption im Januar 1990 ab, da ihre Umsetzung »die kurzfristige Beendigung der Uranproduktion auf dem Territorium der DDR zur Folge haben müsste«.[46]

Konsequenzen der sowjetischen Konzeption wären die Einstellung der Produktion, die Entlassung von 21 000 Beschäftigten und der Verlust einer Rohstoffbasis von 75 000t Uranvorräten. All dies würde einseitig zu Lasten des DDR-Staatshaushaltes geschehen. Stattdessen plädierte man für einen langsameren Ausstieg aus der Uranproduktion. Der Ministerratsbeschluss vom 27. April 1989 zur »Profilierung der SDAG Wismut« wurde nach heftigen Protesten der IG Wismut aufgehoben und durch den Ministerratsbeschluss vom 14. Dezember 1989 ersetzt. Dieser sah ein Zurückfahren des Uranbergbaus und einen Arbeitsplatzwechsel für 7000 Kumpel zu sozial verträglichen Bedingungen vor. Man vermittelte andere Stellen in der volkseigenen Wirtschaft, doch waren diese durchweg schlechter bezahlt. Daher wurden Überbrückungsgelder für drei Jahre in der Höhe der Minderung des voraussichtlichen Durchschnittslohns plus Treueprämie, ein Ausgleichsbetrag von 300 Mark monatlich fünf Jahre vor der Altersrente, Umzugsbeihilfen in Höhe von 2000 Mark und anderes mehr vereinbart. Dies waren, gemessen an den materiellen Möglichkeiten der DDR, sehr weitreichende Regelungen. Sie sollten ab 1991 eine Messlatte für das Verhalten des neuen Eigentümers darstellen.

Die sich überstürzenden politischen Ereignisse schufen in kürzester Zeit neue wirtschaftliche Rahmenbedingungen. Als das Projekt einer Währungsunion im Februar 1990 zum ersten Mal von der Bundesregierung diskutiert wurde, stand die Überlegung im Vordergrund, den Weg zur politischen Einheit auch wirtschaftlich unwiderruflich zu machen. Die nach den Volkskammerwahlen im März 1990 gebildete Regierung de Maizière (CDU) schloss sich der von Bonn angebotenen Lösungsvariante an, die in den Staatsvertrag über die Währungs-, Wirtschafts- und Sozialunion vom 21. Juni 1990 mündete. Mit dessen Inkrafttreten am 1. Juli 1990 erlosch die Souveränität der DDR auf wirtschaftlichem und sozialem Gebiet. Die damit de facto hergestellte wirtschaftliche Einheit leitete einen unumkehrbaren Prozess ein, der am 3. Oktober 1990 zur politischen Einheit führte.

Vor den negativen Folgen der Einführung der DM für den Export hatten Wirtschaftswissenschaftler gewarnt. Ihre Prognosen wurden von der Realität noch übertroffen: Nach der Währungsunion am 1. Juli 1990 brachen in allen ostdeutschen Bundesländern Produktion und Beschäftigung in einem Umfang ein, der in der jüngeren Wirtschaftsgeschichte ohne Beispiel ist. Mit drastischen Worten kommentierte die Presse im In- und Ausland dieses Desaster. Ein Kommentator von *The Guardian* verglich die Folgen der DM-Einführung mit einer »ökonomischen Atombombe«.[47] Norman van Scherpenberg, Generalbevollmächtigter der Treuhandanstalt, kommentierte dies so: »Die Währungsunion war eine Frage Ökonomie kontra Politik. Sie ist von der Macht entschieden worden, nicht von der Sache. In der Nacht zum 1. Juli 1990 ist der gesamte Kapitalstock der DDR total vernichtet worden. Durch die 300-prozentige Aufwertung wurde die Industrie ihrer Liquidität beraubt. Wenn ich heute in Niedersachsen den Reallohn verdreifache, kriegen Sie die Aktien von VW an der Börse geschenkt. Genau dies ist die Situation im Osten.«[48]

In unglaublich kurzer Zeit verschwanden nahezu alle Großunternehmen aus dem ostdeutschen Wirtschaftsleben. Rund 80 Prozent aller Arbeitsplätze in der Industrie gingen verloren. Die Schlussbilanz der DDR-Wirtschaft kam einem Staatsbankrott nahe.[49] Das Bruttoinlandsprodukt pro Einwohner und die Produktivität hatte 1989 unterschiedlichen Schätzungen zufolge nur etwa ein Drittel des westdeutschen Niveaus betragen. Die Produkte der ostdeutschen Industrie waren überwiegend veraltet. Die Betriebe verfügten kaum über Eigenkapital, bedingt durch die Gewinnabführung an den Staatshaushalt. Große Teile des Kapitalstocks der Industrie und die Infrastruktur waren stark verschlissen. Die Umweltbilanz fiel verheerend aus.

Am Ende der DDR summierte sich der ökologische Handlungsbedarf enorm. Vor allem in den Bergbaukreisen gab es gewaltige Hinterlassenschaften: Fast 3700 Hektar Flächen waren zu sanieren, über 300 Mio. m^3 Haldenmaterial mussten verwahrt und Schlammteiche mit einem Volumen von mehr als 160 Mio. m^3 Inhalt versiegelt werden. Das Restloch des Tagebaus Lichtenberg in der Nähe von Ronneburg mit 84 Mio. m^3 musste saniert werden.

Mit einem symbolischen Sarg protestierten Wismut-Kumpel 1990 gegen den drohenden Verlust ihrer Arbeitsplätze.

Unter Tage galt es, Grubenbaue in einer Länge von fast 1400 km zu sichern.

Noch in den letzten Monaten der DDR hofften die Verantwortlichen bei der SDAG Wismut auf eine Fortsetzung des Uranbergbaus auf reduziertem Niveau bzw. wenigstens eine bis zum Jahr 2000 gestreckte Auslaufphase. Dem lag die Überlegung zugrunde, das Humankapital und das produktive Kapital der Gesellschaft noch so lange nutzen zu können, bis die noch immer gut 40 000 Beschäftigten entweder neue Stellen gefunden hätten oder in Rente gegangen wären.

Im Februar 1990 vereinbarten der neue Generaldirektor der SDAG Wismut Dr. Richter und P. M. Werchowich als Vertreter der Sowjetunion die Fortsetzung der Tätigkeit der Gesellschaft auf der Grundlage des Regierungsprotokolls von 1986.[50] Beiden Seiten war jedoch klar, dass dies nur möglich sein würde, sofern die SDAG Wismut auch künftig aus den Staatshaushalten beider Länder subventioniert würde. Eine realistische Chance gab es dafür bald nicht mehr, zumal die Produktionskosten weit über dem internationalen Durchschnitt lagen.

Daher suchte man nach neuen Geschäftsfeldern. In Frage kam die Profilierung von Unternehmensteilen zum Maschinen- und Anlagenbau, für das Bauwesen und als Bergbausanierungsbetrieb.

Versuche, den im Vorfeld der Deutschen Einheit sehr populären Gedanken der Bildung von Joint Ventures aufzugreifen, führten nicht zum Erfolg. Deutsches Uran ließ sich auf dem Weltmarkt nicht zu auskömmlichen Bedingungen absetzen.

Für die im Umbruch befindliche SDAG Wismut hatte die Währungsumstellung vom 1. Juli 1990 ganz besondere Wirkungen. Von nun an galt eine Kursrelation von 1 Rubel zu 2,34 DM. Dies bedeutete einen Rückgang der Außenhandelspreise für Uran um rund 60 Prozent. Im zweiten Halbjahr 1990 kam es dadurch zu einem Erlösausfall von rund 276 Mio. DM.[51] Unter diesen drastisch veränderten Rahmenbedingungen waren weder die deutsche noch die sowjetische Seite gewillt, die Tätigkeit der SDAG Wismut über das Jahr 1990 hinaus fortzusetzen. Eine gemeinsame ministerielle Arbeitsgruppe einigte sich deshalb im Juni 1990 darauf, die Gewinnung und Aufbereitung von Uranerzen zum 1. Januar 1991 einzustellen.

Die Erlösausfälle nach dem Währungsschnitt brachten die SDAG Wismut in existentielle Nöte. Nur von der DDR-Regierung bzw. dann der Bundesregierung garantierte Liquiditätshilfen und Haushaltszuschüsse in Höhe von insgesamt rund 274 Mio. DM allein für das zweite Halbjahr 1990 sicherten das Fortbestehen des Unternehmens.

Die finanzielle Lage der Aktiengesellschaft drohte sich jedoch Ende 1990 erneut dramatisch zu verschlechtern, als sich die Sowjetunion weigerte, die für November/Dezember 1990 noch ausstehenden Uranlieferungen abzunehmen und zu bezahlen. Die Deckungslücke für das Unternehmen belief sich bis zum Jahresende auf rund 130 Mio. DM.

Krisenstäbe des Wirtschafts- und Finanzministeriums wurden einberufen. Man verständigte sich darauf, der SDAG Wismut die Aufnahme eines vom Bund verbürgten Kredites in Höhe der genannten Deckungslücke zu gestatten. Nur so gelang es, das Unternehmen überhaupt über das Jahr 1990 zu bringen und soziale Unruhen zu vermeiden.

Der gesamte Uranbergbau wurde Ende 1990 stillgelegt, doch die »Wismut« sollte erhalten bleiben und die Hauptarbeit bei der Sanierung und Altlastenbeseitigung übernehmen.

Die Sanierung (1991–2007)

Der Preis der Einheit und das deutsch-sowjetische Abkommen vom 16. Mai 1991

Der Einigungsvertrag vom 31. August 1990 zwischen der Bundesrepublik Deutschland und der DDR sah keine speziellen Regelungen für die SDAG Wismut vor.[1] Es galt auch weiterhin der 1962 zwischen der Sowjetunion und der DDR geschlossene Wismut-Vertrag. Wegen ihres besonderen Status war die SDAG Wismut kein volkseigenes Kombinat und unterlag daher auch nicht dem Treuhandvermögen nach Artikel 25 des Einigungsvertrages. Nachdem die DDR am 3. Oktober 1990 der Bundesrepublik beigetreten war, ging der Gesellschaftsanteil der DDR an der SDAG Wismut unmittelbar an die Bundesrepublik über. Die Verwaltung des deutschen Gesellschaftsanteils oblag seit dem 3. Oktober 1990 dem Bundesministerium für Wirtschaft (BMWi), wohingegen die anderen DDR-Kombinate über die Treuhandanstalt dem Bundesfinanzministerium (BMF) unterstanden.

Mit der Sowjetunion schloss die Bundesregierung am 9. Oktober 1990 ein »Überleitungsabkommen«. Dabei wurde vereinbart, die Geschäftstätigkeit der SDAG Wismut zum 1. Januar 1991 einzustellen. Offen blieb zu diesem Zeitpunkt eine mögliche Beteiligung der Sowjetunion an den Sanierungsaufwendungen. Das BMWi veranschlagte dafür rund 13 Mrd. DM im Verlaufe von 15 Jahren. In den folgenden Verhandlungen lehnte die sowjetische Seite kategorisch jegliche Zahlungen für künftige Sanierungsarbeiten ab. Die Moskauer Unterhändler verwiesen auf das Abkommen von 1962, aus dem sich eine Beteiligung an den Sanierungsaufwendungen nicht zweifelsfrei herleiten ließ. Notgedrungen lenkten die Verhandlungsführer auf deutscher Seite ein und nahmen einen sowjetischen Kompromissvorschlag an. Dieser sah vor, dass der Eigentumsanteil der Sowjetunion an der SDAG Wismut sofort unentgeltlich auf die Bundesrepublik übergehen sollte und die Sowjetunion dafür von jeglicher Beteiligung an der Sanierung der Altlasten entbunden wäre.

Im Bundesfinanzministerium war man von dieser Lösung nicht begeistert. Im Klartext bedeutete dies, die Bundesrepublik übernahm weitgehend entwertete Unternehmensanteile und sollte Sanierungskosten in Milliardenhöhe allein schultern. Letztendlich waren aber nicht finanzielle Kalkulationen ausschlaggebend dafür, dass der Kompromissvorschlag angenommen wurde, sondern grundsätzliche außenpolitische Überlegungen. Die Frage der Überleitung der SDAG Wismut gehörte mit zum großen Komplex der Nachkriegslasten und Teilungsfolgen. Ohne den von Hitler verursachten Krieg hätte es keine Besetzung Deutschlands, keine Teilung in zwei Staaten und auch keine gemischte deutsch-sowjetische Aktiengesellschaft gegeben. Erst die Politik des letzten Generalsekretärs der KPdSU, Michail Gorbatschow, eröffnete 1989/1990 die unverhoffte Chance zur deutschen Einheit. Zu regeln galt insbesondere die Frage des sowjetischen Truppenabzuges und die weitere Zugehörigkeit der (vergrößerten) Bundesrepublik zur NATO. Was viele Außenpolitiker in Europa für schlichtweg undenkbar gehalten hatten, geschah. Die Sowjetunion stimmte dem Abzug ihrer Truppen aus Deutschland bis 1994 zu und akzeptierte die Ausweitung der NATO gen Osten. Der Kalte Krieg und die Teilung der Welt in zwei feindliche Militärblöcke waren damit endgültig vorbei.

Die Verhandlungen verliefen unter dramatischen Umständen, da nicht abzusehen war, wie lange sich die Reformer an der Spitze des sowjetischen Staates würden behaupten können. Daher musste auf deutscher Seite schnell gehandelt werden. Die Wismut-Frage stellte dabei nur eine Teilkomponente der Verhandlungen dar. Zeit für ein langwieriges und wenig erfolgsträchtiges Pokern über eine mögliche Beteiligung der sowjetischen Seite an den Sanierungsaufgaben im ehemaligen Uranbergbaugebiet gab es praktisch kaum. Wohl oder übel musste die Bundesrepublik die Altlast Wismut übernehmen.

Im Frühjahr 1991 kam es in diesem Zusammenhang zu mehreren deutsch-sowjetischen Verhandlungsrunden. Es ging dabei unter anderem in diesem Zusammenhang um die Übergabe von Archivmaterial durch die sowjetische Seite, das für die kommende Sanierung benötigt wurde, und die Frage einer Beteiligung an künftigen Wismut-Gesellschaften. Beide Seiten waren an einer schnellen Regelung interessiert.

Am 16. Mai 1991 wurde schließlich ein deutsch-sowjetischen Abkommen über die Beendigung der Tätigkeit der SDAG Wismut unterzeichnet. Darin wurde vereinbart, dass die Sowjetunion ihre Geschäftsanteile an der SDAG unentgeltlich der deutschen Seite überträgt. Anschließend sollte die Wismut in eine Gesellschaft deutschen Rechts umgewandelt werden. Der Sowjetunion wurde das Recht zugestanden, sich künftig durch neue Kapitaleinlagen an Gesellschaften zu beteiligen, die bestimmte Tätigkeiten der bisherigen SDAG Wismut außerhalb des Uranbergbaus fortsetzen. Beide Vertragspartner verzichteten auf Ansprüche gegeneinander, die aus der Tätigkeit der SDAG Wismut sowie der Sanierung ihrer Hinterlassenschaften herrührten. Ansprüche Dritter gegenüber der SDAG sollten künftig grundsätzlich nur noch gegen die Bundesrepublik Deutschland, nicht jedoch gegen die Sowjetunion gerichtet werden können.

Die Sowjetunion verpflichtete sich, die in ihren Archiven befindlichen Unterlagen zur Tätigkeit der SDAG Wismut aus den Jahren 1946 bis 1956 zu übergeben. Die Kosten der Rückkehr und die Wiedereingliederung ins Berufleben der ehemaligen sowjetischen Mitarbeiter der Wismut hatte die Sowjetunion allein zu übernehmen. Die Regulierung aller Fragen und Ansprüche, die mit der Entlassung deutscher Mitarbeiter zusammenhingen, hatte die Bundesrepublik zu verantworten.

Nach der Zustimmung ihrer Regierungen konnten Bundeswirtschaftsminister Möllemann (FDP) und der sowjetische Minister Konowalow das Abkommen am 16. Mai 1991 in Chemnitz unterzeichnen. Damit wurde ein Schlussstrich unter 45 Jahre Uranerzförderung in Sachsen und Thüringen gezogen. Es war ein politisches Abkommen, das zum Preis für die deutsche Einheit gehörte.

Unmittelbar nach der Unterzeichnung berief das BMWi einen Beirat ein, der die Funktion eines zukünftigen Aufsichtsrates übernehmen sollte. An die Stelle des amtierenden Generaldirektors Horst Bellmann trat Dr. Horst Richter.

Die Bildung einer neuen Wismut GmbH wurde im Sommer/ Herbst 1991 in Bundestag und Bundesrat beraten.[2] Unterdessen hatten Bürger aus Oberrothenbach gegen den Einigungsvertrag geklagt, da darin festgelegt worden war, dass einige Bestimmungen der Strahlenschutzverordnung der Bundesrepublik Deutschland für die Aufsuchung, Gewinnung und Aufbereitung radioaktiver Bodenschätze im Beitrittsgebiet keine Anwendung finden sollten. Der Antrag einer SPD-Abgeordneten, das Wismut-Gesetz

Wirtschaftsminister Möllemann und der sowjetische Minister Konowalow am 16. Mai 1991 bei der Unterzeichnung des Abkommens zur Beendigung der Tätigkeit der SDAG Wismut.

erst nach Prüfung seiner Verfassungsmäßigkeit passieren zu lassen, wurde von der Koalitionsmehrheit von CDU und FDP abgelehnt. Der Bundesrat stimmte dem Wismut-Gesetz am 29. November 1991 zu.

Nun musste noch das deutsch-sowjetische Abkommen notifiziert werden. Für die Beteiligten war das ein nervenaufreibender Prozess, da sich die staatlichen Strukturen der Sowjetunion in zunehmender Erosion befanden. Am 20. Dezember 1991 wurde der Vertrag vom sowjetischen Außenministerium mit einer Verbalnote bestätigt. Nur einen Tag später löste sich die Sowjetunion auf und fünf Tage später erklärte Gorbatschow seinen Rücktritt.

Mit dem Inkrafttreten der Notifizierung konnte die SDAG Wismut in eine GmbH im Aufbau (i.A.) umgewandelt werden. Die Gesellschafterversammlung tagte erstmals am 16. Dezember 1991, definierte den Gegenstand des Unternehmens, berief den Aufsichtsrat und bestellte die Geschäftsführung.

Als Gegenstand der Gesellschaft wurden angegeben: die Abwicklung des eingestellten Uranerzbergbaus, Restgewinnungs- und Aufbereitungsarbeiten sowie die Projektierung und Errichtung der für die Abwicklung des stillgelegten Uranbergbaus erforderlichen Gruben und sonstigen Anlagen. Laut einem zweiten Punkt sollte die Wismut GmbH i. A. dafür Sorge tragen, Schadstoffe, Boden-, Gewässer- und Luftverunreinigungen, die infolge des Uranerzbergbaus entstanden waren, zu beseitigen. Außerdem wurden noch der Maschinen- und Stahlbau, Hoch- und Tiefbau und verschiedene Serviceleistungen als künftiger Unternehmenszweck angegeben.

Umstritten blieb der Name der neuen Gesellschaft. Sollte der Begriff »Wismut« beibehalten werden? Kritiker verwiesen auf die ökologischen, materiellen und moralischen Altlasten und plädierten für eine Namensänderung. In der Diskussion setzten sich letztlich die Befürworter des alten Namens durch.

Verbunden war dies mit einem radikalen Wandel in der Öffentlichkeitsarbeit. Die Wismut GmbH legte alle Umweltdaten offen und stellte ihre Sanierungskonzepte öffentlich zur Diskussion. Dieser Wandel war für die Mitarbeiter alles andere als einfach. Am Thema Wismut schieden sich nach wie vor die Geister, nur dass jetzt die Konflikte offen ausgetragen werden konnten.

Organisatorischer und personeller Umbau und die Bildung der Wismut GmbH

Die Umwandlung in eine GmbH wurde von tiefgreifenden organisatorischen und personellen Veränderungen begleitet. Ende 1989 zählte die SDAG Wismut noch rund 42 000 Mitarbeiter, davon sieben Bergbaubetriebe mit 22 350 Arbeitnehmern, zwei Aufbereitungsbetriebe mit 2800, drei Maschinenbaubetriebe mit 4850, ein Transportbetrieb mit 3600, ein Bau- und Montagebetrieb mit 3200, ein geologischer Betrieb mit 1240, ein Projektierungsbetrieb mit 1200, Werkküche und Handel mit 1500, zwei Betriebsschulen mit 650 Lehrern und Ausbildern (sic!) und 1720 Lehrlingen sowie 800 Beschäftigten in der Generaldirektion.[3]

Bis Ende 1990 verließen etwa 14 000 Beschäftigte das Unternehmen. Trotzdem war der verbleibende Personalbestand noch deutlich zu groß für die neuen Aufgaben unter komplett veränderten Rahmenbedingungen.

In welcher Struktur und mit wie vielen Mitarbeitern es weitergehen sollte, war ein heiß umstrittenes Thema. Dass die Wismut GmbH den Umbau ganz aus eigener Kraft bewältigen können würde, erschien kaum möglich. Das BMWi setzte daher auf eine Mischung von neuem und altem Führungspersonal an der Spitze des Unternehmens sowie auf externe Berater. Die Umbruchjahre im Osten Deutschlands waren überhaupt eine goldene Zeit für Beratungsgesellschaften. Hunderte von Treuhandbetrieben suchten nach Wegen, um neue Geschäftsfelder zu erschließen und ihre Existenz zu sichern. Obwohl die SDAG Wismut kein Treuhandbetrieb war, stellte sie diesbezüglich keine Ausnahme dar. Sie engagierte Wirtschaftsprüfer der Beratungsgesellschaft Kienbaum, die Konzepte für den Übergang in die Marktwirtschaft erarbeiten sollten.

Allerdings befand sich die SDAG Wismut im Vergleich zu den meisten anderen ehemaligen DDR-Kombinaten in einer besonderen Lage. Zum einen war klar, dass es über das Jahr 1990 hinaus keine Fortsetzung des Uranbergbaus geben würde. Für Uran, das einstige Hauptprodukt des Unternehmens, gab es den früheren Abnehmer nicht mehr und eine rentable Produktion für den Weltmarkt war bei den geologischen Gegebenheiten nicht möglich. Andererseits konnte man ein solch großes Bergbauunternehmen nicht einfach »über Nacht« schließen. Wer hätte in diesem Fall für die Sicherheit der ehemaligen Bergwerke garantieren wollen und wer die Verantwortung für die Altlastensanierung übernommen? Es zeichnete sich rasch ab, dass diese Aufgaben am besten von Teilen der SDAG Wismut selbst geleistet werden konnten.

Zu diesem Schluss kamen auch die Gutachter der Wirtschaftsberatungsgesellschaft Kienbaum. Sie schlugen die Aufteilung in Sparten und die Ausgliederung aller Nebenbetriebe vor. Der Bereich »Bergbau« (Wismut I) sollte zu einem Sanierungsunternehmen umgebaut und alle anderen Bereiche (Wismut II) privatisiert und dann an den Markt geführt werden. Im Bereich Wismut I waren zu diesen Zeitpunkt noch 15 700 und im Bereich Wismut II 12 600 Arbeitnehmer tätig.

Die Industriegewerkschaft Wismut drängte gegenüber dem BMWi auf eine sozial abgefederte Lösung und forderte die Bildung einer Beschäftigungsgesellschaft für die ausgegliederten Kollegen. Die grundsätzliche Frage für die Beschäftigten der Wismut war damit jedoch nicht beantwortet: Wie geht es mit dem Unternehmen im vereinigten Deutschland weiter? Unsicherheit,

Existenzängste und Frustrationen nahmen zu und kulminierten im Herbst 1990 in der Besetzung der Gruben durch die Bergleute. Die Proteste hielten bis zum Frühjahr 1991 an. Die Kumpel drohten mit einer Blockade wichtiger Verkehrsverbindungen. Ihre Protestaktionen führten insoweit zum Ziel, als dass sie ihre sozialen Forderungen, teilweise unter Berufung auf die noch 1989 von der DDR-Regierung ausgearbeiteten Regelungen, weitgehend durchsetzen konnten.

Dennoch verlief der Personalabbau dramatisch. Ende 1990 zählte die SDAG Wismut noch 26 300 Beschäftigte. Zwei Jahre später waren es noch 11 400, im Dezember 1995 nur noch 5700 und Ende 2006 gerade noch 2200. Ein Teil der von der Wismut GmbH freigesetzten Arbeitskräfte wurden von Gesellschaften für Arbeitsförderung übernommen. Viele ehemalige Bergleute nutzten die bis 1998 geltenden Bestimmungen zur Frühverrentung.

Ein großes Problem für die Wismut GmbH bestand in der Verschiebung der Altersstruktur der Belegschaft, da überwiegend junge Arbeitnehmer und solche, die kurz vor dem Renteneintritt standen, entlassen wurden. Infolgedessen stieg das Durchschnittsalter der Belegschaft zwischen 1990 und 1993 von 40,8 auf 47,1 Jahre an. Eine solche Entwicklung konnte auf längere Sicht nicht im Interesse des Unternehmens liegen, war aber durchaus typisch für viele ostdeutsche Unternehmen in dieser Zeit.

Die Personalentwicklung bei der Wismut GmbH verlief demnach kaum anders als bei den meisten anderen ehemaligen Kombinaten in Sachsen und Thüringen. Insgesamt gingen in der Industrie der neuen Bundesländer in der Nachwendezeit bekanntlich 80 Prozent aller Industriearbeitsplätze verloren. Die meisten Großbetriebe verschwanden vollständig aus dem Wirtschaftsleben.

Die Wismut GmbH stellte in mehrerlei Hinsicht eine Ausnahme dar. Sie blieb – entgegen dem allgemeinen Privatisierungstrend – ein Unternehmen in Staatshand, genoss dank der verbindlich geregelten Finanzierung aus dem Bundeshaushalt eine Bestandsgarantie und ist noch heute ein vergleichsweise großer Betrieb.

Im Sommer 1992 wurde die Wismut II vom Mutterunternehmen abgespalten. Das neue Unternehmen erhielt den Namen: Deutsche Fertigungs- und Anlagenbaugesellschaft mbH (DFA). Erklärtes Ziel bei der Gründung der DFA war ihre schnelle Sanierung und anschließende Privatisierung. Dieses Konzept erwies sich jedoch als unrealisierbar. Die DFA schrieb hohe Verluste und

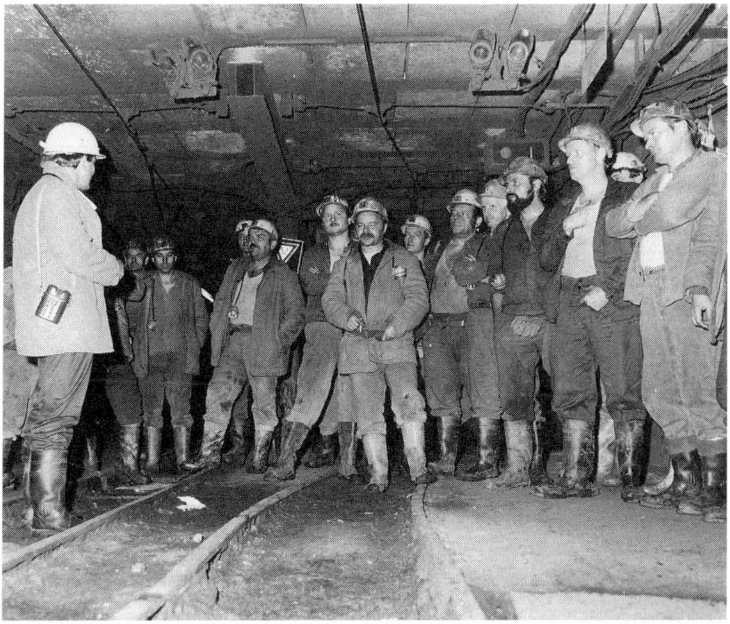

Die Wismut-Kumpel reagieren 1991 mit Streiks auf den angekündigten Personalabbau und die unklaren Perspektiven für ihre Arbeitsplätze (hier in Schmirchau).

konnte als Ganzes nicht verkauft werden. Bis zum Sommer 1995 fand deshalb die stückweise Veräußerung von Unternehmenssparten und einzelnen Betriebsteilen statt. Danach ging die DFA in Liquidation.

Insgesamt fanden 40 Einzelprivatisierungen statt, mit denen, optimistisch gerechnet, 3500 Arbeitsplätze von zuletzt 6300 erhalten werden konnten. Für das defizitäre operative Geschäft der DFA, die Umstrukturierung und Privatisierung, wendete der Bund zwischen 1991 und 1995 rund 550 Mio. DM auf.[4]

Die Sparte Bergbau (Wismut I) wurde 1992 aufgelöst und in fünf, später vier Sanierungsbetriebe – Ronneburg, (Drosen), Aue, Königstein und Seelingstädt – umgewandelt. Die Sanierungsbetriebe agierten unter dem Dach der Wismut GmbH und waren rechtlich nicht selbständig.

Sanierungsaufgaben und Grenzwerteproblematik

Gemäß dem Wismut-Gesetz gingen rund 3700 Hektar Flächen an die Wismut GmbH über. Auf einen Teil nicht kontaminierter Flächen erhoben Alteigentümer und Kommunen Besitzansprüche. Die Rechtsstreitigkeiten zogen sich über Jahre hin.

Bei rund 60 Prozent der Flächen handelte es sich um Halden, Dämme, Tagebaue, Absetzanlagen und Deformationsgebiete. Diese Flächen mussten saniert werden und waren nicht zu veräußern. Auch rund 1000 Hektar ehemaliges Betriebsgelände war zu beräumen. Die Idee, einen Teil dieser Flächen zu sanieren und für spätere Gewerbeansiedlungen zu verkaufen, war illusionär. Nur wenige Grundstücke konnten überhaupt, zumeist zu niedrigen Preisen, veräußert werden. Die Wismut besaß kein Tafelsilber.

Als bundeseigenes Unternehmen musste die Wismut GmbH jährliche Wirtschaftspläne aufstellen, auf deren Grundlage die Finanzierung aus Bundesmitteln erfolgte. Die Aufgaben der GmbH wurden auf die Abwicklung und Stilllegung der Uranbergwerke, Aufbereitungsbetriebe und sonstige Flächen beschränkt, die zum 1. Juli 1990 durch das Wismut-Gesetz erfasst waren.

Sofern Halden, Schlammteiche und anderes vor dem Stichtag an die Bezirke, Kommunen, Landwirtschaftsbetriebe usw. zurückgegeben worden waren, fielen diese nicht mehr in den Zuständigkeitsbereich der neuen GmbH. Diese Regelung aus dem Wismut-Gesetz barg erheblichen Zündstoff und führte zu langwierigen Auseinandersetzungen. Betroffene Kommunen und Bürger wehrten sich gegen diese Zuständigkeitsbeschränkung.

Den rechtlichen Rahmen für die Sanierungsarbeiten im Wismut-Gebiet bildeten die einschlägigen Bundesgesetze sowie zwei Rechtsvorschriften aus der DDR, deren Geltungsdauer man verlängert hatte. Durch das Regierungsabkommen von 1962 wurde die SDAG Wismut zur Einhaltung der gesetzlichen Bestimmungen der DDR verpflichtet. Sie unterlag deshalb materiell den seit 1964 geltenden Strahlenschutzvorschriften, war aber formell nicht der Aufsicht des SAAS unterworfen, sondern zur Eigenüberwachung berechtigt und verpflichtet. Erst 1985 hatte das SAAS durch eine Vereinbarung mit der SDAG Wismut Überwachungs- und Genehmigungszuständigkeiten, insbesondere für radioaktive Auswürfe an die Umgebung und die Übergabe stillgelegter Betriebe und Einrichtungen an andere Rechtsträger oder Nutzer, erhalten.

Im Einigungsvertrag war festgelegt worden, dass die Regelungen der bundesdeutschen Strahlenschutzverordnung in ihrer letzten Fassung von 1989 auf das Beitrittsgebiet keine Anwendung finden sollten. Stattdessen wurden die Gültigkeit der DDR-Verordnung über die Gewährleistung von Atomsicherheit und Strahlenschutz vom 11. Oktober 1984 und die Anordnung zur Gewährleistung des Strahlenschutzes bei Halden und industriellen Absetzanlagen und bei der Verwendung der darin abgelagerten Materialien vom 17. November 1980 für die neuen Bundesländer unbefristet verlängert.

Den Hintergrund für diese ungewöhnliche und verfassungsrechtlich fragwürdige Regelung bildete die singuläre Dimension des Uranerzbergbaus im Osten Deutschlands. Den Verantwortlichen war klar, dass eine sofortige Einführung der Strahlenschutzverordnung der Bundesrepublik mit ihren strengeren Grenzwerten kaum zu überblickende finanzielle Konsequenzen für den Bundeshaushalt nach sich gezogen hätte. Eine strikte Anwendung der schärferen Bestimmungen der bundesdeutschen Strahlenschutzverordnung hätte zur Evakuierung einiger Wohngebiete und der Sperrung von Straßen führen können.

In der »Strahlenschutzverordnung« der DDR wurden als effektive Äquivalentdosis pro Person 5 Millisievert pro Jahr (mSv/a) angegeben. Zusätzlich sollte gesichert werden, dass die effektive Äquivalentdosis pro Jahr über einen Zeitraum von 50 Jahren auf 1 mSv/a begrenzt wird. Die Strahlenschutzverordnung der Bundesrepublik von 1989 legte demgegenüber den zulässigen Dosisgrenzwert für Personen mit 0,3 mSv/a fest.[5]

Die Regelung im Einigungsvertrag stellte eine Übergangslösung dar, deren schwerwiegendstes Manko das Fehlen einer zeitlichen Befristung war. Umweltschützer und Bürgerinitiativen aus den betroffenen Regionen liefen dagegen Sturm und machten das Problem öffentlich. Am 1. Oktober 1991 reichten mehrere Bürger Verfassungsbeschwerde ein. Acht Jahre später, im Dezember 1999, lehnte das Bundesverfassungsgericht die Entgegennahme der Beschwerde zur Entscheidung ab. In der Urteilsbegründung hieß es: Es »kann nicht festgestellt werden, dass die fortgeltenden Grenzwerte des Strahlenschutzrechts der Deutschen Demokratischen Republik gänzlich ungeeignet oder völlig unzulänglich wären, das gebotene Schutzziel zu erreichen, oder erheblich dahinter zurückblieben. (…) Der Grenzwert für die effektive Äquivalentdosis von

5 mSv pro Jahr in § 25 Abs. 2 DB-VOAS entspricht dem Dosisgrenzwert in Art. 12 Abs. 2 der Richtlinie 80/836/Euratom des Rates vom 15. Juli 1980 zur Änderung der Richtlinien, mit denen die Grundnormen für den Gesundheitsschutz der Bevölkerung und der Arbeitskräfte gegen die Gefahren ionisierender Strahlungen festgelegt wurden. Der Festlegung in der Richtlinie liegt eine Empfehlung der Internationalen Strahlenschutzkommission aus dem Jahr 1977 zugrunde.«[6]

Das Bundesverfassungsgericht hielt demnach von der Strahlenschutzverordnung der Bundesrepublik abweichende Sonderregelungen für die Sanierung der Hinterlassenschaften des Uranbergbaus für zulässig, weil es sich um eine Altlastensanierung einmaligen Ausmaßes handelte und weil sie vergleichbar zu anderen internationalen Regelungen war. Eine vollständige Wiederherstellung des ursprünglichen Zustandes sei nicht erreichbar.

Das Altlastenkataster

Auf die kurzfristige Einstellung der Produktion war man bei der SDAG Wismut nicht vorbereitet. Noch 1989 war die Direktion von einem allmählichen Ende des Uranerzbergbaus ausgegangen. So gab es lediglich für einzelne Objekte Szenarien für die Beendigung der Tätigkeit. Rücklagen für die Sanierung waren praktisch nicht gebildet worden. Schon aus diesem Grund wiesen die Stilllegungskonzepte nur provisorischen Charakter auf.

Anfang 1990 wurde ein Programm zur Beendigung der Uranförderung bis zum 31. Dezember des Jahres beschlossen. Der Produktionseinstellung sollte 1991/1992 die Demontage der Produktionsanlagen folgen. Als erste Maßnahme war die Entsorgung der Gruben von sämtlichen Schadstoffen und die Verschrottung des gesamten rollenden Materials vorgesehen. Als zweite Maßnahme sollten die oberflächennahen Grubenbaue und Tagebaue verfüllt werden. Alle kontaminierten Anlagen der Uranverarbeitung mussten demontiert werden. Die vom Bergbau hinterlassenen Halden waren abzutragen.

Das Bundesamt für Strahlenschutz (BfS) initiierte Ende 1990 das Projekt »Radiologische Erfassung, Untersuchung und Bewertung bergbaulicher Altlasten (Altlastenkataster)«. Im Rahmen dieses Projekts wurden 34 Gebiete von insgesamt 1500 km^2 erfasst und einer radiologischen Grobbewertung unterzogen. Als Indikator galt dabei eine Belastung von mehr als 0,1 Bq Radium pro 1 Gramm Boden. Sofern dieser Wert überschritten wurde, musste das betreffende Gebiet als Verdachtsfläche ausgewiesen werden.

Die anfangs weiträumig definierten Verdachtsflächen konnten unter Zugrundelegung des vom BfS vorgegebenen Indikators auf 250 km² reduziert werden. Die Wismut GmbH untersuchte fünf Verdachtsflächen auf ca. 60 km² mit einer einheitlichen Messmethodik (Gamma-Dosisleistung, Gamma-Bohrlochmessungen und Radon- sowie Radonfolgeproduktmessungen). Die gewonnenen Ergebnisse wurden in Datenbanken erfasst.

Ergänzende Informationen lieferten sowohl historische Recherchen als auch eine Luftauswertung auf Basis erhöhter Gammastrahlen.[7] Ungefähr 5000 Objekte, überwiegend Halden, wurden untersucht. Die Analysen ergaben, dass von den meisten Objekten keine relevante Strahlung mehr ausging. Eine akute Umweltgefährdung beschränkte sich auf wenige große Objekte. Dort musste umgehend gehandelt werden.

In der Presse anfangs groß aufgemachte Berichte über weiträumige Strahlenschäden in Sachsen und Thüringen erwiesen sich nur zu oft als Sensationshascherei auf Kosten der betroffenen Gemeinden bzw. Landkreise. Die vom Uranbergbau der SDAG Wismut verursachten Altlasten sollen keinesfalls in ihrer Gefährlichkeit unterschätzt werden, aber sie stellten weder ein »Tschernobyl auf deutschem Boden« dar, noch führten sie zu »Krebsepidemien« in den Bergbauregionen, wie zeitweilig zu lesen war. Die Belastungen erwiesen sich nicht als flächendeckend, sondern konzentrierten sich auf einige große Objekte.

Für jeden Standort des Uranerzbergbaus und der Aufbereitung wurden nach der Stilllegung im ersten Halbjahr 1991 Sanierungskonzepte ausgearbeitet, die in der Folgezeit noch mehrfach überarbeitet und ergänzt wurden. Rund 60 Prozent der unmittelbar aus dem Arbeitsprogramm abgeleiteten Kosten entfielen auf die untertägige Entsorgung und Verwahrungstätigkeit.

Die Ergebnisse der Bestandsaufnahme wurden in einem Gesamtkonzept für die Sanierung zusammengefasst. Unter anderem waren zu sichern: Grubengebäude mit einer Fläche von 111 km² bzw. Grubenbaue mit einer Streckenlänge von fast 1400 km. Die Grubenräume mussten von Schadstoffen, die das Grundwasser beeinträchtigen konnten, befreit, teilweise verfüllt und anschließend

Über Jahrzehnte waren sie das Wahrzeichen von Ronneburg: die Spitzkegelhalden Reust (1989).

geflutet werden.[8] Zu diesem Zweck galt es, insgesamt 1860 Dämme und Absperrbauwerke zu errichten. Ebenfalls verwahrt werden mussten 56 bis an die Tagesoberfläche reichende Schächte.

Über Tage waren 48 Halden auf einer Gesamtfläche von 1520 Hektar zu untersuchen. Auf den Halden lagerte 311 Mio. m^3 schwach strahlender Abraum. Zu verfüllen war außerdem ein Tagebaurestloch mit einer Fläche von 160 Hektar und einen Volumen von 84 Mio. m^3. Die größte Umweltgefährdung ging von 14 industriellen Absetzanlagen bzw. Auflandbecken mit einem Volumen von mehr als 160 Mio. m^3 aus.[9] Außerdem mussten 1500 Hektar Betriebsflächen saniert und 152 000 Tonnen kontaminierter Eisen- und Stahlschrott demontiert werden.

Als Bewertungsmaßstab galten von der Strahlenschutzkommission (SSK) für die Gebiete des Wismut-Bergbaus empfohlene Grenzwerte. Die SSK ging davon aus, dass die durch die bergbaulichen Hinterlassenschaften zusätzlich zum natürlichen Pegel verursachten Strahlenexpositionen den Wert von 1 mSv/a nicht überschreiten sollten. Bei einer spezifischen Aktivität unter 0,2 Bq Ra-226/g seien keine Einschränkungen der Nutzung erforderlich.

Abtrag der Kegelhalde Reust mit modernster Großraum-Technik (Mitte 2004).

Die Sanierung begann mit einer Reihe von Sofortmaßnahmen. Stark kontaminierter Bauschutt wurde im Aufbereitungsbetrieb Seelingstädt verarbeitet, geringer belasteter kam auf Halden bzw. in industrielle Absetzanlagen.

In allen Lagerstätten wurde 1991 mit den Vorbereitungen für die spätere Flutung der Grubenbaue begonnen. Öle, Fette, Sprengstoffe, Kühlmittel, Säuren usw. mussten entfernt werden, um das Grundwasser nicht zu gefährden. Zum Schutz der Tagesoberfläche wurden Hohlräume, vor allem im Bereich der Gemeinde Schlema und der Stadt Ronneburg, verfüllt. Großbohrlöcher wurden ebenfalls verfüllt und verplombt.

Im Über-Tage-Bereich wurde die Erfassung der radioaktiven Belastungen fortgesetzt. Auch andere Schadstoffe, Nitrate, Säuren und Chloride, wurden in die Untersuchungen einbezogen. Das Haldenmaterial der besonders stark kontaminierten Laugungshalde Gessen wurde in das Tagebaurestloch Lichtenberg umgelagert. Die industriellen Absetzanlagen wurden erst einmal provisorisch abgedeckt und damit gegen die Winderosion gesichert.

Angesichts der bis 1990 betriebenen Geheimhaltung und ihren

Verschleierungsversuchen in der Vergangenheit stand die Wismut unter starkem öffentlichem Druck. In der Zwischenzeit lief die Expertendiskussion um die besten langfristigen Sanierungskonzepte auf Hochtouren. Die Debatte wurde medial kritisch begleitet. Die Wismut GmbH stand dabei im Kreuzfeuer der Kritik. Zahlreiche Bürger misstrauten dem Unternehmen und einigen seiner Führungskräfte, die man noch als Lobbyisten der Uranerzförderung aus DDR-Zeiten kannte.

So rief die Verkippung von Haldenmaterial in Tagebaue und Schächte, die später geflutet werden sollten, Umweltaktivisten auf den Plan. Sie gaben zu bedenken, dass dadurch Trinkwassereinzugsgebiete gefährdet werden könnten. Insbesondere mit Material aus der Haldenlaugung sollte vorsichtig umgegangen werden. In diesem Haldenmaterial befänden sich gefährliche Lösungsmittelrückstände (Schwefelsäure).

Von der Wismut GmbH voreilig begonnene Umlagerungen von radiologisch und chemisch besonders stark belasteten Halden, wie der Gessenhalde, mussten nach massiver Kritik vorübergehend gestoppt und die Sanierungskonzepte nachgebessert werden. Letztendlich hat sich aber die Umlagerung als günstigste Variante durchgesetzt.

Die Tätigkeit der Sanierungsbetriebe

Jeder der vier Sanierungsbetriebe der Wismut GmbH hatte seine Spezifik. Hier soll nur kurz auf einige ihrer wichtigsten Projekte eingegangen werden.

In der Ronneburger Region hatte der Uranerzbergbau unverwechselbare Landmarken hinterlassen. So galten die Spitzkegelhalden nahe Reust und Paitzdorf als die weithin sichtbaren Wahrzeichen von Ronneburg. Wer diese Halden sah, bekam eine Ahnung von den ungeheuren Ausmaßen des Uranerzbergbaus.

Mindestens ebenso eindrucksvoll, in einem schaurigen Sinne, war das Tagebaurestloch Lichtenberg. Es besaß zum Zeitpunkt der Einstellung des Uranerzbergbaus ein Volumen von beinahe 90 Mio. m^3 und war bis zu 160 Meter tief, 900 Meter breit und 1200 Meter lang. Was sollte mit diesem gigantischen Loch geschehen? Den Tagebau offen stehen zu lassen, hätte eine latente Umweltgefahr bedeutet. Experten stritten zwischen 1992 und 1995 um die besten Konzepte. Letztlich wurde die Verfüllung mit Haldenmaterial und anderen kontaminierten Stoffen favorisiert. Die Verfüllung geschah dann aber unter Auflagen. Das Haldenmaterial mit dem höchsten Säuregehalt musste an den tiefsten Punkten untergebracht werden. Zum Auspuffern und zur Verminderung der Kontamination wurde Kalk zugesetzt.

Diese Arbeiten übernahm der Sanierungsbetrieb Ronneburg. Zu diesem Unternehmensteil gehörten die ehemaligen Bergbaubetriebe Schmirchau, Paitzdorf, Beerwalde und Drosen, die zusammen eine Fläche von ca. 1700 ha bildeten.

Sämtliche untertägigen Grubenbaue und Tagesöffnungen der Ronneburger Lagerstätte wurden verwahrt. Die Flutung der Grubenhohlräume begann 1991. Von diesem Zeitpunkt an werden schätzungsweise noch 15 Jahre vergehen, bis alle Grubenhohlräume vollgelaufen sind. Die Sanierung wird damit jedoch noch immer nicht beendet sein. Nach der vollständigen Flutung des Ronneburger Reviers muss damit gerechnet werden, dass durch Auswaschungsprozesse kontaminierte Wässer austreten. Diese müssen dann in einer Spezialanlage gereinigt werden.

Die Belastung der Luft- und Wasserpfade durch Radon- und Uranauswürfe konnte in Ronneburg ab 1990 kontinuierlich gesenkt werden.[10] So lag der Radonauswurf in der Luft 1997 bei weniger als zehn Prozent und die Radiumableitung in die Vorfluter bei weniger als 20 Prozent des Jahres 1989.

Ein Teil des Haldenmaterials aus dem Ronneburger Revier wurde ins Tagebaurestloch bei Lichtenberg gekippt. Andere Halden verwahrte man vor Ort, und zwar so, dass von ihnen keine Gefährdung des Grundwassers ausgeht.

Bis Ende 2006 verschwanden dann auch die »Wahrzeichen« Ronneburgs, die Spitzkegelhalden Reust und Paitzdorf, mit 14,5 Mio. m³ Material im Tagebaurestloch. Die Umlagerung des Haldenmaterials war durchaus umstritten, verlor die Stadt damit doch ihre, inzwischen auch international bekannten, Wahrzeichen. Letztlich dominierte aber der Umweltschutzaspekt.

Auch der Sanierungsbetrieb Aue hatte seine Wahrzeichen. Unter anderem kündeten mächtige Halden mitten in Schlema vom Uranerzbergbau. Im Gegensatz zu den Spitzkegelhalden in Ronneburg wurden diese Halden nicht vollständig abgetragen, sondern vom Sanierungsbetrieb planiert, in die Landschaft eingepasst und begrünt.

Zum Auer Betrieb gehörten die Betriebsteile Schlema-Alberoda und Pöhla. Sie verfügten zusammen über 31 km^2 große Grubenfelder, acht Tagesschächte sowie zahlreiche Blindschächte und Gesenke.[11] Hier hatte man noch bis zum Frühjahr 1991 stark arsenhaltige Uranerze abgebaut. Die Erzgewinnung war nötig, um später das Flutungswasser nicht oder nur wenig in Kontakt mit Uranerzen kommen zu lassen.

Ein besonderes Problem stellten die oberflächennahen Grubenbaue und Abbaufelder auf dem Territorium von Schlema dar. Diese teilweise in einer Tiefe von nur 10 bis 15 Metern dicht unter der Wohnbebauung angefahrenen bergmännischen Hohlräume mussten erkundet und mit großem Aufwand verfüllt werden. Nach Prüfung und behördlicher Freigabe erfolgte anschließend die übertägige Geländeregulierung.

Die Flutung der Grubengebäude im Bereich des Sanierungsbetriebes Aue begann 1991 und wurde 2007 weitgehend beendet. Für die Halden erarbeitete man differenzierte Sanierungslösungen. Einige der größten Halden wurden an ihren Standorten belassen. Sie wurden profiliert und später bepflanzt. Die von ihnen ausgehende Strahlenexposition konnte durch Abdeckung wirksam reduziert werden. Einige Halden wurden vollständig abgetragen und zur Auffüllung von Deformationsgebieten verwendet.

Auch den bautechnischen Zustand sämtlicher Anlagen und Gebäude hatte man 1990 bewertet und auf Kontaminierungen untersucht. Ein Großteil war verschlissen und musste demontiert werden. Sofern eine Nachnutzung möglich schien, wurden die Gebäude strahlenschutztechnisch gemessen. Ein Teil des untersuchten Betriebsgeländes – vor allem dort wo die Förderung, Zwischenlagerung, Aufbereitung und der Versand von Uranerz stattgefunden hatte – war stark kontaminiert. Im Boden wurden bis ein Meter Tiefe und teilweise auch noch darüber hinaus Spuren von Uran, Arsen, Kohlenwasserstoffen und Schwermetallen gefunden.[12] Belastet waren aber auch Straßen und Flächen, für deren Bau man Haldenmaterial verwendet hatte. Die kontaminierten Böden mussten abgetragen und mit behördlicher Genehmigung entsorgt werden. Radioaktiver Schrott wurde in dafür geeignete Gruben verbracht oder auf genehmigten Flächen verwahrt. Kontaminierter Bauschutt kam auf dafür ausgewiesene Halden.

Alle Sanierungsmaßnahmen wurden durch eine ständige Umweltüberwachung begleitet. Die an den Halden austretenden Sickerwässer kontrollierte man durch zahlreiche Messstellen auf ihren Gehalt an Uran und Schadstoffen. Im Raum Schlema-Alberoda wurden auf einer Fläche von 90 km^2 zusätzlich 108 Messstellen für Messungen des Emissionsgehalts der Luft eingerichtet. Mit dem Fortgang der Flutung und der Außerbetriebnahme der Abwettereinrichtungen konnten im Betriebsteil Pöhla die radioaktiven Belastungen des Luftstromes und des Wassers sowie der Auswurf langlebiger Alphastrahlen Mitte der 1990er Jahre fast vollständig beseitig werden.

Gleiches kann für den Betriebsteil Schlema-Alberoda nicht gesagt werden. Dort stiegen die Radon- und Uranauswürfe in Wasser und Luft nach 1995 über mehrere Jahre noch einmal stark an, teilweise weit über das Niveau von 1989 hinaus. Das Ansteigen der radioaktiven Belastungen der Luft und des Wassers hing mit der Charakteristik der Lagerstätte und den Sanierungsmaßnahmen zusammen. Diese Lagerstätte war bis dicht an die Oberfläche abgebaut worden. Um Voraussetzungen für die vollständige Flutung zu schaffen, mussten zeitweilig alte Grubenbaue geöffnet werden, was zu einer Erhöhung der Radonfreisetzung führte. Deren Luft enthielt hohe Radonkonzentrationen, was sich in erhöhten Messwerten niederschlug. Seit 1996 sank der Radonauswurf aus den Grubenwettern wieder und lag 1997 noch bei rund 55 Prozent des Wertes von 1989.

Besonders komplizierte Aufgaben musste auch der Sanierungsbetrieb Königstein bewältigen. Dazu gehörten die Standorte Königstein und Dresden-Gittersee. In Gittersee war die Urangewinnung bereits 1989 auf Grundlage eines Beschlusses des Ministerrates der DDR eingestellt worden. Die Arbeiten für die vollständige Schließung dieser Lagerstätte hatten also bereits begonnen.

Weitaus schwieriger war die Situation am Standort Königstein. Dort war Uran mittels chemischer Laugung gewonnen worden. Unterhalb der zur Laugung vorgesehenen Erzkörper hatte man Drainagestrecken eingerichtet und den darüberliegenden Teil der Lagerstätte durch Sprengung zerkleinert. Über ein Leitungssystem wurde jahrelang verdünnte Schwefelsäure auf das zerkleinerte Uranerz geleitet und die angereicherte Lösung im Drainagesystem aufgefangen. Die Unter-Tage-Laugung wurde in Höhe des vierten Grundwasserhorizontes betrieben. Aus dem darüberliegenden dritten Grundwasserhorizont wurde und wird bis heute Trinkwasser gewonnen.

Durch die Schächte des Gewinnungsbetriebes und zahlreiche Erkundungsbohrungen hatte man Verbindungen geschaffen, die durch alle vier Grundwasserhorizonte hindurchreichen. Zwar hatte die SDAG Wismut diese Verbindungen abgedichtet, doch Kritiker verwiesen darauf, dass eine komplette Abdichtung nur schwer möglich sei. Wissenschaftliche Untersuchungen über die Gefahrenpotentiale dieses Verfahrens waren bis zum Ende der DDR nicht in Auftrag gegeben worden. Es gab auch keine Grenzwerte für einen möglichen Schadstoffeintrag ins Grundwasser.

Vom Gesamtvolumen der Lagerstätte Königstein von rund 247 Mio. m^3 war mehr als ein Fünftel durch die schwefelsaure Laugung beeinflusst worden. Die Schwefelsäurekonzentration in der Lösung betrug rund zwei bis drei Gramm pro Liter. Bei Einstellung des Bergbaus befanden sich noch ca. 1,9 Mio. m^3 Laugenlösung im Umlauf.[13] Wichtigste Aufgabe bei der Sanierung war es, einen Aufstieg der kontaminierten Wässer in den dritten Grundwasserhorizont zu verhindern.

Die Wismut GmbH konnte dabei auf keine internationalen Erkenntnisse zurückgreifen, da es praktisch keine Erfahrungen mit der Stilllegung solch eines Betriebes gab. Für Königstein mussten also völlig neue Sanierungskonzepte erarbeitet werden. Die wissenschaftlich-technischen Untersuchungen und Experimentalarbeiten dauerten mehrere Jahre und waren entsprechend kostenaufwendig. Es galt die Laugenlösung zu entsorgen, ohne dabei die Grundwasserleiter zu gefährden. Internationale Gutachter, die beteiligten Behörden und die Wismut GmbH erzielten nach langen Diskussionen erst 1997 darüber Konsens, dass eine Sanierung der Lagerstätte Königstein nur durch eine gesteuerte Flutung mit Kontrollstrecken erreicht werden könne. Vor Beginn der Flutung konnten die von der Lagerstätte Königstein ausgehenden Belastungen weniger stark reduziert werden als bei allen anderen Standorten. So lagen der Uranauswurf im Wasser und der Radonauswurf insgesamt im Jahr 1997 noch immer in etwa auf dem Niveau des Jahres 1989. Immerhin konnte der Auswurf der besonders gefährlichen langlebigen Alphastrahler bis zu diesem Zeitpunkt entscheidend reduziert werden.[14]

Alle Verbindungen zwischen den Grubenbauen und dem Grundwasserleiter mussten durch Abdichtungen unterbunden werden. Kontaminiertes Wasser sollte nur in die überwachten Kontrollstrecken fließen, um dieses Wasser einer Aufbereitung zuführen zu können. Nach umfangreichen Vorbereitungen begann die etappenweise Flutung der Lagerstätte Königstein im Jahr 2002. Die Gesamtsanierung des Betriebsteils Königstein wird noch bis ca. 2010 dauern.

Einfacher gestaltete sich die Sanierung des Betriebsteils Dresden-Gittersee. Dort konnten die Gesamtauswürfe an Schadstoffen bis 1996 nahezu auf null reduziert werden.[15]

Bleibt noch der Sanierungsbetrieb Seelingstädt zu erwähnen, der 1991 durch die Zusammenlegung der ursprünglich getrennt arbeitenden Aufbereitungsbetriebe Seelingstädt (Thüringen) und Crossen (Sachsen) gebildet worden war. Bis zu diesem Zeitpunkt wurden in beiden Betrieben noch Erze aus dem Restabbau verarbeitet. Außerdem wurden in Seelingstädt die aus der Wasserbehandlung des Sanierungsbetriebes Königstein anfallenden Flüssigkonzentrate weiterhin verarbeitet. Aus diesem Grund wurden das Industriekraftwerk und die Spezialwerkstätten in Seelingstädt mit reduzierter Kapazität noch bis Mitte der 1990er Jahre betrieben. Danach wurden auch diese Betriebsanlagen außer Betrieb genommen und demontiert.

In Crossen war die Erzaufbereitung schon 1989 eingestellt und die Demontage von Anlagen begonnen worden. Das Herunterfahren und die Stilllegung der Aufbereitungsfabriken reduzierten die Schadstoffmengen an diesen Standorten bis Ende 1992 auf Bruchteile der Werte von 1989.

Damit war zwar eine Hauptquelle radioaktiver Kontamination stillgelegt worden, das Altlastenproblem aber längst noch nicht gelöst. In der Nähe beider Aufbereitungsfabriken waren große Absetzbecken und Halden angelegt worden. Die Halden bei Seelingstädt hatten ein Volumen von ca. 80 Mio. m^3 und die bei Crossen von 3,2 Mio. m^3. Erinnert sei nochmals an die extrem lange Halbwertzeit des Urans von 4,5 Mrd. Jahren. Das heißt, aus den unbehandelten bzw. nur provisorisch gesicherten Halden würde noch auf unabsehbare Zeit Radon entweichen und in Form radioaktiver Staubpartikeln die umliegenden Ortschaften und Felder verunreinigen.

Die Halden wurden auf ihren Radionuklidgehalt untersucht. Unzulässig hoch belastete Halden sollten abgetragen und in ein Absetzbecken umgelagert werden.

Der überwiegende Teil der Seelingstädter Halden war bereits vor 1990 rekultiviert worden. Als besonders problematisch erwies sich die Crossener Halde. Sie wies eine deutlich höhere Strahlung auf, etwa das 2,5- bis 5-fache anderer Halden.[16] Nach Crossen kamen über einen langen Zeitraum erzgebirgische Arm-Erze. Dort wurde nach einer radiometrischen Uranabtrennung das restliche Material auf Halde gekippt. Zum Teil handelte es sich um Rückstände aus der gravitativen Aufbereitung.

Ingesamt wurden 16,3 Mio. m^3 in Crossen aufgeschüttet. Ausgerechnet Material von dieser Halde diente in den 1970er/1980er Jahren als billiger Baustoff. Bis 1990 wurden rund 12 Mio. Tonnen Haldenmaterial wieder abgefahren und in der Umgebung, oft ohne Kontrolle, verbaut. Die Strahlenschutzanordnungen der DDR blieben in all diesen Fällen wirkungslos. Es war letzten Endes Bürgerinitiativen zu verdanken, dass 1989 endlich begonnen wurde, verschiedene radioaktiv belastete Straßen, Wege und Plätze abzutragen.

Die Crossener Halde befand sich in unmittelbarer Nähe zu Kleingärten und Wohngebäuden. Von dieser zu DDR-Zeiten ungesicherten und noch nicht einmal umzäunten Halde gingen, wie umfangreiche Untersuchungen nach 1989 zeigten, erhebliche Umweltrisiken aus. Darauf hatten bereits in der Endzeit der DDR Umweltaktivisten hingewiesen: Sie hatten an der Crossener Halde mit einfacher Messtechnik die erheblichen Gefahrenpotentiale festgestellt.[17]

Die Crossener Halde musste daher komplett abgetragen werden, ohne dass der Transport des Materials zu neuerlichen Gefährdungen führte. Das Haldenmaterial wurde daher ab 1996 mit einem geschlossenen Gurtbandförderer zur zwei Kilometer entfernten Absetzanlage Helmsdorf befördert. So »verschwand« allmählich eine der gefährlichsten Altlasten der Wismut. Als kritisch waren auch die in Seelingstädt und Crossen eingesetzten Betriebsanlagen anzusehen. Sie wurden komplett demontiert.

Eine der größten Herausforderungen stellte die Sanierung der industriellen »Absetzanlagen« dar. Der Begriff beschönigte die Realität, weshalb besser von Schlammdeponien gesprochen werden sollte. Die Schlammdeponien enthielten 25 verschiedene Isotope der radioaktiven Zerfallsreihen des Urans 238 und Urans 235, darunter hochtoxische Isotope wie Radium 226 und chemische Schadstoffe wie Arsen. Wegen der wesentlich höheren Konzentration radioaktiver Stoffe war die Radonbelastung bei den Schlammdeponien deutlich größer als bei den Halden.

Probleme bei der Umweltsanierung gibt es vor allem mit den Industriellen Absetzanlagen; hier die Schlammbecken von Culmitzsch (1967).

Die Schlammdeponien waren nur zu einem Teil mit Wasser bedeckt. Dort wo der Schlamm an der Oberfläche eintrocknete, bildete sich feiner radioaktiver Staub. Schon bei mäßigem Wind stellten diese Staubwolken eine ernstzunehmende Strahlenbelastung für die umliegenden Ortschaften dar.

Gefährdungen für die Umwelt gingen außerdem durch das unkontrollierte Austreten von kontaminierten Sickerwässern aus. Der durchschnittliche Radongehalt im bodennahen Bereich der Absetzanlagen Trünzig und Culmitzsch lag bei 52 Bq/m^3.[18]

Anlagen solcher Größe und mit einem solchen Gefahrenpotential gab es in keinem anderen Uranbergbauland. Daher lagen auch keine Erfahrungen vor, mit welchen Technologien die mit verschiedenen radioaktiven Schadstoffen und diversen Salzen kontaminierten Schlammbecken am besten saniert werden können. Zur Lösung dieser einmaligen Sanierungsaufgabe wurden von Anfang an internationale Experten einbezogen. Sie diskutierten mehrere alternative Sanierungsvarianten. Im Ergebnis von Gutachten, Experimenten und Diskussionen entschied man sich schließlich dafür, die Schlammbecken vor Ort (in situ) zu verwahren.

Die Becken wurden mit einer bis zu 1,3 Meter dicken Schicht abgedeckt. Zum Teil wurden dafür Geotextilien und Drainagegittermatten eingesetzt. Mit dieser Abdeckung wollte man verhindern, dass bei Austrocknung radioaktiver Staub ungehindert austreten konnte.

Das Kernstück der Sanierung der Absetzbecken stellte die Entwässerung der Schlämme im oberflächennahen Bereich dar. Das aus den Becken austretende Porenwasser wurde in einem Mehrstufenprozess gereinigt. Allein bis Ende 1997 wurden so rund 24 Mio. m^3 kontaminiertes Wasser aus den Absetzbecken bearbeitet.

Zwischen 1991 und 1997 wurden aus den Aufbereitungsfabriken ca. 1400 Tonnen und 16200 Fässer Schadstoffe in unterschiedlichsten Formen und Zusammensetzung entsorgt.[19] Ein Teil der Betriebsanlagen der ehemaligen Aufbereitungsfabriken enthielt künstliche radioaktive Quellen. Dieser Atommüll musste in einem Isotopenbunker zwischengelagert werden und wurde später von der Gesellschaft für Nukleartechnik entsorgt.

Von der Bundesregierung wurden für die Erfüllung der Sanierungsaufgaben der Wismut GmbH 6,2 Mrd. Euro in den Bundeshaushalt eingestellt. Bis Ende 2005 sind davon rund 4,6 Mrd. Euro bereits in die Sanierung geflossen, die restlichen Mittel sind für die Zeit bis zum Abschluss der wesentlichen Sanierungsarbeiten im Jahr 2011 verplant.[20] Auch danach wird es noch langfristige Nachsorgemaßnahmen, wie Wasserbehandlung, prüfende Beobachtung (Monitoring) und die Bewirtschaftung von bereits sanierten Flächen geben.

Ein lange heftig umstrittenes Problem stellte die Sanierung der sogenannten »Wismut-Altstandorte« dar. Dabei handelte es sich überwiegend um Grubenbauten, Halden, Absetzanlagen, Betriebsflächen und Gebäude, die vor Dezember 1962 stillgelegt worden waren und sich per 30. Juni 1990 nicht mehr im Besitz der SDAG Wismut befanden. Nach der gültigen Gesetzeslage waren weder die Wismut noch die betroffenen Bundesländer, Gemeinden, Landkreise und Gewerbebetriebe zur Sanierung dieser Altlasten verpflichtet.

Nach langwierigen Verhandlungen einigten sich schließlich der Bund und der Freistaat Sachsen im Dezember 2001 auf eine gemeinsame Finanzierung der Altlastensanierung ausgewählter Objekte. Eine entsprechende Liste wurde mit den Kommunen abgestimmt. Ab 2002 begann daraufhin die Sanierung.

Abdeckung der Absetzanlage in Crossen mit Geotextilien (1998).

Im September 2003 folgte ein Verwaltungsabkommen zur Sanierung der Wismut-Altstandorte, in dem sich beide Partner verpflichteten, bis zum Jahr 2012 insgesamt jeweils 39 Mio. Euro zur Verfügung zu stellen.[21] Als Projektträger sollte die Wismut GmbH fungieren. Auf dieser Basis wurden Projekte zur Sanierung von Wismut-Altstandorten bestätigt, u. a. der Zentralschachthalde in Johanngeorgenstadt, der ehemaligen Erzverladestellen in Lengenfeld, einer Kompressorenstation in Crandorf, eines Maschinenhauses in Schneeberg, des Lenkteiches in Lengenfeld und der Erzverladung auf dem Bahnhof Schlema.

Anerkennung von Berufskrankheiten und wissenschaftliche Begleitung

Mit den gesundheitlichen und sozialrechtlichen Folgen des Uranerzbergbaus befassten und befassen sich noch immer insbesondere der Hauptverband der gewerblichen Berufsgenossenschaft,

Abtragen der Halde bei Schacht 250 in Schlema.

das BfS, Bergbautraditionsvereine und unabhängige Forscher.[22] Für Tausende ehemalige Wismut-Mitarbeiter standen dabei die Klärung ihrer Rentenansprüche, die Anerkennung von Berufskrankheiten und mögliche Entschädigungsansprüche im Mittelpunkt. Zu Recht verwies der Hauptverband der gewerblichen Berufsgenossenschaft darauf, dass nicht nur die ökologischen Hinterlassenschaften einer Sanierung bedurften, sondern auch erhebliche Mittel für die gesundheitlichen Folgeschäden des Uranbergbaus vonnöten waren.[23] Die Berufsgenossenschaft handelte rasch und richtete Anfang 1992 eine Zentrale Betreuungsstelle Wismut (ZeBWis) ein, die die arbeitsmedizinische Vor- und Nachsorge, die Früherkennung und Rehabilitation der Bergleute koordinierte.

Neu aufgerollt wurde ab 1990 die Anerkennungspraxis bei Berufskrankheiten. Dazu erfolgte zuerst einmal eine Bestandsaufnahme. Diese ergab, dass zwischen 1951 und 1990 insgesamt 30 891 Fälle von Berufskrankheiten anerkannt worden waren, darunter 14 952 Fälle von Silikose, 5275 Fälle von Bronchialkrebs durch ionisierte Strahlung, 5053 Fälle von Vibrationsschäden und Überlastungen, 4657 Fälle von Lärmschwerhörigkeit, 607 Fälle

Sanierte Bergbaulandschaft bei Aue (2004).

von Hauterkrankungen und 637 sonstige Fälle.[24] Bei der Interpretation dieser Zahlen war zu berücksichtigen, dass nur Bergleute erfasst wurden, die ihre jeweils letzte Belastung bei der Wismut erhalten hatten. Wer den Betrieb wechselte und erkrankte, ging nicht in die Wismut-Statistik ein. Vor allem in den Anfangsjahren des Uranbergbaus gab es eine sehr hohe Fluktuation, so dass viele durch Silikose und ionisierte Strahlung belastete Bergleute, wenn überhaupt, so nur in den Statistiken der Berufserkrankungen anderer Betriebe aufgeführt wurden.

Die Revision der Anerkennungspraxis führte zu einer grundlegenden Korrektur der bis dahin verwendeten Schätzwerte der Strahlenexposition. Da die SDAG Wismut nur von niedrigen jährlichen Strahlenbelastungen für die thüringischen Schächte ausgegangen war, war es für Bergleute, die dort gearbeitet hatten, zuvor kaum möglich gewesen, Lungenkrebs als Berufskrankheit anerkannt zu bekommen.[25] Nunmehr wurden die Bewertungskriterien für die thüringischen Schächte revidiert und seit 1992 für die Anerkennungspraxis generell neue, verbesserte Berechnungsmethoden zugrunde gelegt, die durch neuste Erkenntnisse der Biophysik unterfüttert waren. Wissenschaftler hatten inzwischen festgestellt, dass eine niedrigere Strahlenexposition über einen längeren Zeitraum wesentlich risikoreicher sei, als eine kurzzeitige, wenn auch höhere Strahleneinwirkung.[26] Stärkere Beachtung fanden risikoerhöhende Faktoren wie die Atmungsintensität und das Rauchverhalten.

Die gewerbliche Berufsgenossenschaft übernahm 1990 den gesamten laufenden Wismut-Altrentenbestand. Darüber hinaus wurden ca. 2500 Fälle neu bearbeitet, die zu DDR-Zeiten abgelehnt oder nicht bis zur endgültigen Entscheidung über eine Leistungsberechtigung bearbeitet worden waren. Zusätzlich gingen bei den Unfallversicherungsträgern seit 1991 neue Anzeigen auf Verdacht einer Berufskrankheit aufgrund einer Tätigkeit bei der Wismut ein. Zwischen 1991 und 1999 wurden von der gewerblichen Berufsgenossenschaft 14426 Anzeigen auf Vorliegen einer Berufserkrankung bearbeitet. In 4620 Fällen erfolgte bis Ende 1999 eine Anerkennung.[27] Bis 1999 wurden 7695 Fälle von strahleninduziertem Lungenkrebs anerkannt.

Wissenschaftlich begleitet wurde die Umgestaltung der ehemaligen Bergbauregionen durch zahlreiche medizinische und andere Studien. So führte das BfS seit 1990 die weltweit größte epidemiologische Einzelstudie zu den Folgen der ionisierenden Strahlung im Uranerzbergbau durch.[28] Die wichtigsten Ziele der Studie bestanden in einer rückschauenden Analyse der Strahlenkrankheit unter der Wismut-Belegschaft und in einer auf der Auswertung von Massendaten beruhenden Abschätzung des Lungenkrebsrisikos, besonders im Bereich niedriger Dosisleistungen. Dafür wurden in Zusammenarbeit mit dem Hauptverband der gewerblichen Berufsgenossenschaft die Belastungsdaten von rund 60000 Personen erfasst.

Insbesondere die Frage der »Niedrigdosisbelastung« war und ist unter Wissenschaftlern und in der Öffentlichkeit umstritten. Im Kern geht es dabei um die Frage, welche Risiken von der Atomindustrie verursacht werden und ob die Gesellschaft bereit ist, diese zu tolerieren oder nicht. Es war daher von einiger politischer Brisanz, dass an den Studien auch ehemalige Mitarbeiter des SAAS mitwirkten.[29] Erinnert sei nochmals daran, dass diese Behörde noch 1988 die Risiken des Uranbergbaus verharmlost und selbst das Wohnen in unmittelbarer Nähe belasteter Halden für unbedenklich erklärt hatte. Gegen die Einbeziehung belasteter Wissenschaftler in die vom Bundesministerium für Umwelt, Naturschutz und Reaktorsicherheit (BMU) und dem BfS in Auftrag gegebenen Studien protestierten deshalb Bürgerinitiativen aus der Wismut-Region.

Eine Hauptschwierigkeit der Studien bestand darin, möglichst genaue individuelle Daten der Strahlenbelastung zu erstellen. Diese hingen u. a. ab vom Eintritt in die Wismut AG bzw. SDAG, vom jeweiligen Arbeitsplatz und der dort ausgeübten Tätigkeit.

Ein erster Schritt zur Datenanalyse stellten Vergleiche der Sterblichkeit der untersuchten Personengruppe (Kohorte) mit der allgemeinen Sterblichkeit der männlichen Bevölkerung der ehemaligen DDR dar. Dabei stellte sich heraus, dass die Sterblichkeit der Kohorte noch etwas unter derjenigen der Allgemeinbevölkerung lag. Ein Ergebnis, das man so nicht unbedingt erwartet hätte. Die Mediziner erklärten es mit dem »Healthy Worker Effect«. Dieser besagt, dass in der Regel berufstätige Bevölkerungsgruppen gesünder sind als die Allgemeinbevölkerung.

Für Lungentumore zeigte sich allerdings eine um 80 Prozent erhöhte Sterblichkeit in der Kohorte. Das Lungenkrebsrisiko der Bergleute lag, kaum verwunderlich, umso höher, je höher die Exposition war. Auch für andere bösartige Krebsarten und Leukämie wurden erhöhte Raten festgestellt.

Während zu den gesundheitlichen Folgen für die Beschäftigten der SDAG Wismut auf Archivmaterial zurückgegriffen werden konnte, lagen kaum Erkenntnisse zu den Auswirkungen des Uranbergbaus auf die Anwohner vor. Daher wurde vom BMU 1990/1991 eine Studie zu möglichen gesundheitlichen Auswirkungen des Uranerzbergbaus in Sachsen und Thüringen auf die Bevölkerung in Auftrag gegeben.[30] Grundlage für diese Untersuchung waren auf Gemeindeebene erfasste Daten von Erkrankungs- und Todesfällen, Krankenhausdaten, Todesursachenstatistiken und Angaben aus dem Krebsregister. Die Ergebnisse der Studie erbrachten keine Hinweise für eine – im Vergleich zu anderen Gebieten der ehemaligen DDR – erhöhte Erkrankungshäufigkeit und Sterblichkeit der Bevölkerung in der Uranerzbergbauregion. Das Radon im Freien, so medizinische Gutachter, sei nicht das Problem, das wir einmal befürchtet haben. Auch die örtlich gewonnenen Nahrungsmittel seien nicht auffällig verstrahlt.[31]

Eine größere Gefährdung ging von Radonkonzentrationen in geschlossenen Räumen aus. Das BfS ließ deshalb die radonbedingten Gesundheitsrisiken im häuslichen Bereich untersuchen.

Das Kurbad in Schlema (2000).

Dazu wurden zwischen 1990 und 1997 in Wohnhäusern in Sachsen und Thüringen fast 8000 Radonmessungen durchgeführt. Die dabei gemessenen Radonkonzentrationen schwankten zwischen 5 Bq/m^3 und maximal 4296 Bq/m^3. In Einzelfällen, so im Keller eines Hauses in Schneeberg, wurden Radonkonzentrationen bis zu 100 000 Bq/m^3 gemessen. Dieser Keller hatte einen direkten Zugang zum Bergwerk.

Im Durchschnitt lag die Radonkonzentration in den untersuchten Häusern in Sachsen und Thüringen bei 75 Bq/m^3 und damit etwa die Hälfte über dem Bundesdurchschnitt (50 Bq/m^3).

Als Faustregel gab das BfS an: Je höher die Radonkonzentration, desto höher das Lungenkrebsrisiko. Die Gutachter ermittelten je 100 Bq/m^3 Radon ein um 8 Prozent höheres Risiko, an Lungenkrebs zu erkranken.

Die Analysen gehen weiter und werden auch in Zukunft noch reichlich Stoff für die Debatte um die Risiken durch »Niedrigdosisbelastungen« bieten. Insofern ist auch das Lernen aus der Geschichte des Uranbergbaus ein langwieriger und längst noch nicht abgeschlossener Prozess.

Bilanz

Die Wismut AG war ein Kind des nuklearen Wettrüstens. Sie wurde mit dem Ziel gegründet, einen entscheidenden Beitrag zur Schließung der sowjetischen »Uranlücke« zu leisten. Noch vor Ende des Zweiten Weltkrieges hatten sich Amerikaner und Briten den Zugriff auf die wenigen damals bekannten Uranlagerstätten in der Welt gesichert. Amerikanische Militärs und Politiker hofften, dank der technologischen Überlegenheit der USA und der Monopolisierung der Uranressourcen mindestens für zehn Jahre allein im Besitz der Atombombe zu bleiben. Der sowjetische Diktator Stalin reagierte auf die veränderte geostrategische Lage mit der Forcierung des eigenen Atomprogramms. Die neuerlichen immensen materiellen Belastungen für die sowjetische Bevölkerung nahm er in Kauf. Das sowjetische Atomprojekt basierte nicht zuletzt auf dem massenhaften Einsatz von Häftlingen und forderte unzählige Opfer.

Anfangs war noch unklar, woher die Sowjetunion das Uran für ihr Atomprojekt bekommen sollte. Im Verlaufe des Jahres 1946 fanden sowjetische Geologen heraus, dass ausgerechnet in der sowjetischen Besatzungszone in Deutschland die größten europäischen Uranerzvorkommen lagerten. Im Erzgebirge begann daraufhin eine beispiellose Zeit des Raubbaus zu enormen materiellen und sozialen Kosten. Wer in den Anfangsjahren zum Uranerzbergbau kam, wusste kaum etwas von den unsichtbaren Gefahren der radioaktiven Strahlung und wurde darüber auch nicht informiert. Tausende Bergleute erkrankten an Lungenkrebs und Silikose. Sie gehörten zu den Opfern des atomaren Wettrüstens.

Das einzige, woran der erste Generaldirektor der Wismut AG, NKWD-Generalmajor Malzew, in Moskau gemessen wurde, war die Uranerzförderung. »Erz, Genossen, wir brauchen Erz und keine Moral«, auf diese Formel brachte er das Handeln seiner Offiziere. Doch bereits nach wenigen Monaten sah sich die sowjetische Direktion gezwungen, von ihrer harten Haltung gegenüber der zum größten Teil zwangsverpflichteten Belegschaft abzurücken. Die Wismut sollte sich von nun an zu einem Sonderfall unter den Uranbergbaubetrieben des Ostblocks entwickeln. Sie basierte nicht wie vergleichbare, wenn auch kleinere Uranbergbaubetriebe in der ČSSR, Bulgarien, Polen, Rumänien und Nordkorea auf dem massenhaften Einsatz von Häftlingen. Etwa bis Mitte der 1950er Jahre gelang im ostdeutschen Uranbergbau der Aufbau einer gut qualifizierten und hochmotivierten Stammbelegschaft aus freiwillig Tätigen.

Die Wismut brachte Geld unter die Bergleute und ihre Familien, und es begann sich ein bescheidener Wohlstand zu entwickeln. Ursprünglich nur auf eine kurze Zeit angelegt, etablierte sich die Wismut auf lange Sicht zu einem der größten Betriebe in Sachsen und Thüringen mit nahezu autarken Strukturen.

Selbst wenn Thüringen und Teile von Sachsen nicht der sowjetischen, sondern der amerikanischen Besatzungszone zugeschlagen worden wären, wie dies 1944 amerikanische, britische und sowjetische Diplomaten ernsthaft erwogen hatten, wäre das Uranerz vermutlich auch abgebaut worden. In den 1950er Jahren suchten mehrere westdeutsche Bergbaubetreiber mit staatlicher Unterstützung vornehmlich im Schwarzwald, im Fichtelgebirge und in Rheinland-Pfalz ebenfalls nach Uran. Letztlich blieb die Uranversorgung aus einheimischen Vorkommen für die westdeutsche Atomwirtschaft aber bedeutungslos.

In ihren Anfangsjahren entfiel mehr als die Hälfte des in der Sowjetunion zur Verfügung stehenden Urans auf Lieferungen der Wismut AG.[1] Auch nachdem die erste sowjetische Atombombe am 29. August 1949 in der kasachischen Steppe getestet worden war, ließ der »Uranhunger« nicht nach. Nach Ausbruch des Koreakrieges im Sommer 1950 begannen sich Warschauer Pakt und NATO auf einen Krieg gegeneinander in Europa vorzubereiten. Für den Uranerzbergbau in der DDR bedeutete dies, unter allen Umständen die Förderung weiter so rasch als möglich auszubauen und die Geheimhaltungspraktiken noch zu verschärfen.

In der Sowjetunion wurde das Uran dann zu hochreinem Uranmetall verarbeitet, das Ausgangsmaterial für die Atomreaktoren war, in denen dann der Spaltstoff Plutonium gewonnen wurde. Über chemische Verfahren ließ sich auch hoch angereichertes Uran-235 erzeugen.

Da es keine exakte Aufschlüsselung über die Verwendung des deutschen Urans in der sowjetischen Atomindustrie gibt, ist bis heute nicht bekannt, welche Mengen genau für die militärische und die zivile Nutzung oder als strategische Rohstoffreserve verwendet wurden.

Allein bis Ende 1953 lieferte die Wismut AG rund 9450 Tonnen Uran in die Sowjetunion. Rechnet man einmal hoch, wie viele Uranbomben daraus hätten gefertigt werden können, so ergeben sich mehr als 100 Bomben des Hiroshima-Typs. Ohne das ostdeutsche Uran hätte die Sowjetunion erst deutlich später zur Atommacht aufsteigen und ihr Arsenal nicht so schnell mit Sprengköpfen aufstocken können.

Aus der zentralen Bedeutung der ostdeutschen Uranlieferungen für die sowjetische Rüstung im Zeitalter der gegenseitigen Abschreckung leiteten die Wismut-Oberen den Slogan vom »Erz für den Frieden« ab. Daher verbiete sich letztlich jede Kritik an der Tätigkeit der Wismut. Belastungen von Menschen, Regionen und Umwelt müssten im Interesse der Friedenssicherung durch das atomare Gleichgewicht in Kauf genommen werden.

Wohl die meisten Beschäftigten in der Uranindustrie der DDR sind von der Sinnhaftigkeit ihres Tuns überzeugt gewesen. Dies war zentraler Bestandteil der Firmenkultur. Auch die Uranbergleute, deren Zusammenhalt besonders ausgeprägt war und ist, entwickelten mit der Zeit einen gewissen Produzentenstolz, hinter dem die Schattenseiten und Risiken ihrer Tätigkeit zurücktraten.

Die »wilden Jahre« endeten in etwa mit der Gründung der gemischten Sowjetisch-Deutschen Aktiengesellschaft (SDAG) Wismut im Jahr 1954. Doch erst der Vertrag vom 7. Dezember 1962 markierte für den Uranerzbergbau das Ende des Nachkriegszeitalters. Die DDR konnte seitdem ihren Handlungsspielraum etwas erweitern, ohne jedoch volle Souveränität zu erhalten.

Die 1960er Jahre waren aus wirtschaftlicher Sicht die besten für die SDAG Wismut. Das Uranerz konnte wesentlich kostengünstiger als zuvor gewonnen und dadurch die staatlichen Subventionen reduziert werden. Sowohl die technischen Verhältnisse als auch der Arbeits- und Strahlenschutz wurden gegenüber den Anfangsjahren verbessert.

Für die SED-Führung stellte der Uranbergbau allerdings eine große wirtschaftliche Belastung dar. Bis Ende 1953 erfolgte die Uranproduktion als Reparationsleistung, danach beteiligte sich die Sowjetunion an den Kosten. Dennoch verschlang die Wismut pro Jahr mehrere hundert Millionen DDR-Mark an Zuschüssen. Bis zum Ende der DDR summierten sich allein die direkten Kosten auf rund 25 Mrd. Mark.[2]

Von 1946 bis 1990 wurden von der Wismut insgesamt 231000 Tonnen Uran produziert und in die Sowjetunion geliefert.[3] Damit nahm die DDR den dritten Platz in der Welturanproduktion ein.

Angesichts solcher Zahlen konnte es nicht verwundern, dass die SED-Führung sowohl unter Ulbricht als auch unter Honecker die Uranproduktion als einen »zusätzlichen Verteidigungsbeitrag« ansah. Als gewisse Kompensation hoffte man auf die Nutzung eines Teils der einheimischen Uranvorräte für den Aufbau einer eigenen Atomwirtschaft. Vereinfacht gesagt, ein Teil des Uranerzes sollte künftig zur Bezahlung der aus der Sowjetunion zu beziehenden Brennstoffkassetten für die DDR-Atomkraftwerke dienen. Diese Pläne konnten jedoch nur ansatzweise und mit Verzögerung umgesetzt werden. Erst Anfang der 1980er Jahre überschritt der Anteil des in den Atomkraftwerken Rheinsberg und Greifswald erzeugten Stroms die 10-Prozent-Marke an der Gesamterzeugung von Elektroenergie und stagnierte danach. Demgegenüber lag der Anteil des Stroms aus Atomkraftwerken in der Bundesrepublik in den 1980er Jahren bei rund einem Drittel der Gesamterzeugung.[4]

In der Sowjetunion war das erste zivile Atomkraftwerk schon 1954 in Betrieb genommen worden. Trotzdem spielte die friedliche Nutzung der Atomenergie dort nur eine untergeordnete Rolle. Der Anteil des Atomstroms an der Gesamterzeugung von Elektroenergie lag in der Sowjetunion 1980 erst bei knapp sechs Prozent und stieg bis 1990 lediglich auf rund zwölf Prozent.[5] Daher ist davon auszugehen, dass das deutsche Uran zumindest bis Anfang der 1980er Jahre überwiegend für militärische Zwecke Verwendung fand.

Gemessen am Aufwand und den Erlösen, überschritt der Uranerzbergbau in der DDR 1977 seinen Höhepunkt. Die reichhaltigsten Vorkommen waren inzwischen abgebaut worden und der Aufwand pro Tonne gewonnenes Uranerz stieg ständig an. Während die deutsche Seite nunmehr eher für eine gemäßigte und die Ressourcen schonende Produktionsstrategie plädierte, hielten die sowjetischen Generaldirektoren an ihrer Strategie der maximalen Förderung fest. Freilich, der Grundkonsens, den Uranerzbergbau fortzusetzen, wurde nicht in Frage gestellt.

Erst nach der Reaktorkatastrophe von Tschernobyl im Jahr 1986 bahnte sich ein gewisses Umdenken an. Nach diesem Desaster überdachte die Sowjetunion ihre Energiepolitik und wollte ab 1989 ihre Uranerzbezüge reduzieren. An einem abrupten Ende des Uranerzbergbaus hatte nun aber die Uranlobby in der DDR kein Interesse. Sie fürchtete eine Entwertung des investierten Kapitals, sah Probleme bei der Umsetzung von Zehntausenden Beschäftigten und war denkbar schlecht auf die Sanierung von Altlasten vorbereitet.

Mutige Umweltaktivisten hatten bereits seit Mitte der 1980er Jahre die von der SDAG Wismut hinterlassenen Altlasten scharf kritisiert und auf Gefährdungspotentiale hingewiesen. Die Staatsmacht versuchte diese Stimmen mit Repressionen zu unterdrücken. Vergeblich. Während der friedlichen Revolution 1989/1990 wurde das Thema Altlasten leidenschaftlich diskutiert und war für viele ein eindeutiger Beleg für das Versagen des sozialistischen Systems.

Die Strategie des allmählichen und noch über viele Jahre gestreckten Rückbaus wurde nach dem Fall der Mauer im November 1989 hinfällig. Das sozialistische Experiment brach in rasantem Tempo zusammen. Deutsches Uranerz für die sowjetische Rüstungsindustrie wurde nicht mehr benötigt, und auf anderen Märkten hatte das mit extrem hohem Aufwand gewonnene Erz keine Chancen.

Die meisten Wismut-Kumpel wussten oder ahnten, dass die Tage des einstigen Giganten gezählt waren. Doch wer sollte an die Stelle des größten Arbeitgebers der Region treten? Zu den wirtschaftlichen Problemen kamen noch die psychologischen. Kaum ein Tag verging ohne neue Hiobsbotschaften. Zu lesen war u.a. vom »Hiroshima im Erzgebirge«. Der Region bescherten solche auf Unkenntnis beruhenden Berichte ein Imageproblem. Es sollte Jahre dauern, bis eine realistische Bestandsaufnahme der tatsächlichen Gesundheits- und Umweltschäden vorlag. Diese Bilanzen sind schlimm genug, haben aber wenig gemein mit Pressemeldungen, nach denen ganze Landstriche hätten geräumt werden müssen. Die Gefährdungen konzentrierten sich vor allem auf die Schlammteiche, Schachtanlagen, Halden und ehemalige Produktionsanlagen. Ein erhöhtes Gesundheitsrisiko für die Bevölkerung in der Bergbauregion besteht gemäß den Untersuchungen des Bundesamtes für Strahlenschutz nicht mehr.

Der Auf- und Ausbau des Uranerzbergbaus hatte eine Generation gedauert und immense Ressourcen erfordert. Für die Sanierung der Altlasten wurde nach 1990 ein Finanzbedarf von ca. 13 Mrd. DM (rund 6,2 Mrd. Euro) veranschlagt. Rechnet man noch weitere Fördermittel für begleitende Aktivitäten und Sozialaufwendungen hinzu, dann liegen die Gesamtausgaben für die Stilllegung und Sanierung des Uranbergbaus noch höher. Solch einen Kraftakt, darin sind sich nahezu alle Kommentatoren einig, hätte die DDR nicht bewältigen können.

Die 1991 aus der SDAG Wismut hervorgegangene Wismut GmbH hat inzwischen den größten Teil der Altlasten saniert. Vollständig wiederherstellen ließ sich der ursprüngliche Zustand nicht. Der Uranerzbergbau hat tiefe Spuren in der Landschaft hinterlassen.

Allein in Schlema kam es zu großflächigen Absenkungen, ein Gebiet von ca. 20 Hektar glich einer Mondlandschaft. Das gesamte Areal des »Deformationsgebietes« wurde einfach großflächig abgesperrt.[6]

Nach der »Wende« gab es nur wenige Optimisten, die eine Chance sahen, an die großen Kurorttraditionen wieder anzuknüpfen. Angesichts der gewaltigen Altlasten schien dies ein aussichtsloses Unterfangen. Doch ab 1990 wurde das »Deformationsgebiet« in Schlema allmählich aufgefüllt, abgedeckt und begrünt. Später entstand die Idee, dort einen Kurpark einzurichten. Im Oktober 1998 konnte sich Schlema wieder als Ort mit Heilquellenkurbetrieb bezeichnen, Anfang 2005 folgte die Verleihung der Bezeichnung »Bad«.

Auch in Ronneburg wurde der Uranerzbergbau 1990 eingestellt. Kennzeichen der Landschaft um Ronneburg waren die Spitzkegelhalden, deren Einebnung im Juni 2004 begann. Auf einem Teil der ehemaligen Bergbauflächen wurde die »Neue Landschaft Ronneburg« geschaffen, die gemeinsam mit dem ebenfalls neu zu gestaltenden Stadtpark von Ronneburg Bestandteil der Bundesgartenschau 2007 ist. Auf diese Weise entstand ein Gürtel von Grünflächen, der sich von Gera bis ins Zentrum von Ronneburg zieht. Das einstige Bergbaugebiet hat ein neues Gesicht erhalten.

Gerhard Schmidt, Mitarbeiter des Öko-Instituts Darmstadt, fasste am 7. Juni 2006 auf einer Pressekonferenz in Ronneburg die Ergebnisse einer Studie zur Bewertung der radiologischen Risiken für die Bundesgartenschau-Besucher zusammen: »Die

Strahlenbelastung für Besucher der Neuen Landschaft Ronneburg der Bundesgartenschau 2007 ist nicht höher als in weiten Teilen Deutschlands aufgrund des natürlichen Urangehalts der Böden. Die Belastungen aus dem früheren Uranerzbergbau sind auf dem Gelände der Neuen Landschaft Ronneburg so weit zurückgegangen, dass sie sich von den vorhandenen natürlichen Schwankungen nicht mehr unterscheiden lassen.«[7]

Die wesentlichsten Sanierungsarbeiten wurden an den Standorten Ronneburg, Aue und Crossen bis zum Jahr 2010 abgeschlossen. In Königstein und Seelingstädt, hier insbesondere an den Industriellen Absetzanlagen (Tailings), dauern die aufwendigen Sanierungsarbeiten an und werden nach neusten Bewertungen noch mindestens bis zum Jahr 2020 dauern.

In absehbarer Zeit werden damit auch die letzten materiellen Hinterlassenschaften der SDAG Wismut verschwinden, doch ihre 45-jährige Tätigkeit wird noch lange nachwirken und auch weiterhin Stoff für unterschiedliche Sichtweisen und Kontroversen bieten.

Nachwort zur 4. Auflage

Nach dem Erscheinen der 1. Auflage von »Uran für Moskau« im Jahr 2007 haben mich zahlreiche Leserbriefe, vornehmlich von ehemaligen Wismut-Mitarbeitern und ihren Angehörigen, erreicht. Ihnen allen sei für ihre Hinweise zum Text und klugen Anregungen für weitere Forschungen gedankt. Wenn ich mich trotzdem entschlossen habe, das vorliegende Buch inhaltlich nicht zu erweitern, so geschah dies im Hinblick auf dessen Charakter als populär gehaltene und dennoch wissenschaftlich fundierte Überblicksdarstellung.

Noch tiefer gehende Einblicke in die höchst komplexe Geschichte der Wismut konnten inzwischen im Rahmen des deutsch-russischen Forschungs- und Publikationsprojektes »Uranbergbau im Kalten Krieg« gewonnen werden, das von 2008 bis 2011 an der Technischen Universität Chemnitz realisiert wurde. In dessen Mittelpunkt stand die Erschließung und Auswertung bisher unbekannter Quellen, vornehmlich aus russischen Archiven. Wer sich über den Stellenwert der Wismut im sowjetischen Atomkomplex, die Analyse des Uranwettlaufs aus internationaler Perspektive, die Einflussnahme der SED, Strukturen und Arbeitsweise des sowjetischen wie auch des ostdeutschen Ministeriums für Staatssicherheit in den Betrieben des Uranbergbaus, den Strahlenschutz im Ost-West-Vergleich oder auch das Alltagsleben der sowjetischen Mitarbeiter, die Kultur- und Sportpolitik der Wismut und noch andere Themen detailliert informieren möchte, der sei ausdrücklich auf die dazugehörige Publikation verwiesen. Die beiden Bände »Uranbergbau im Kalten Krieg. Die Wismut im sowjetischen Atomkomplex« wurden von Rudolf Boch und mir herausgegeben und erschienen 2011 ebenfalls im Christoph Links Verlag.

Berlin, im August 2011 Rainer Karlsch

Anhang

Anmerkungen

Die Vorgeschichte

1 Vgl. Thomas Witzke, Uraninit (Pechblende), http://tw.strahlen.org/typloc/uraninit.html (1.11.2006).
2 Vgl. Henning von Philipsborn, Rudolf Geipel, Uranfarben, Urangläser, Uranglasuren, Ausstellungskatalog des Bergbau- und Industriemuseums, Theuern 2005.
3 Vgl. Heinrich Peterson, Zur Geschichte der Glasfarben-Erzeugung in Joachimsthal, Wien 1894.
4 Vgl. Staatliche Uran- und Radiumfabrik Joachimsthal, Verzeichnis über die Erzeugung von Uranfarben 1854 bis 1938, Privatarchiv Karl Aurand, Mappe Joachimsthal.
5 Vgl. Boris Schröder, Zur Geschichte der Uranproduktion im sächsischen Raum, in: Sächsische Heimatblätter, 5/1995, S. 257.
6 Vgl. Paul W. Frame, Radioactive curative devices and spas, Oak Rigde Newspaper, 5.11.1989.
7 Vgl. R. Schreiber, St. Joachimsthal, die Stadt der Radioaktivität, in: Bericht der Oberhessischen Gesellschaft für Natur- und Heilkunde, Neue Folge: Naturwissenschaftliche Abteilung, Bd. 32, Gießen 1962, S. 61–78.
8 Vgl. Frieder Jentsch, Begegnungen mit einem Giganten, in: Verein zur Förderung, Bewahrung und Erforschung der Traditionen des sächsisch-thüringischen Uranbergbaus e.V. (Hg.), Ans Licht gebracht. Begegnungen und Erinnerungen, Chemnitz 1998, S. 19.
9 Vgl. Oliver Titzmann, Uranbergbau contra Radiumbad. Die Auswirkungen des Uranbergbaus der SAG Wismut auf die Gemeinde Radiumbad Oberschlema (1946–1955), Schlema 2003, S. 23 ff.
10 Vgl. Johannes Abele, »Wachhund des Atomzeitalters«. Geigerzähler in der Geschichte des Strahlenschutzes, Dissertation, TU München 1998, S. 25.
11 Zitiert nach: Axel Helmstädter, Geschichte der Radiumschwachtherapie. Radioaktivität – die pure Lebenskraft?, in: Schweizerische Ärztezeitung, 20/2006, S. 907.
12 Vgl. Paul W. Frame, Radioactive curative devices and spas.
13 Vgl. Walter Buchler (Hg.), Dreihundert Jahre Buchler. Die Unternehmen einer Familie 1651–1958, München 1958, S. 115.
14 Zusammengestellt nach: Weltmonatsstatistik, Bd. 4, Stuttgart 1939; Statistisches Jahrbuch für das Deutsche Reich 1939/40, S. 70.
15 Vgl. Dieter Hoffmann, Operation Epsilon. Die Farm-Hall-Protokolle oder die Angst der Alliierten vor der deutschen Atombombe, Berlin 1993, S. 159 f.
16 Vgl. Vladimir Picugin, Aus der Geschichte des sowjetischen Atomprojektes, in: Rainer Karlsch, Harm Schröter (Hg.), »Strahlende Vergangenheit«. Studien zur Geschichte d. Uranbergbaus d. Wismut, St. Katharinen 1996, S. 50.
17 Vgl. Werner Schüttmann, Die Geschichte des »Schneeberger Lungenkrebses«, in: Der Anschnitt. Zeitschrift für Kunst und Kultur im Bergbau, 2–3/1998.

18 Vgl. Werner Schiffner, Agricola und die Wismut, Leipzig 1994, S. 106 f.
19 Zitiert in: Werner Schüttmann, Die Geschichte des »Schneeberger Lungenkrebses«, S. 98.
20 Ursula Jehles, Der Bergbau im Erzgebirge und die Arbeitsmedizin, Erlangen 1961.
21 Julius Löwy, Über die Joachimsthaler Bergkrankheit (Vorläufige Mitteilung), in: Medizinische Klinik, Heft 25/1929, S. 142.
22 Vgl. Reichsgesetzblatt Nr. 1 vom 29. 5. 1925, S. 69.
23 Vgl. Antrag der Abgeordneten Georg Böhm, Hubert H. Birke und Dr. Theodor Illy, Privatarchiv Karl Aurand, Mappe Joachimsthal.
24 Vgl. Vertrag zwischen der Deutschen Revisions- und Treuhand AG (»Treuarbeit«) und der Firma St. Joachimsthaler Bergbau GmbH vom 12. 6. 1939, Staatsarchiv der Russischen Förderation (GARF) Moskau, 1458-10-308.
25 Vgl. Schreiben des Reichswirtschaftsministers an Prof. Dr. Quasebart (Auergesellschaft Berlin) vom 7. 2. 1939, Ebd.
26 Vgl. Francis H. Hinsley u. a., British intelligence in the Second World War. Its influence on strategy and operations, London 1988, Bd. 3, Anhang 29, S. 931–945.
27 Vgl. Gine Elsner, Karl-Heinz Karbe, Von Jáchymov nach Haigerloch. Der Weg des Urans für die Bombe, Hamburg 1999, S. 43.
28 Vgl. Werner Schüttmann, Karl Aurand, Die Geschichte der Außenstelle Oberschlema des Kaiser-Wilhelm-Instituts für Biophysik Frankfurt a. M./Salzgitter 1991, S. 55.
29 Bericht über die Besprechung über die Joachimsthaler Bergkrankheit am 28. und 29. März 1940, Privatarchiv Aurand, Handakte Prof. Boris Rajewsky.
30 Vgl. Werner Schüttmann, Die Geschichte des »Schneeberger Lungenkrebses«, S. 100.
31 Zitiert in: Gine Elsner, Karl-Heinz Karbe, Von Jáchymov nach Haigerloch, S. 64.
32 Zitiert in: Ebd., S. 69.
33 Vgl. Aktennotiz Prof. Rajewsky, Privatarchiv Karl Aurand, Handakte Prof. Boris Rajewsky.
34 Vgl. Rainer Karlsch, Hitlers Bombe, München 2005, S. 31 ff.
35 Akten-Vermerk der Roges GmbH vom 19. 3. 1943, Bundesarchiv (BArch), Berlin-Hoppegarten, R 121, Nr. 893.
36 Vgl. Radium Mine Fontinha (Portugal), BArch, Berlin-Hoppegarten, R 121, Nr. 2057.
37 Ich danke Dr. Frieder Jentsch (Chemnitz) für die Hinweise auf die Tätigkeit von Wernicke.
38 Zitiert nach Frieder Jentsch.
39 Schreiben von Harteck an das OKH vom 27. 1. 1943, Deutsches Museum München, G-341, Bd. 4.
40 Ich danke Dr. Günter Nagel (Potsdam) für diesen Hinweis.
41 Vgl. Schreiben von Harteck an Gerlach vom 10. 3. 1944, Deutsches Museum München, G-341, Bd. 2.

Stalins Atomprojekt und die »Uranlücke«

1 Vgl. Andreas Heinemann-Grüder, Die sowjetische Atombombe, Münster 1992, S. 18.

2 Vgl. David Holloway, Stalin and the bomb. The Soviet Union and atomic energy 1939–1956, New Haven/London 1994, S. 56 ff.
3 Vgl. Yurij Ranyuk, Who invented the atomic bomb?, in: World of Physics, 3/1999, S. 14–20.
4 Vgl. Pavel A. Sudoplatov, Special Tasks, Boston 1994; Christopher Andrew, Vassili Mitrochin, Das Schwarzbuch des KGB. Moskaus Kampf gegen den Westen, Berlin 1999.
5 Vgl. Wladimir Lota, GRU i atomnaja Bomba. Neizwestnaja istorija o tom, kak woennaja razwedka dobywala swedenija ob atomnych projektach Welikobritani, Germani, USA i Japoni. (GRU und die Atombombe. Eine unbekannte Geschichte über die Ausspionierung der Atomprojekte Großbritanniens, Deutschlands, der USA und Japans durch die sowjetische Militäraufklärung), Moskau 2002, S. 135 ff.
6 Vgl. David Holloway, Stalin and the bomb, S. 85 f.
7 Vgl. Sándor Radó, Deckname Dora, Stuttgart 1971; derselbe, Dora meldet, Ost-Berlin 1974.
8 Telegramm Nr. 65/4959/5804 von »Dora« an GRU vom 10. 5. 1942, Lew D. Rjabew (Hg.), Atomni Projekt w SSSR. Dokumenty i materialy, T. 1: 1938–1945. W 2. Tschast 2. (Das Atomprojekt der UdSSR. Dokumente und Materialien, Bd. 1: 1938–1945, zweiter Halbband), Moskau 2002, Dokument Nr. 1/6, S. 442 f.
9 Vgl. Wladimir Lota, GRU i atomnaja Bomba, S. 141.
10 Vgl. David Holloway, Stalin and the bomb, S. 78.
11 Vgl. Andreas-Heinemann Grüder, Die sowjetische Atombombe, S. 37.
12 Vgl. Pavel A. Sudoplatov, Special task, S. 439 ff.
13 Zitiert nach: Andreas Heinemann-Grüder, Das sowjetische Atomprojekt, S. 46.
14 Zitiert nach: Andrew, Mitrochin, Schwarzbuch des KGB, S. 171.
15 Vgl. Rainer Karlsch, Der Uranwettlauf 1939 bis 1949, in: Der Anschnitt, 2–3/1998, S. 46 ff.
16 Vgl. David Holloway, Stalin and the bomb, S. 62.
17 Vgl. Vladimir V. Picugin, Aus der Geschichte des sowjetischen Atomprojekts, S. 48 ff.
18 Vgl. Bericht von W. A. Machnew »über die weiteren Arbeiten an den Uranproblemen«, in: Lew D. Rjabew (Hg.), Atomni Projekt SSSR, Dokument Nr. 275, S. 152.
19 Vgl. Schreiben von W. A. Machnew, W. V. Schernischow und A. P. Sawenjagin an L. P. Berija über das Projekt zur Uranerkundung, in: Ebd., Dokument Nr. 284, S. 166 ff.
20 Vgl. Befehl des GKO Nr. 7102 »Über Maßnahmen zur Förderung und Verarbeitung von Uranerz« vom 8. 12. 1944, in: Ebd., Dokument Nr. 291, Bl. 180 ff.
21 Vgl. Vladimir V. Picugin, Aus der Geschichte des sowjetischen Atomprojekts, S. 56.
22 Vgl. Pavel N. Knyschweskij, Moskaus Beute. Wie Vermögen, Kulturgüter und Intelligenz nach 1945 aus Deutschland geraubt wurden, München 1995, S. 78.
23 Vgl. Äußerung von Kurtschatow zu Geheimdienstunterlagen über Arbeiten in Deutschland und den USA, 11. 7. 1944, in: Lew D. Rjabew (Hg.), Atomni Projekt SSSR, Dokument Nr. 251, S. 99 f. Der GRU-Brief, auf den sich Kurtschatow bezieht, ist noch gesperrt. Er umfasst sieben Seiten gedruckten Textes. (AP RF. F. 93, d.81(45), l. 38.

24 Ebd.
25 Vgl. insbesondere: Nikolaus Riehl, Zehn Jahre im goldenen Käfig, Stuttgart 1988; Ulrich Albrecht, Andreas Heinemann-Grüder, Arnd Wellmann, Die Spezialisten. Deutsche Naturwissenschaftler und Techniker in der Sowjetunion nach 1945, Berlin 1992; Norman M. Naimark, Die Russen in Deutschland. Die Sowjetische Besatzungszone 1945–1949, Berlin 1997.
26 Vgl. David Holloway, Stalin and the bomb, S. 109.
27 Vgl. Schreiben von L. P. Berija an das Mitglied des Staatlichen Verteidigungskomitees G. M. Malenkow über die Notwendigkeit, Fachleute zur Auswahl von Laborausrüstungen und -geräte nach Deutschland zu schicken vom 24. 3. 1945, in: Lew D. Rjabew (Hg.), Atomni Projekt SSSR, Dokument Nr. 324, S. 249.
28 Schreiben von W. A. Machnew an L. P. Berija über die Notwendigkeit, Fachleute nach Deutschland und Österreich abzukommandieren vom 8. 4. 1945, in: Ebd., Dokument 331, S. 266 f.
29 Vgl. Schreiben von W. Merkulow an L. P. Berija über die Notwendigkeit der Suche von Uranreserven auf deutschem Territorium vom 11. 4. 1945, in: Ebd., Dokument Nr. 332, S. 267 f.
30 Igor Golowin, Materialübersicht über die Recherchen der Arbeit des Radiuminstituts der Wiener Akademie der Wissenschaften, des Zweiten Physikalischen Instituts der Wiener Universität und des Neutroneninstituts, 4. 5. 1945, in: Ebd., Dokument Nr. 339a, S. 280 f.
31 Vgl. Mitteilung von W. V. Schernischew an L. P. Berija über die Notwendigkeit, Mitarbeiter des NKWD der UdSSR und Fachleute nach Deutschland zu entsenden vom 5. 5. 1945, in: Ebd., Dokument Nr. 341, S. 283, Fußnote 1.
32 Zitiert nach: David Holloway, Stalin and the bomb, S. 109.
33 Vgl. Andreas Heinemann-Grüder, Die sowjetische Atombombe, S. 63.
34 Vgl. Brief von L. P. Berija an das Mitglied des Staatlichen Verteidigungskomitees G. M. Malenkow über die Notwendigkeit, Fachleute zur Auswahl von Laborausrüstungen und -geräten nach Deutschland zu schicken vom 24. 3. 1945, in: Lew D. Rjabew (Hg.), Atomni Projekt SSSR, Dokument Nr. 324, S. 250, Fußnote 3.
35 Brief von A. W. Kupzow, Staatliches Plankomitee der UdSSR, an den Sonderausschuss im Staatlichen Verteidigungskomitee, G. M. Malenkow, über die Ausfuhr von Ausrüstungen und Materialien aus Deutschland, die notwendig sind für die Arbeit des Laboratoriums Nr. 2 vom 8. 5. 1945, in: Ebd., Dokument Nr. 344, S. 286.
36 Vgl. Manfred von Ardenne, Sechzig Jahre für Forschung und Fortschritt, Berlin 1987, S. 183.
37 Übersetzung eines Briefes des deutschen Physikers M. von Ardenne vom 10. 5. 1945 an J. W. Stalin über sein Einverständnis, mit »Forschungseinrichtungen der UdSSR« zusammenzuarbeiten. in: Lew D. Rjabew (Hg.), Atomni Projekt SSSR, Dokument Nr. 346, S. 288 f.
38 Vgl. Mitteilung von W. A. Machnew an L. P. Berija über die Arbeitsergebnisse der Gruppe auf deutschem Territorium vom 10. 5. 1945, in: Ebd., Dokument Nr. 345, S. 287.
39 Vgl. Nikolaus Riehl, Zehn Jahre im goldenen Käfig, S. 5 f.
40 Vgl. Protokoll der Befragung von Nikolaus Riehl am 12. 5. 1945 in Berlin-Friedrichshagen, Eine weitere dokumentierte Befragung datiert auf den 15. 6. 1945, Archiv der MPG, KWI für Physik, Nr. 19207, Bl. 50 ff.
41 Beschluss des Staatlichen Verteidigungskomitees Nr. 8568ss vom

15.5.1945, in: Lew D. Rjabew (Hg.), Atomni Projekt SSSR, Dokument Nr. 348, S.292f.

42 Zitiert nach: Istorija Atomni Projekt (Die Geschichte des Atomprojektes), Moskau 1998, S.177.

43 Vgl. Schreiben der Stellv. Volkskommissare für Innere Angelegenheiten der UdSSR A. P. Sawenjagin und W. A. Machnew vom 18.6.1945 an L. P. Berija über die Entsendung deutscher Spezialisten in die UdSSR und den Abtransport von Ausrüstung und Material aus Deutschland, Dokument Nr. 363, in: Lew D. Rjabew (Hg.), Atomni Projekt SSSR, Dokument Nr. 363, S.323f.

44 Zitiert nach: Vladislav Zubok, Constantine Pleshakov, Inside the Kremlin's Cold War, Cambridge 1996, S.40.

45 Igor N. Golovin, »Beeilt Euch, Genossen!«. Stalins Atombombenprogramm, in: Informationsdienst Wissenschaft und Frieden, 2/1995, www.uni-muenster.de/PeaCon/wuf/wf-95/9521201m.htm (1.11.2006).

46 Vgl. Mark Kramer, Documenting the early Soviet nuclear weapons program, in: Bulletin of the Cold War International History Project, 6–7/1995.

47 Vgl. Zbynek Zeman, Der tschechoslowakisch-sowjetische Uranvertrag vom 23. November 1945, in: Rainer Karlsch, Harm Schröter (Hg.), »Strahlende Vergangenheit«, S.61.

Ein »Staat im Staate« entsteht (1947–1953)

1 Vgl. Nikolai Grishin, The Saxony uranium mining operation (Vismut), in: Rober Slusser (Hg.), Soviet economic policy in postwar Germany. A collection of papers by former officials, New York 1953, S.127ff.

2 Vgl. Norman Fuchsloch, Forschungen zur Uranprospektion an der Bergakademie Freiberg im Auftrag der Sowjetunion, in: Der Anschnitt, 2–3/1998; Rainer Karlsch, Der Uranwettlauf 1939 bis 1949, in: Der Anschnitt, 2–3/1998.

3 Wismut GmbH, Geologisches Archiv (GA), Nr. 55 187, Bl. 25.

4 Vgl. Werner Schiffner, Agricola und die Wismut, S.53.

5 Vgl. Dmitrij N. Fillippovych, Vladimir V. Zahkarov, Deutsches Uran für die sowjetische Atombombe, in: Der Anschnitt, 2–3/1998, S.83f.

6 Vgl. Wismut GmbH (Hg.), Chronik der Wismut, CD-ROM, Chemnitz 2011, S.20ff.

7 Vgl. Bericht von I. Kurtschatow, I. Kikoin, B. Wannikow, M. Perewuchin und A. Sawenjagin vom 17.1.1946, in: Lew D. Rjabew (Hg.), Atomni Projekt SSSR, Dokument Nr. 404, S.413ff.

8 Vgl. W. I. Wetrow, Die Bildung von Betrieben für die Gewinnung und Aufbereitung von Uranerz, in: A. K. Kruglow, Ministerium der Russischen Föderation für Atomenergie (Hg.), Die Entwicklung der ersten sowjetischen Atombombe, Moskau 1995 (deutsche Arbeitsübersetzung), S.19.

9 Vgl. Krasnaja Swesda vom 7.5.1982 und 17.7.1992.

10 Vgl. Robert Conquest, Der große Terror. Sowjetunion 1934–1938, München 1992.

11 Vgl. Nikolai Grishin, The Saxony uranium mining operation (»Vismut«), S.130f.

12 Vgl. Schreiben des Leiters der sächsischen Bergbauverwaltung Generalmajor Malzew und des Leiters der Sonderoperativgruppe, Malygin, an Serow vom 25.2.1947, GARF Moskau, 9401-1-4152, Bl. 140–142.

13 Vgl. Rudolf Dietel, Johanngeorgenstadt. Eine Kurzfassung über den Verlauf

des Uranerzbergbaus der SAG/SDAG Wismut westlich des Schwarzwassers in den Jahren von 1946 bis 1958. Schriftenreihe des Museums Uranbergbau, Traditionsstätte des Sächsisch-Thüringischen Uranerzbergbaus, 11/2004.

14 »Martin Vogel schlug als erster Uran«, in: Dialog, 13/1996, S. 28.

15 Vgl. Wismut GmbH (Hg.), Chronik der Wismut, S. 1245.

16 Vgl. Mario Kaden, Wismut – die »wilde« Zeit. Beiträge zur Geschichte des Landkreises Annaberg, Annaberg 1994, S. 76 ff.

17 Vgl. Der Uranbergbau in der Sowjetzone, Hannover/Bonn 1950, S. 5.

18 Vgl. Schreiben von Mikojan (Vorsitzender des Ministerrates der UdSSR) an Molotow (Außenminister) und Wosnessenski (Vorsitzender Gosplan) vom 12. 11. 1947, Russisches Staatsarchiv für Wirtschaft (RGAE) Moskau, Fonds 4372 opis 94, delo 1962, Bl. 234.

19 Vgl. Schreiben von N. Schinkow an A. Kupschow (Gosplan): Bericht über die Reparationsplanerfüllung im ersten Halbjahr 1948, 27. 7. 1948, RGAE Moskau, 4372-95-626, Bl. 354.

20 Schreiben von A. Scherepnew an A. Kupschow (Gosplan), Oktober 1948: Bei uns bestellte Ausrüstungen und Materialien für die Wismut AG 1949, RGAE Moskau, 4372-95-626, Bl. 355 ff.

21 Vgl. Sächsisches Hauptstaatsarchiv (SÄHStA) Dresden, Landesregierung Sachsen (LRS), Ministerium für Wirtschaft (MfW), Nr. 1510.

22 Vgl. W. I. Wetrow, Die Bildung von Betrieben für die Gewinnung und Aufbereitung von Uranerz, in: A. K. Kruglow, Ministerium der Russischen Föderation für Atomenergie (Hg.), Die Entwicklung der ersten sowjetischen Atombombe, S. 19.

23 Vgl. Jan Foitzik, Inventar der Befehle des Obersten Chefs der Sowjetischen Militäradministration in Deutschland (SMAD) 1945–1949, München 1995, S. 133.

24 Vgl. SÄHStA Dresden, LRS, Ministerpräsident (MP), Nr. 147, Bl. 4.

25 Vgl. Urkunde der Stadt Aue vom 10. 2. 1948, Unternehmensarchiv der Wismut GmbH, Mikrofilm Nr. 438.

26 Berechnet nach: SÄHStA Dresden, LRS, Ministerium des Innern (MdI), Nr. 303.

27 Vgl. Sitzung der Verwaltung der Staatlichen Aktiengesellschaft der Buntmetallindustrie »Wismut« vom 5. 6. 1947 (russisch), Unternehmensarchiv der Wismut GmbH, Mikrofilm Nr. 438.

28 Vgl. Gebietsleitung Wismut der SED, Kommission zur Erforschung der Geschichte der örtlichen Arbeiterbewegung (Hg.), Zur Geschichte der Gebietsparteiorganisation Wismut der SED, Chemnitz 1988, S. 22.

29 Vgl. Ralf Engeln, Uransklaven oder Sonnensucher? Die sowjetische AG Wismut in der SBZ/DDR 1946–1953, Essen 2001, S. 153.

30 Vgl. Wismut GmbH (Hg.), Chronik der Wismut, S. 94–127.

31 Klaus Beyer, Die sächsischen Uranlagerstätten aus bergmännischer Sicht, in: Sächsische Heimatblätter, 5/1995, S. 269.

32 Vgl. Karl Feirer, Axel Hiller, Zur Entwicklung des ostdeutschen Uranbergbaus bis 1960, in: Sächsische Heimatblätter, 5/1995, S. 260.

33 Vgl. Otfried Wagenbreth, Eberhard Wächtler, Bergbau im Erzgebirge. Technische Denkmale und Geschichte, Leipzig 1990.

34 Die Technikgeschichte der Wismut AG bzw. SDAG Wismut ist umfänglich in der Chronik der Wismut nachzulesen. Ausführlich dazu publiziert hat auch Klaus Beyer. Vgl. u. a. Klaus Beyer, Der erzgebirgische Uranerzbergbau und seine Entwicklung – ein Überblick, in: Sächsische Heimatblätter, 5/1995, S. 286 ff.; derselbe, Das Abbauverfahren Firstenstoßbau im west-

sächsischen Uranerzbergbau, in: Bergbau. Zeitschrift für Bergbau und Energiewirtschaft, 2–4/1996; derselbe, Der westerzgebirgische Gangerzbergbau zu Wismut's Zeiten (1947–1990). Ein Überblick aus der Sicht des Betriebsingenieurs. Schriftenreihe des Museums Uranbergbau, Traditionsstätte des Sächsisch-Thüringischen Uranerzbergbaus, 6/2001.

35 Vgl. ebd., S. 289.

36 Vgl. Klaus Beyer, Das Abbauverfahren Firstenstoßbau im westsächsischen Uranerzbergbau, in: Bergbau, 2–4/1996.

37 Vgl. Wismut GmbH (Hg.), Chronik der Wismut, S. 388 f.

38 Vgl. Werner Neubert, Die Aufbereitung der sächsischen Uranerze, in: Sächsische Heimatblätter, 5/1995, S. 291 ff.

39 Vgl. Wismut GmbH (Hg.), Chronik der Wismut, S. 448.

40 Zitiert nach: Gunther Mai, Der Alliierte Kontrollrat in Deutschland 1945–1948. Alliierte Einheit – deutsche Teilung?, München 1995, S. 370.

41 Vgl. Aktenvermerk der DVAS vom 9. 8. 1947 betr.: Befehl der SMAD vom 1. 8. 1947, BArch Berlin-Lichterfelde, SAPMO, DY 30 IV, 2/2.027/25 (Büro Lehmann).

42 Vgl. Plakat »Deutschland erwartet Euch!«, BArch Berlin-Lichterfelde, SAPMO, DY 30 IV, 2/2.027/25 (Büro Lehmann).

43 Vgl. Manfred Jahn, Die Lenkung von vertriebenen Deutschen in den sächsischen Uranbergbau, in: Der Anschnitt, 2–3/1998, S. 103–110.

44 Vgl. Gotthard Bretschneider, Kein Schutz vor Willkür? Zur Arbeit der Gewerkschaften in der SAG Wismut 1946–1953, Schriftenreihe der Traditionsstätte für den Sächsisch-Thüringischen Uranerzbergbaus, 1/1997, S. 8 f.; Rainer Karlsch, Vladimir Zakharov, Ein Gulag im Erzgebirge? Besatzer und Besiegte beim Aufbau der Wismut AG, in: Deutschland-Archiv, 1/1999, S. 16–34.

45 Vgl. Brief an die »Russischen Gewerkschaften« vom 15. 4. 1947. Eine Kopie des Briefes wurde dem Verfasser freundlicherweise von Gotthard Bretschneider zur Verfügung gestellt.

46 Schriftlicher Bericht des Vorsitzenden des WSSPS, Kuznezow, an den Stellv. Vorsitzenden des Ministerrates der UdSSR, Molotow, vom 13. 5. 1947, GARF Moskau, 9401-2-173, Bl. 19.

47 Vgl. Bericht vom 24.5.1947, BArch, Berlin-Lichterfelde, SAPMO, FBS 123/16 502 (Nachlass Grotewohl).

48 Vgl. Bericht über eine Besprechung zwischen General Malzew und den Kollegen Lähne, Arthur Schreiber, Fritz Schreiber sowie Richard Gründel am 26. 4. 1947. Eine Kopie des Berichts wurde dem Verfasser freundlicherweise von Gotthard Bretschneider zur Verfügung gestellt.

49 Zitiert nach: Gotthard Bretschneider, Kein Schutz vor Willkür?, S. 12.

50 Vorlage von Helmut Lehmann für das Zentralsekretariat der SED vom 12. 8. 1947, BArch Berlin-Lichterfelde, SAPMO, FBS 123/16 502 (Nachlass Grotewohl).

51 Vgl. Tagung des Parteivorstandes am 15./16. 10. 1947, BArch Berlin-Lichterfelde, SAPMO, FBS 194/20776.

52 Vgl. Mario Kaden, Wismut – die »wilde« Zeit, S. 30.

53 Vgl. Ralf Engeln, Die industriellen Beziehungen im Uranbergbau der SAG Wismut, in: Rainer Karlsch, Harm Schröter (Hg.), »Strahlende Vergangenheit«, S. 200 f.

54 Vgl. Mario Kaden, Uranprovinz. Zeitzeugen der Wismut erinnern sich, Marienberg 2000, S. 24.

55 Vgl. Wismut GmbH (Hg.), Chronik der Wismut, S. 229.

56 Vgl. ebd., S. 243.
57 Zitiert nach: Mario Kaden, Uranprovinz, S. 36.
58 Vgl. Arbeitskräftevermittlung für den Erzbergbau, 17.4.1950, SÄHStA Dresden, LRS, Nr. 404.
59 Vgl. Ralf Engeln, Uransklaven oder Sonnensucher?, S. 208.
60 Zitiert nach: Reimar Paul, Das Wismut Erbe. Geschichte und Folgen des Uranbergbaus in Thüringen und Sachsen, Göttingen 1991, S. 165.
61 Vgl. Werner Abelshauser, Der Ruhrkohlenbergbau seit 1945. Wiederaufbau, Krise, Anpassung, München 1984, S. 42.
62 Vgl. Ralf Engeln, Uransklaven oder Sonnensucher?, S. 204 ff.
63 Vgl. Wismut GmbH (Hg.), Chronik der Wismut, S. 780.
64 Informationsmaterial der IG Bergbau »Zusammenstellung von Befehlen, die Tarifregelungen gleichkommen«, BArch Berlin-Lichterfelde, DQ-2, Nr. 3 656.
65 Vgl. Verordnung des Generaldirektors der Wismut AG vom 20.7.1949, BArch Berlin-Lichterfelde, DQ-2, Nr. 6.
66 Vgl. Ralf Engeln, Uransklaven oder Sonnensucher?, S. 111 ff.
67 Vgl. Protokoll einer Besprechung während der 5. Gebietsparteikonferenz am 15.12.1951, BArch Berlin-Lichterfelde, SAPMO, FBS 123/16497 (NL 90/306).
68 Vertrag vom 1.10.1952 zw. der Wismut AG und dem Ministerium für Aufbau der DDR (russisch), Archiv der Wismut GmbH, MF, Nr. 439, Bl. 19–26.
69 Vgl. Silke Satjukow, »Früher war das eben der Adolf ...« in: Silke Satjukow, Rainer Gries (Hg.), Sozialistische Helden. Eine Kulturgeschichte von Propagandafiguren in Osteuropa und der DDR, Berlin 2002, S. 115 ff.
70 Vgl. Ralf Engeln, Uransklaven oder Sonnensucher?, S. 234 ff.
71 Wie hilflos Historiker den auf verschiedener Datenbasis erhobenen Zahlen gegenüberstehen, zeigt Jan Foitzik, Sowjetische Militäradministration in Deutschland (SMAD) 1945–1949. Struktur und Funktion, Berlin 1999. Da er allen Angaben aus sowjetischer und ostdeutscher Provenienz misstraut, billigt er westlichen Schätzungen größere Plausibilität zu. Die inzwischen verfügbaren Quellen stützen dieses Vorgehen nicht. Unzulänglich sind auch die Angaben zur Beschäftigtenentwicklung in der Chronik der Wismut GmbH für die Jahre 1950–1952, da sie nur auf Einzelquellen beruhen und mit den Zahlen der sowjetischen Generaldirektion nicht in Einklang zu bringen sind. Demgegenüber hat Ralf Engeln anhand von Gewerkschaftsunterlagen eine konsistente Analyse vorgenommen. Meine eigenen erstmals 1993 publizierten Schätzungen, beruhend auf den Angaben der Arbeitsämter, der Sächsischen Landesregierung und des Gesundheitswesens, stellen Momentaufnahmen dar, die mit den russischen Angaben und denen von Engeln korrespondieren.
72 Zusammengestellt nach: Sitzung der Aue-Kommission vom 11.5.1950, BArch Berlin-Lichterfelde, IV 2/2027/25; Besprechung mit Marschall Tschuikow am 6.4.1950, BArch Berlin-Lichterfelde, SAPMO, NL 36 Nr. 736 (Nachlass Pieck).
73 Vgl. Vortrag des Generaldirektors der Wismut AG, W. N. Bogatow, auf der konstituierenden Sitzung des Vorstandes der SDAG Wismut am 21.12.1953, UA Wismut GmbH. Ich danke dem Archivar der Wismut GmbH Rainer Kohlisch dafür, dass er mir seine Studie zur Beschäftigtenentwicklung zur Einsicht gegeben hat.
74 Spalte 1 beruht auf Angaben der sowjetischen Generaldirektion. Für die Jahre 1946–1948 dürften diese Zahlen deutlich unter den tatsächlichen lie-

gen, worauf verschiedene deutsche Erfassungen hindeuten. Angesichts der großen Fluktuation sind aber kaum präzisere Angaben möglich. Die Daten in Spalte 2 wurden gerundet und anhand deutscher Daten zusammengestellt, die in den verschiedenen Statistiken etwas voneinander abweichen. Ob damit die Gesamtbeschäftigtenzahl zutreffend erfasst wurde, müssen weitere Untersuchungen zeigen.

Schattenseiten

1 Bericht über die Tätigkeit der Rechtsabteilung der SMA/Sachsen für das IV. Quartal 1948 vom Januar 1949, GARF Moskau, 72/2-1-295.

2 Vgl. DWK Hausmitteilung vom 20.7.1949, BArch Berlin-Lichterfelde, SAPMO, DQ-2, Nr. 2105.

3 Vgl. Peter Erler, Zur Tätigkeit der Sowjetischen Militärtribunale (SMT) in der SBZ/DDR, in: Sergej Mironenko, Lutz Niethammer, Alexander von Plato (Hg.), Sowjetische Speziallager in Deutschland, Bd. 1, Berlin 1998, S. 173.

4 Vgl. Rehabilitierungsbescheid vom 25.5.1994, Militärstaatsanwaltschaft Moskau.

5 Vgl. Oberstleutnant Rybakow, Militärkommandant des Kreises Zwickau, Protokoll vom 12.8.1949, Militärstaatsanwaltschaft Moskau.

6 Vgl. Amt für Arbeit Bleicherode. Niederschrift vom 30. Dezember 1949, Privatarchiv Bretschneider.

7 Vgl. The secret mines of Russia's Germany, Life, 29/1950, S. 73–83.

8 Schreiben von Generalmajor Malzew, Leiter des Truppenteils 27 304, an Generalmajor Dubrowski vom 1.2.1949, GARF Moskau 72/2-1-264.

9 Vgl. Mario Kaden, Kriminalität, Polizei-, Justiz- und Sicherheitsapparat in der »Uranprovinz«, in: Rainer Karlsch, Harm Schröter (Hg.), »Strahlende Vergangenheit«, S. 154.

10 Schreiben des Ministeriums für Arbeit und Sozialfürsorge an die Arbeitsgerichte vom 9.4.1949, SÄHStA Dresden, LRS, MfW, 1530/1.

11 Vgl. Protokoll über eine Besprechung betreffend die Anwendung deutscher Gesetze im Bereich der SAG Wismut am 26.5.1950, SÄHStA Dresden, LRS, MfW, Nr. 1530/1.

12 Vgl. Skala Bericht (Berliner Rundfunk) vom 24.5.1949, BArch Berlin-Lichterfelde, SAPMO, FBS 363/15418. (Nachlass Ulbricht).

13 Schreiben von Herbert Gessner (Berliner Rundfunk) vom 10.8.1949, ebd.

14 Vgl. Peter Merseburger, Der schwierige Deutsche. Kurt Schumacher. Eine Biographie, Stuttgart 1995, S. 345.

15 Zitiert nach: Der Uranbergbau in der Sowjetzone, S. 83.

16 Vgl. Gotthard Bretschneider, Kultur in der Wismut. Schriftenreihe des Museums Uranbergbau, Traditionsstätte des Sächsisch-Thüringischen Uranerzbergbaus, 9/2003, S. 8.

17 Vgl. Schreiben von Lucas (Zentralvorstand der IG Wismut) an Kirchner (Bundesvorstand des FDGB) vom 17.6.1952 und 13.5.1953, BArch, Berlin-Lichterfelde, IG Wismut, Nr. 1260.

18 Vgl. Jonathan E. Helmreich, Gatering rare ores. The diplomacy of uranium acquisition 1939–1954, Princeton 1986, S. 70.

19 Uranium finds in Schneeberg, Oberschlema and Johanngeorgenstadt, Agentenbericht vom 19.5.1947, Institut für Zeitgeschichte (IfZ) München, Office of Military Government for Germany (OMGUS), Agent General Top Secret (AGTS), Nr. 38/1.

20 Steps taken since 1940 by the Soviet government to locate and develop deposits of uranium boaring ore, Report vom 16.2.1948, IfZ München, OMGUS, AGTS, Nr. 38/1.
21 Uranium finds in Schneeberg, Oberschlema and Johanngeorgenstadt, Report vom 19.5.1947, Ebd.
22 Vgl. Norman Naimark, Die Russen in Deutschland, S. 296 ff.
23 Vgl. Uranium ore sample obtained from Johanngeorgenstadt, Report vom Januar 1949; Uranium ore sample obtained from Johanngeorgenstadt, Report vom 18. April 1949, IfZ München, OMGUS, AGTS 38/1a.
24 Vgl. Werner Buschfort, Parteien im Kalten Krieg. Die Ostbüro von SPD, CDU und FDP, Berlin 2000, S. 29 ff.
25 Vgl. Peter Merseburger, Der schwierige Deutsche, S. 338 f.
26 Vgl. Karl Wilhelm Fricke, Organisation und Tätigkeit der DDR-Nachrichtendienste, in: Wolfgang Krieger, Jürgen Weber (Hg.), Spionage für den Frieden? München 1997, S. 221.
27 Vgl. z.B.: Friedrich-Ebert-Stiftung (FES) Bonn, Ostbüro der SPD, Nr. 0072 B (02365), Bericht über die Verhältnisse im Erzbergbau vom 17.3.1947, Flüchtlingsbericht vom 24.6.1947, Flüchtlingsbericht vom 28.7.1947.
28 Vgl. Bericht vom 13.12.1948, FES Bonn, Ostbüro, Nr. 0072 B (02358).
29 Vgl. Schreiben des Betriebsschutzes Wismut an die Hauptverwaltung der Deutschen Volkspolizei (HVDVP) vom 5.1.1952, BArch Berlin-Lichterfelde, DO 11, Nr. 11/546.
30 Schreiben des Betriebsschutzes Wismut an die HVDVP vom 2.4.1952, BArch Berlin-Lichterfelde, DO 11, 11/546.
31 Vgl. Uranium ore sample obtained from Johanngeorgenstadt, Januar 1949, IfZ München, OMGUS, AGTS 38/1a.
32 Vgl. Russisches Staatliches Militärarchiv (RGWA), Fonds 32925, op. 1, d. 178, l., 25–27.
33 Vgl. Dmitrij N. Fillippovich, Vladimir V. Zacharov, Deutsches Uran für die sowjetische Atombombe, S. 88 f.
34 Vgl. »Riasverbrecher im Erzbergbau unschädlich gemacht«, Neues Deutschland vom 12.7.1955.
35 Vgl. Untersuchungs-Vorgang wegen Aufruhr in Schneeberg am 21.3.1951, Archiv des Bundesbeauftragten für die Unterlagen des ehemaligen Staatssicherheitsdienstes der DDR (BStU), HA/St, Nr. 29/52.
36 Vgl. Andrew Port, Mates in agents clothing. The Wismut upheaval of August 1951, in: German History, 1/1998.
37 Vgl. BStU, HA/St, Nr. 29/52.
38 Vgl. Bericht der Landesleitung der SED Thüringen vom 22.8.1951 über die Ergebnisse der Überprüfung der Lage der Parteiorganisation der Wismut AG im Kreisgebiet Saalfeld, BArch Berlin-Lichterfelde, SAPMO, FBS 123/16 497 (NL 90/306).
39 Rolf Badstübner, Wilfried Loth (Hg.), Wilhelm Pieck – Aufzeichnungen zur Deutschlandpolitik 1945–1953, Berlin 1993, S. 378.
40 Vgl. Rainer Potratz, Zur Entfernung »deklassierter Elemente«. Die Ausweisungen aus den Uranbergbaukreisen 1952–54, in: Rainer Karlsch, Harm Schröter (Hg.), »Strahlende Vergangenheit«, S. 221.
41 Vgl. Bericht des Sonderkommissars für Siedlungsfragen vom 30.7.1956, BArch, Berlin-Lichterfelde, C-20, Nr. 105.
42 Vgl. Aufstellung der notwenigen Wohnungs-, Kommunal- und Kulturbauvorhaben für 1952 vom 21.11.1951 (W. Bogatow), BArch Berlin-Lichterfelde, SAPMO, FBS 363/15 418 (NL 182/986).

43 Vgl. Schreiben von Ulbricht an Rau vom 14.12.1951, BArch Berlin-Lichterfelde, SAPMO, FBS 363/15 418 (NL 182/986).
44 Vgl. Heidi Roth, Der 17. Juni 1953 in Sachsen, Köln 1999, S. 372.
45 Vgl. Heidi Roth, Torsten Diedrich, »Wir sind Kumpel – uns kann keiner«. Der 17. Juni 1953 in der SAG Wismut, in: Rainer Karlsch, Harm Schröter, (Hg.), »Strahlende Vergangenheit«, S. 253.
46 Vgl. Ralf Engeln, Uransklaven oder Sonnensucher?, S. 224.
47 Schreiben von Professor Wildführ an Ministerialrat Dr. Seifert (Landesregierung Sachsen, Hauptabteilung Gesundheitswesen) vom 27. 5. 1947, SÄHStA Dresden, LRS, MAS, Nr. 2174/1, Bl. 132 f.
48 Vgl. Tagung des Parteivorstandes am 15./16.10.1947, BArch Berlin-Lichterfelde SAPMO, FBS 194/20776.
49 Werner Schiffner, Agricola und die Wismut, S. 110.
50 Vgl. Schreiben der Landesarbeitsinspektion vom 2.12.1948, SÄHStA Dresden, LRS, MAS, Nr. 2174/1, Bl. 15.
51 Vgl. Wismut Chronik, Teil 1, S. 477.
52 Vgl. I. Brüske-Hohlfeld, M. Möhner, H. E. Wichmann, Abschlussbericht zum Forschungsvorhaben »Stichprobenerhebung und Auswertung von Personaldaten der Wismut« für den Hauptverband der Gewerblichen Berufsgenossenschaften e.V., GSF-Bericht 17/95, Neuherberg 1995, S. 15.
53 Vgl. Gerd G. Eigenwillig, Eckhard Ettenhuber (Hg.), Strahlenexposition und Strahleninduzierte Berufskrankheiten im Uranbergbau am Beispiel Wismut, Köln 2000.
54 Vgl. Rolf Seelig, Gesundheitliche Folgen des Uranbergbaus, in: Rainer Karlsch, Harm Schröter (Hg.), »Strahlende Vergangenheit«, S. 374.
55 Vgl. Raye C. Ringholz, Uranium frenzy. Boom and bust on the Colorado plateau, New York 1989, S. 93.
56 Vgl. J. Sevc, Lung cancer in uranium miners and long-term exposure, in: Health Physics 1976, S. 433.
57 Zitiert nach: Michael Beleites, Altlast Wismut, Ausnahmezustand, Umweltkatastrophe und das Sanierungsproblem im deutschen Uranbergbau, Frankfurt a. M. 1992, S. 121 f.
58 Vgl. Gerhard Rohner, Finanzierung der Wismut AG (unveröff. Manuskript), in: BArch Koblenz, B 137, Nr. 3155.
59 Vgl. Schreiben von Bykow an Wosnessenski (Vorsitzender Gosplan) vom 1.11.1947, betr.: Reparationsplan für 1948 für die SBZ, RGAE Moskau, 4372-94-1962, Bl. 36–38.
60 Vgl. Bericht über den Reparationsplan 1948 vom Chef der SMAD, Marshall Sokolowski an Mikojan und Wosnessenski (undatiert), RGAE Moskau, 4372-95-626, Bl. 234–238.
61 Schreiben von Bykow an Wosnessenski vom 9.12.1948, RGAE Moskau, 4372-95-828, Bl. 326.
62 Vgl. Schreiben von Bykow an Saborow (Vorsitzender Gosplan) vom 8.9.1949, RGAE Moskau, 4372-96-835, Bl. 244 ff.
63 Vgl. Schreiben von Kupschow (Stellv. Leiter Gosplan) an das Büro des Ministerrates vom 16.11.1949, RGAE Moskau, 4372-96-835, Bl. 166 f.
64 Vgl. Besprechung Pieck mit Tschuikow und Semjonow über Reparationsverpflichtungen der DDR am 22.12.1949, in: Rolf Badstübner, Wilfried Loth (Hg.), Wilhelm Pieck – Aufzeichnungen zur Deutschlandpolitik 1945–1953, S. 320.
65 Vgl. Jochen Laufer, Politik und Bilanz der sowjetischen Demontagen in der SBZ/DDR 1945–1950, in: Rainer Karlsch, Jochen Laufen (Hg.), Sowje-

tische Demontagen in Deutschland 1944–1949. Hintergründe, Ziele und Wirkungen, Berlin 2002, S. 65 ff.

66 Vgl. Rolf Badstübner, Wilfried Loth (Hg.), Wilhelm Pieck – Aufzeichnungen zur Deutschlandpolitik 1945–1953, S. 364.

67 Vgl. ebd., S. 318.

68 Berechnet nach: Schreiben von Bykow an Saburow (Vorsitzender Gosplan) vom 8. 9. 1949, RGAE Moskau, 4372-96-835, Bl. 244 ff.; Schreiben von G. Perow (Gosplan) an das Präsidium des sowjetischen Ministerrates, Februar 1951, RGAE, 4372-98-1036, Bl. 42; sowie stichpunktartige Angaben von Wilhelm Pieck in: BArch, Berlin-Lichterfelde, SAPMO, NL 36, Nr. 736, Bl. 13–15, 233–236, 309–312. Geringfügige Korrekturen an dieser könnten sich noch durch die Anrechnung der Produktion der Jahre 1947/1948 oder spätere, uns bisher nicht bekannte Änderungen, ergeben. Am grundsätzlichen Sachverhalt der zu niedrigen Bewertung ändert dies nichts.

69 Vgl. Rainer Karlsch, Allein bezahlt?, Die Reparationsleistungen der SBZ/DDR 1945–1953, S. 228 f.

70 Vgl. Raye C. Ringholz, Uranium frenzy, S. 269.

71 Vgl. Heinz Köhler, Economic integration in the Soviet bloc, New York/Washington/London 1965, S. 23.

72 Vgl. Abschlussdokumentation über die Tätigkeit der SDAG Wismut, Chemnitz 1991, S. 5.

73 Vgl. ebd. S. 13. Diese Zahl wird in der Chronik der Wismut GmbH als zu niedrig charakterisiert. Dem ist zu widersprechen, zumal es Angaben für die Jahre 1949 bis 1952 gibt, die von Staatspräsident Wilhelm Pieck stammen. Demnach wurden 1951 mit knapp 1,6 Mrd. Mark die höchsten Aufwendungen getätigt. (BArch Berlin-Lichterfelde, SAPMO, NL 36, Nr. 736.)

74 Vgl. Ministerium der Finanzen, Aufwand des Staatshaushaltes der DDR für die Wirtschaftstätigkeit der SDAG Wismut 1954 bis 1985, Juli 1986, Archiv der Wismut GmbH, GD/Geschäftsstelle Berlin, Nr. 37/2.

75 Vgl. Rainer Karlsch, Umfang und Struktur der Reparationsentnahmen aus der SBZ/DDR 1945–1953. Stand und Probleme der Forschung, in: Christoph Buchheim (Hg.), Wirtschaftliche Folgelasten des Krieges in der SBZ/DDR, Baden-Baden 1995, S. 45–78.

76 Vgl. Norman M. Naimark, The Russians in Germany, Cambridge/London 1995, S. 241 ff.

Übergangsjahre (1954–1962)

1 Vgl. Nr. 45, Sitzungsprotokolle der Verwaltung der Gesellschaft, Protokoll über die Gründung der gemischten Sowjetisch-Deutschen Aktiengesellschaft Wismut vom 21.12.1953, Archiv der Wismut GmbH, Nr. 45, Bl. 11–16.

2 Vgl. Abkommen zwischen der Regierung der UdSSR und der Regierung der DDR über die Gründung der gemischten Sowjetisch-Deutschen Aktiengesellschaft Wismut in der DDR vom 22. 8. 1953, Archiv der Wismut GmbH.

3 Vgl. Abschlussdokumentation der SDAG Wismut, Anlage zu Abschnitt 2, Chemnitz 1991.

4 Vgl. Protokolle der Vorstandssitzungen, Nr. 332, Bericht über die Ergebnisse der Produktions- und Wirtschaftstätigkeit der SDAG Wismut 1961, Archiv der Wismut GmbH, Büro GD, Bl. 17 ff.

5 Vgl. Entwicklung des Gesamtaufwandes der Uranproduktion zu aktuellen Preisen, Abschlussdokumentation der SDAG Wismut, S. 90.

6 Vgl. Brief von Fritz Selbmann an Walter Ulbricht vom 23.4.1956, BArch Berlin-Lichterfelde, SAPMO, J IV 2/202-55.
7 Vgl. Protokoll der Sitzung des Vorstandes vom 28.5.1956, Archiv der Wismut GmbH, Nr. 39/1-4, Bl. 178.
8 Vgl. Änderung und Zusätze zum sowjetisch-deutschen Abkommen vom 22.8.1953, BArch Berlin-Lichterfelde, SAPMO, J IV 2/202/333.
9 Vgl. ebd.
10 Vgl. Statistisches Jahrbuch der DDR, Berlin 1957, S. 519.
11 Vgl. Brief von Fritz Selbmann an Walter Ulbricht vom 25.6.1957, BArch Berlin-Lichterfelde, SAPMO, NL 113, Nr. 26, Bl. 2 ff.
12 Vgl. Rainer Karlsch, Wirtschaftliche Belastungen durch bewaffnete Organe, in: Materialien der Enquete-Kommission »Überwindung der Folgen der SED-Diktatur im Prozess der deutschen Einheit«, Bd. 3/2, Baden-Baden 1999, S. 1559 ff.
13 Aktennotiz von Otto Grotewohl vom September 1955, BArch Berlin-Lichterfelde, SAPMO, NL 90, Nr. 471.
14 Vgl. Brief von Heinrich Rau an Walter Ulbricht vom 26.3.1958, BArch Berlin-Lichterfelde, SAPMO, DY 30, Nr. 3726.
15 Vgl. Rainer Karlsch, Wirtschaftliche Belastungen, S. 1571.
16 Vgl. Protokoll vom 17. Juli 1956, in: Anlagenband 1 zum Abschlussdokument über die Tätigkeit der SDAG Wismut, Chemnitz 1991.
17 Vgl. Kommuniqué über die Verhandlungen zwischen den Regierungsdelegationen der UdSSR und der DDR vom März 1957, BArch Berlin-Lichterfelde, SAPMO, NL 113, Nr. 26.
18 Ebd.
19 Vgl. Fritz Selbmann »Die vertragliche Grundlage zwischen der Regierung der DDR und der Regierung der UdSSR über die Produktion der SDAG Wismut«, ebd.
20 Vgl. Protokoll über das Verrechnungsverfahren für die Produktion der SDAG Wismut vom 26.2.1957, in: Anlagenband 1 zum Abschlussdokument über die Tätigkeit der SDAG Wismut, Chemnitz 1991.
21 Vgl. Aide mémoire der UdSSR vom 10.3.1958, BArch Berlin-Lichterfelde, SAPMO, J IV 2/202-55.
22 Vgl. Brief von Heinrich Rau an Walter Ulbricht vom 26.3.1958; Notiz (Geheim) vom 3.4.1958, Ebd.
23 Vgl. Winfried Halder, Modell für Deutschland? Wirtschaftspolitik in Sachsen 1945–1948, Paderborn 2001.
24 Vgl. Mike Reichert, Kernenergiewirtschaft in der DDR, St. Katharinen 1999, S. 113 ff.
25 Vgl. Wolfgang Horlamus, Die Kernenergiewirtschaft der DDR. Von ihren Anfängen bis zur Abschaltung der Reaktoren im Kernkraftwerk Nord, Berlin 1994; Mike Reichert, Zusammenhänge zwischen früher Kernenergieplanung und Ansätzen zur Lösung der Brennstoffproblematik, in: Rainer Karlsch, Harm Schröter (Hg.), »Strahlende Vergangenheit«, S. 301–342.
26 Vgl. Wolfgang W. Schwanitz, Wasser, Uran und Paktfreiheit? Zur Geschichte der Beziehungen zwischen dem Sudan und der DDR (1955–1970), in: Wolfgang W. Schwanitz (Hg.), Jenseits der Legenden. Araber. Juden. Deutsche, Berlin 1994.
27 Hans-Jürgen Hildebrandt, Die Kernenergie im System der Elektrizitätsversorgung der DDR, in: Energietechnik, 4/1957, S. 154.
28 Vgl. Mike Reichert, Kernenergiewirtschaft in der DDR, S. 173.
29 Vgl. ebd., S. 312 f.

30 Zitiert nach: ebd., S. 313.
31 Vgl. Wolfgang D. Müller, Geschichte der Kernenergiewirtschaft in der Bundesrepublik Deutschland, Bd. 1, Stuttgart 1990, S. 461 ff.
32 Vgl. Karl Schirdewan, Aufstand gegen Ulbricht, Berlin 1994, S. 92 f.
33 Zitiert nach: Mario Frank, Walter Ulbricht. Eine deutsche Biographie, Berlin 2001, S. 267.
34 Vgl. Sitzung des Politbüros am 11.3.1958, BArch Berlin-Lichterfelde, SAPMO, J IV 2/2-5/4.
35 Vgl. Rainer Karlsch, Allein bezahlt?, S. 59.
36 Vgl. Wismut GmbH (Hg.), Chronik der Wismut, S. 2012–2017.
37 Vgl. ebd., S. 2057 f.
38 Vgl. ebd., S. 311.
39 Vgl. ebd., S. 314.
40 Vgl. ebd., S. 310.
41 Vgl. ebd., S. 2041.
42 Vgl. Schreiben der Gebietsparteileitung Wismut an Günther Wyschowsky (Abt. Grundstoffindustrie beim ZK der SED) vom 9. 11. 1961, BArch Berlin-Lichterfelde, DY 30, IV, 2/2.029, Nr. 121.
43 Vgl. Wismut GmbH (Hg.), Chronik der Wismut, S. 455–467.
44 Herr Werner Schiffner (Aue) hat mir zu diesem Thema zahlreiche Hinweise gegeben.
45 Vgl. Grubenunglück in Niederschlema, Protokoll über Vorkommnisse am 16. 7. 1955, BArch Berlin-Lichterfelde, IG Wismut, Nr. 1501; Volksstimme vom 20. 7. 1955; Neues Deutschland vom 14. 7. 1995.
46 Vgl. Freie Presse vom 18. 7. 1995.
47 Vgl. Bericht über den Einsatz des Grubenrettungskommandos bei der Brandbekämpfung und den Bergungsarbeiten in Niederschlema, SÄHStA Dresden, Ministerium des Innern (MdI), Gebietskommando DVP (BS) Wismut, Nr. 27/17.
48 Vgl. Lagebericht der Einsatzleitung des VPKA Aue vom 18. 7. 1955, Ebd.
49 Vgl. Bericht über die Maßnahmen zur Bekämpfung des Untertagebrandes in der SDAG Wismut vom 23. 7. 1955, ebd.
50 Neues Deutschland vom 14. 7. 1995.
51 Vgl. Stimmungsbericht vom 17. 7. 1955, SÄHStA Dresden, MdI, Gebietskommando DVP (BS) Wismut, Nr. 27/17.
52 Vgl. Abschlussbericht zum Grubenbrand in Niederschlema, 1. 8. 1955, ebd., Bl. 168 ff.
53 Zusammengestellt nach: Wismut GmbH (Hg.), Chronik der Wismut, S. 642.
54 Vgl. Rainer Karlsch, »Der Erzbergbau ist keine Puppenstube«. Unfälle bei der Wismut AG, Berlin 1998; SDAG Wismut (Hg.), Seilfahrt. Auf den Spuren des sächsischen Uranerzbergbaus, Haltern 1990.
55 Vgl. Unfallstatistik nach Wirtschaftsgruppen, I. Quartal 1948, SÄHStA Dresden, LRS, MAS, Nr. 216.
56 Vgl. Zeitzeugeninterview Werner L. (Sammlung Kaden).
57 Klaus Beyer, Arbeitsschutz und technische Sicherheit im erzgebirgischen Uranerzbergbau. Einige kritische Gedanken zu einem heißen Thema. Schriftenreihe des Museums Uranbergbau, Traditionsstätte des Sächsisch-Thüringischen Uranerzbergbaus, 7/2001, S. 39.
58 Vgl. Mike Reichert, Kernenergiewirtschaft in der DDR, S. 133.
59 Zitiert nach: Traci Heitschmidt, The quest for uranium, S. 170.
60 Vgl. Sitzung des Politbüros der SED am 21. 6. 1960, BArch Berlin-Lichterfelde, SAPMO, J IV 2/2 A/759.

61 Vgl. Schreiben von Erich Apel an Walter Ulbricht vom 1.10.1965: Bericht über die Tätigkeit der SDAG Wismut, Oktober 1965, BArch Berlin-Lichterfelde, DY 30, Nr. 3726.
62 Vgl. Klaus Beyer, Der Uranerzbergbau der SAG/SDAG Wismut im Raum Annaberg, Marienberg, Bärenstein-Niederschlag. Schriftenreihe des Museums Uranbergbau, Traditionsstätte des Sächsisch-Thüringischen Uranerzbergbaus, 14/2004, S.24.
63 Vgl. Harm Schröter, Die Wismut, der Umweltschutz und ein zentrales Dokument, in: Rainer Karlsch, Harm Schröter (Hg.), »Strahlende Vergangenheit«, S.354ff.
64 Vgl. Traci Heitschmidt, The quest for uranium, S.170.
65 Vgl. Sitzung des Politbüros der SED am 12.5.1964, BArch Berlin-Lichterfelde, SAPMO, J IV 2/2 A/1030.
66 Vgl. Gotthard Bretschneider, Kultur in der Wismut, S.32.
67 Vgl. Wolfgang Jacobsen, Rolf Aurich, Der Sonnensucher. Konrad Wolf. Biographie, Berlin 2005.
68 Vgl. Beratung in der SDAG Wismut am 15.8.1962, SÄHStA, Außenstelle Chemnitz, SED-GPA Wismut, IV 2/18/1.
69 Vgl. Bericht über die Tätigkeit der Wismut 1965 (Geheime Verschlusssache), BArch Berlin-Lichterfelde, SAPMO, ZPA, J IV 2/202-55, Bl. 24f.

Die besten Jahre (1963–1977)

1 Vgl. André Steiner, Von Plan zu Plan. Eine Wirtschaftsgeschichte der DDR, München 2005, S.129ff.
2 Vgl. Helmut Müller-Enbergs, Jan Wielgohs, Dieter Hoffmann, Andreas Herbst, Olaf W. Reimann (Hg.), Wer war wer in der DDR? Ein Lexikon ostdeutscher Biographien, Bd. 2, Berlin 2006, S.652.
3 Vgl. Bericht über die Tätigkeit der SDAG Wismut (Geheime Verschlusssache), BArch Berlin-Lichterfelde, SAPMO, J IV 2/202-55.
4 Vgl. Schreiben von Erich Markowitsch an Walter Ulbricht vom 3.5.1965: Aktennotiz über eine Unterredung mit dem Generaldirektor der SDAG, Woloschtschuk am 29.4.1965, BArch Berlin-Lichterfelde, DY 30 (Büro Ulbricht), Nr. 3726.
5 Vgl. Sowjetische Enzyklopädie, Moskau 1986, S.1222.
6 Vgl. Direktive für den Besuch des Genossen Markowitsch Ende Mai 1965 auf Grund der Einladung vom 8.4.1965 des Ministers der UdSSR Slawski (GVS), BArch Berlin-Lichterfelde, DY 30 (Büro Ulbricht), Nr. 3726.
7 Ebd.
8 Vgl. Information von Markowitsch über eine Beratung mit dem Generaldirektor der SDAG Wismut am 26.10.1965, ebd.
9 Vgl. Schreiben von Erich Markowitsch an Walter Ulbricht vom 17.12.1965, ebd.
10 Vgl. Schreiben von Erich Apel an Walter Ulbricht vom 1.10.1965: Bericht über die Tätigkeit der SDAG Wismut, Oktober 1965, ebd.
11 Vgl. Bericht über Preisverhandlungen vom 16.–22.12.1965, 23.12.1965, ebd.
12 Vgl. Schreiben der SED-Gebietsleitung Wismut an Mittag: Bericht über Besuch von Minister Slawski in den Betrieben der SDAG, 16.5.1966, BArch Berlin-Lichterfelde, DY 30, IV A 2/2.021, Nr. 301.
13 Vgl. Schreiben von Erich Markowitsch an Günter Mittag vom 14.3.1967:

Direktive zur Durchführung eines Konsultation bei Minister für Allgemeinen Maschinenbau der UdSSR, Slawski im März 1967, 14.3.1967 (Streng vertraulich), BArch Berlin-Lichterfelde, DY 30 (Büro Ulbricht), Nr. 3726.

14 Schreiben von Siegfried Böhm an Günter Mittag vom 9.6.1967: Persönliche vertrauliche Information, DY 30, IV A 2/2.021, Nr. 301.

15 Vgl. Schreiben von Erich Markowitsch an Walter Ulbricht vom 17.5.1967, Kurz-Information über ein Gespräch mit Generaldirektor Woloschtschuk am 17.5.1967, BArch Berlin-Lichterfelde, DY 30 (Büro Ulbricht), Nr. 3726.

16 Vgl. Schreiben von Erich Markowitsch an Walter Ulbricht vom 21.7.1967, ebd.

17 Vgl. Schreiben von Horst Kaminsky an Willi Stoph vom 7.8.1967, DY 30, IV A 2/2.021 (Büro Mittag), Nr. 301.

18 Vgl. Helmut Müller-Enbergs, Jan Wielgohs, Dieter Hoffmann, Andreas Herbst, Olaf W. Reimann (Hg.), Wer war wer in der DDR? Bd. 1, S. 481.

19 Vgl. Sektor Energiewirtschaft des ZK der SED, Information vom 21.12.1967, DY 30, IV A 2/2.021 (Büro Mittag), Nr. 301.

20 Ebd.

21 Vgl. Nikolai I. Tschesnokow, Sosdanije i raswitije uranodobschiwajuschei promyschlennosti w stranach wostotschnoi ewropje (Aufbau und Entwicklung der Uranindustrie in den Ländern Osteuropas), Moskau 1998, S. 73 f.

22 Schreiben von Alfred Neumann an Walter Ulbricht vom 17.12.1968, BArch Berlin-Lichterfelde, DY 30 (Büro Ulbricht), Nr. 3726.

23 Vgl. Wismut GmbH (Hg.), Chronik der Wismut, S. 486.

24 Zitiert nach: Mike Reichert, Kernenergiewirtschaft in der DDR, St. Katharinen 1999, S. 242.

25 Vgl. Hausmitteilung von Hilmar Tröger, Abt. Grundstoffindustrie des ZK der SED, an Günter Mittag vom 13.5.1968, BArch Berlin-Lichterfelde, DY 30, IV A 2/2.021, Nr. 544.

26 Vgl. Lutz Prieß u. a. (Hg.), Die SED und der »Prager Frühling« 1968. Politik gegen einen »Sozialismus mit menschlichem Antlitz«, Berlin 1996.

27 Vgl. Mike Reichert, Kernenergiewirtschaft in der DDR, S. 508 ff.

28 Vgl. N. Tschesnokow, Aufbau und Entwicklung der Uranindustrie, S. 74.

29 Vgl. Silvio Stute, Zur Geschichte des Bergbaubetriebes »Willi Agatz«, 2001, www.doehlenerbecken.de/bergbau/agatz.html (1.11.2006).

30 Vgl. Wismut GmbH (Hg.), Chronik der Wismut, S. 358–371.

31 Vgl. Michael Beleites, Altlast Wismut, S. 76.

32 Vgl. Wismut GmbH (Hg.), Chronik der Wismut, S. 234.

33 Vgl. Klaus Beyer, Der westerzgebirgische Gangerzbergbau zu Wismut's Zeiten (1947–1990), S. 23.

34 Vgl. Wismut GmbH (Hg.), Chronik der Wismut, S. 445.

35 Vgl. Klaus Beyer, Der westerzgebirgische Gangerzbergbau zu Wismut's Zeiten (1947–1990), S. 26 f.

36 Vgl. Jörg Roesler, Momente deutsch-deutscher Wirtschafts- und Sozialgeschichte 1945 bis 1990. Eine Analyse auf gleicher Augenhöhe, Leipzig 2006, S. 151.

37 Vgl. Raye C. Ringholz, Uranium frenzy, S. 239 ff.

38 Vgl. Wismut GmbH (Hg.), Chronik der Wismut, S. 681.

39 Vgl. Michael Beleites, Altlast Wismut, S. 159.

40 Vgl. Wismut GmbH (Hg.), Chronik der Wismut, S. 395.

41 Vgl. ebd., S. 394.

42 Vgl. ebd., S. 387.

43 Vgl. Rolf Seelig, Gesundheitliche Folgen des Uranbergbaus, S. 374.
44 Vgl. Wismut GmbH (Hg.), Chronik der Wismut, S. 696.

Krise und Ende des Uranbergbaus (1978–1990)

1 Vgl. János Kornai, Das sozialistische System. Die politische Ökonomie des Kommunismus, Baden-Baden 1995.
2 Vgl. Klaus Krakat, Kombinate, in: Lexikon des DDR-Sozialismus, Paderborn/München/Wien/Zürich 1996, S. 346 f.
3 Vgl. Klaus Beyer, Der westerzgebirgische Gangerzbergbau zu Wismut's Zeiten (1947–1990), S. 6.
4 Vgl. Michael Beleites, Altlast Wismut, S. 36 ff.
5 Vgl. Schreiben vom Leiter der Abt. Grundstoffindustrie beim ZK der SED, Horst Wambutt vom 12. 1. 1978, Information über die Erfüllung des Volkswirtschaftsplans 1977, BArch Berlin-Lichterfelde, DY 30, Nr. 2824.
6 Vgl. Schreiben von Horst Wambutt an Günter Mittag vom 20. 4. 1978, ebd.
7 Vgl. Schreiben von Horst Kaminsky an Günter Mittag vom 9. 1. 1979, ebd.
8 Vgl. Schreiben Horst Kaminsky an Günter Mittag vom 14. 12. 1978, ebd.
9 Vgl. Schreiben von Horst Kaminsky an Günter Mittag vom 12. 1. 1979, ebd.
10 Vgl. Schreiben von Willi Stoph an Alexei N. Kossygin vom 19. 1. 1979, ebd.
11 Vgl. Schreiben von Alexei N. Kossygin an Willi Stoph vom 9. 4. 1979, ebd.
12 Vgl. Horst Kaminsky »Zur Finanzierung der laufenden Produktion der SDAG 1979«, 24. 1. 1979, ebd.
13 Vgl. Horst Kaminsky, »Standpunkt über die Wahrung ökonomischer Interessen der DDR auf dem Gebiet der SDAG Wismut«, 1. 8. 1980, ebd.
14 Vgl. Schreiben vom Horst Wambutt an Günter Mittag vom 12. 5. 1981, ebd.
15 Vgl. Schreiben von Igor Archipow, Erster Stellv. des Vorsitzenden des Ministerrates der UdSSR, an Alfred Neumann, Erster Stellv. des Vorsitzenden des Ministerrates der DDR vom 27. 3. 1981, ebd.
16 Vgl. Vorlage für das Politbüro: »Maßnahmen, die gewährleisten, daß die SDAG Wismut nach den Prinzipien der wirtschaftlichen Rechnungsführung ohne Inanspruchnahme von Zuschüssen aus dem Staatshaushalt ihre Aufgaben durchführt«, 12. 11. 1981, ebd.
17 Vgl. Schreiben von Gerhard Schürer und Horst Kaminsky an Erich Honecker vom 18. 1. 1982, ebd.
18 Vgl. Schreiben von Horst Kaminsky an Günter Mittag vom 8. 12. 1982, ebd.
19 Vgl. André Steiner, Von Plan zu Plan, S. 194.
20 Günter Sieber, Ustinow tobte, Gorbatschow schwieg, in: Brigitte Zimmermann, Hans Dieter Schütt (Hg.), ohnMacht. DDR-Funktionäre sagen aus, Berlin 1992, S. 232.
21 Vgl. Harm Schröter, Ölkrisen und Reaktionen in der chemischen Industrie beider deutscher Staaten. Ein Beitrag zur Erklärung wirtschaftlicher Leistungsdifferenzen, in: Johannes Bähr, Dietmar Petzina (Hg.), Innovationsverhalten und Entscheidungsstrukturen, Berlin 1996, S. 119.
22 Vgl. Wismut GmbH (Hg.), Chronik der Wismut, S. 340.
23 Vgl. Michael Beleites, Altlast Wismut, S. 86.
24 Vgl. Klaus Beyer, Der westerzgebirgische Gangerzbergbau zu Wismut's Zeiten (1947–1990), S. 30 f.

25 Vgl. Schreiben von Horst Wambutt an Günter Mittag vom 19.1.1977, BArch Berlin-Lichterfelde, DY 30, Nr. 2824; Wismut GmbH (Hg.), Chronik der Wismut, S. 131–146.

26 Vgl. Schreiben von Horst Wambutt an Günter Mittag vom 1.5.1984, BArch Berlin-Lichterfelde, DY 30, Nr. 2824.

27 Vgl. Wismut GmbH (Hg.), Chronik der Wismut, S. 135.

28 Information des MfS, November 1985, BStU, HA XVIII, Nr. 4730, Bl. 26, in: Diethard Mager, Wismut – die letzten Jahre des ostdeutschen Uranbergbaus, in: Eberhard Kuhrt (Hg.), Am Ende des realen Sozialismus. Beiträge zu einer Bestandsaufnahme der DDR-Wirklichkeit in den 80er Jahren, Bd. 2, Opladen 1996, S. 286.

29 Vgl. Bericht von Horst Kaminsky und Alfred Neumann über Regierungsverhandlungen bzgl. SDAG vom 25.10.1985, BArch Berlin-Lichterfelde, DY 30, Nr. 2824.

30 Nikolai I. Tschesnokow, Aufbau und Entwicklung der Uranindustrie in den Ländern Osteuropas, S. 77, erwähnt zwar den deutschen Vorschlag, schreibt aber nicht davon, dass dieser abgelehnt wurde. In seinem Buch findet sich nicht ein einziger Hinweis auf Differenzen zwischen den Eignern der SDAG.

31 Der heute amtliche ukrainische Name der Stadt lautet Tschornobyl.

32 Vgl. Thomas Hartmann (Hg.), Tschernobyl und die DDR: Fakten und Verschleierungen – Auswirkungen bis heute?, Magdeburg 2003.

33 Vgl. »Ein Geschmack von Metall«, in: Berliner Zeitung vom 22.4.2006.

34 Vgl. Mike Reichert, Kernenergiewirtschaft in der DDR, S. 511.

35 Ebd., S. 367.

36 Zitiert nach: Sebastian Pflugbeil, Tschernobyl und die DDR – zwischen staatlicher Leugnung und Bürgerbewegung, in: Thomas Hartmann (Hg.), Tschernobyl und die DDR, S. 29.

37 Vgl. Heinrich Potthoff, Die Koalition der Vernunft. Deutschlandpolitik in den 80er Jahren, München 1995, S. 400 ff.

38 Ebd., S. 430.

39 Vgl. Michael Beleites, Altlast Wismut, S. 14.

40 Vgl. Schreiben von Horst Kaminsky an Günter Mittag vom 3.11.1988, BArch Berlin-Lichterfelde, DY 30, Nr. 2824.

41 Vgl. »Zur Strahlenschutzsituation in den Südbezirken der DDR«, BArch Berlin-Lichterfelde, IV A2, Nr. 41794.

42 Vgl. Harm Schröter, Die Wismut, der Umweltschutz und ein zentrales Dokument, in: Karlsch, Schröter (Hg.), »Strahlende Vergangenheit«, S. 369.

43 Vgl. Michael Beleites, Konspirative Abschirmung der Umweltschäden durch die SED-Führung und das Ministerium für Staatssicherheit und die Versuche zur Herstellung einer kritischen Öffentlichkeit, in: Materialien der Enquete-Kommission »Überwindung der Folgen der SED-Diktatur im Prozess der deutschen Einheit«, Bd. 3/2, Baden-Baden 1999, S. 1588.

44 Vgl. Diethard Mager, Wismut – die letzten Jahre des ostdeutschen Uranbergbaus, S. 272.

45 Vgl. Hans-Hermann Hertle, Chronik des Mauerfalls, Die dramatischen Ereignisse um den 9. November 1989, 10. Auflage, Berlin 2006.

46 Zitiert nach: Diethard Mager, Wismut – die letzten Jahre des ostdeutschen Uranbergbaus, S. 273.

47 The Guardian vom 12. April 1991.

48 Zitiert nach: Jörg Roesler, Ostdeutsche Wirtschaft im Umbruch 1970–2000, Bonn 2003, S. 62.

49 Vgl. Günter Kusch, Rolf Montag, Günter Specht, Konrad Wetzker, Schlussbilanz – DDR. Fazit einer verfehlten Wirtschafts- und Sozialpolitik, Berlin 1991.
50 Vgl. Wismut GmbH (Hg.), Chronik der Wismut, S. 2552.
51 Vgl. ebd., S. 2554 f.

Die Sanierung (1991–2007)

1 Der Textabschnitt basiert hauptsächlich auf den von Dr. E. Krull zusammengestellten Fakten und Daten, in: Wismut GmbH (Hg.), Chronik der Wismut, S. 2552–2559.
2 Vgl. Diethard Mager, Das Wismut-Gesetz. Hintergründe, Zusammenhänge und erste Bilanz, in: Zeitschrift für Bürgerrecht, 4/1996.
3 Vgl. Wismut GmbH (Hg.), Chronik der Wismut, S. 2562 f.
4 Vgl. ebd., S. 2602.
5 Vgl. Michael Beleites, Altlast Wismut, S. 156 f.
6 Vgl. Entscheidung des Bundesverfassungsgerichts vom 2.12.1999, BVerfG, 1 BvR 1580/91, http://www.bverfg.de/entscheidungen/rk19991202_1bvr158091.html (1. 11. 2006), Strahlentelex Nr. 364-365/2002.
7 Vgl. Bundesministerium für Wirtschaft (Hg.), Wismut. Stand der Stilllegung, Bonn 1993.
8 Vgl. Wismut GmbH (Hg.), Chronik der Wismut, S. 2656.
9 Vgl. Bundesministerium für Wirtschaft (Hg.), Wismut. Stand der Stilllegung, S. 8.
10 Vgl. Wismut GmbH (Hg.), Chronik der Wismut, S. 2723.
11 Vgl. Andreas Vieten, Von Objekt 9 zum Sanierungsbetrieb Aue, in: Sächsische Heimatblätter, 5/1995, S. 281.
12 Vgl. Wismut GmbH (Hg.), Chronik der Wismut, S. 2671–2743.
13 Vgl. ebd., S. 2691 f.
14 Vgl. ebd., S. 2703.
15 Vgl. ebd., S. 2704.
16 Vgl. Michael Beleites, Altlast Wismut, S. 93 f.
17 Vgl. ebd., S. 77.
18 Vgl. Wismut GmbH (Hg.), Chronik der Wismut, S. 2733.
19 Vgl. ebd., S. 2741.
20 Vgl. Manfred Hagen, 15 Jahre Wismut GmbH. Ein Rückblick auf die erfolgreiche Sanierung der Hinterlassenschaften des Uranerzbergbaus in Sachsen und Thüringen, in: Tagungsband, 10. Bergmännische Tage in Bad Schlema, Chemnitz 2006, S. 26.
21 Vgl. Jochen Schreyer, Die Sanierung der sächsischen Wismut-Altstandorte, in: 10. Bergmännische Tage in Bad Schlema, Chemnitz 2006, S. 39.
22 Vgl. u. a.: Frank Lehmann u. a. (Hg.), Belastungen durch ionisierende Strahlung im Uranerzbergbau der ehemaligen DDR. Abschlussbericht zu einem Forschungsvorhaben, St. Augustin 1998; H. D. Bauer, Studie zur retrospektiven Analyse der Belastungssituation im Uranerzbergbau der ehemaligen SDAG Wismut mit Ausnahme der Strahlenbelastung für die Zeit von 1946 bis 1990, St. Augustin 2000; Joachim Feuerborn, Untersuchungen zum Verhalten inhalierter uranhaltiger Staubpartikel in Geweben von Bergarbeitern der SAG/SDAG Wismut, Dissertation, Universität Hamburg 2006.
23 Vgl. Joachim Breuer, Die sozialrechtlichen Folgen der Wismut, in: Die Berufsgenossenschaft, 1/1993, S. 13.

24 Vgl. Wismut GmbH (Hg.), Chronik der Wismut, S. 690.
25 Vgl. Michael Beleites, Altlast Wismut, S. 119.
26 Vgl. Tagungsbericht: Wismut – ein arbeitsmedizinischer Alptraum, in: Zentralblatt für Arbeitsmedizin 44/1994, S. 107.
27 Vgl. Deutscher Bundestag (Hg.), Drucksache 14/6271 vom 14.6.2001, Antwort der Bundesregierung auf die kleine Anfrage der Abgeordneten Dr. Ruth Fuchs, Eva-Maria Bulling-Schröter und der Fraktion der PDS.
28 Vgl. Bundesamt für Strahlenschutz (Hg.), Jahresbericht 2003, Salzgitter 2003.
29 Vgl. Michael Beleites, Altlast Wismut, S. 161 f.
30 Vgl. Deutscher Bundestag (Hg.), Drucksache 13/4522 vom 6.5.1996, Antwort der Bundesregierung auf die kleine Anfrage der Abgeordneten Werner Schulz (Berlin), Antje Hermenau, Steffi Lembke, Vera Lengsfeld und der Fraktion Bündnis 90/Die Grünen: Fortgang der Wismut-Sanierung.
31 Vgl. Tagungsbericht: Wismut – ein arbeitsmedizinischer Alptraum, in: Zentralblatt für Arbeitsmedizin 44/1994, S. 109.

Bilanz

1 Vgl. Rainer Karlsch, Der Aufbau der Uranindustrien in der SBZ/DDR und ČSR als Folge der sowjetischen »Uranlücke«, in: Zeitschrift für Geschichtswissenschaft, 1/1996.
2 Vgl. berechnet nach: Ministerium der Finanzen: Aufwand des Staatshaushaltes der DDR für die Wirtschaftstätigkeit der SDAG Wismut 1954 bis 1985, Juli 1986, Archiv der Wismut GmbH, GD/Geschäftsstelle Berlin, Nr. 37/2.
3 Vgl. Wismut GmbH (Hg.), Chronik der Wismut, S. 5.
4 Vgl. Wolfgang Horlamus, Die Kernenergiewirtschaft der DDR, S. 58.
5 Vgl. ebd.
6 Vgl. Dialog. Werkszeitschrift der Wismut GmbH, Nr. 28, Juli 2000, S. 19.
7 Zitiert nach: Manfred Hagen, 15 Jahre Wismut GmbH. Ein Rückblick auf die erfolgreiche Sanierung der Hinterlassenschaften des Uranerzbergbaus in Sachsen und Thüringen, in: Tagungsband, 10. Bergmännische Tage in Bad Schlema, Chemnitz 2006, S. 26.

Abkürzungsverzeichnis

AWG	Arbeiterwohnungsbaugenossenschaft
BfS	Bundesamt für Strahlenschutz
BMF	Bundesministerium der Finanzen
BMU	Bundesministerium für Umwelt, Naturschutz und Reaktorsicherheit
BMWi	Bundesministerium für Wirtschaft
BND	Bundesnachrichtendienst
DAF	Deutsche Arbeitsfront
DFA	Deutsche Fertigungs- und Anlagenbaugesellschaft
DSF	Gesellschaft für Deutsch-Sowjetische Freundschaft
EURATOM	Europäische Atomgemeinschaft
FDGB	Freier Deutscher Gewerkschaftsbund
FDJ	Freie Deutsche Jugend
GAU	Größter anzunehmender Unfall
GKO	Gosudarstvennyj Komitet Oborony, Staatliches Verteidigungskomitee
GRU	Glawnoje Raswedywatelnoje Uprawlenije, Hauptverwaltung für Aufklärung
GSSD	Gruppe der sowjetischen Streitkräfte in Deutschland
GST	Gesellschaft für Sport und Technik
HWA	Heereswaffenamt
KdT	Kammer der Technik
KVP	Kasernierte Volkspolizei
KWI	Kaiser-Wilhelm-Institut
MfS	Ministerium für Staatssicherheit
MGB	Ministerstvo Gosudarstvennoi Bezopasnosti, Ministerium für Staatssicherheit
NKWD	Narodny Kommissariat Wnutrennich Djel, Volkskommissariat für innere Angelegenheiten
NÖS	Neues Ökonomisches System der Planung und Leitung
NVA	Nationale Volksarmee
OKH	Oberkommando des Heeres
PTR	Physikalisch-Technische Reichsanstalt
RIAS	Rundfunk im Amerikanischen Sektor
RGW	Rat für gegenseitige Wirtschaftshilfe
RGWA	Russisches Staatliches Militärarchiv
SAAS	Staatliches Amt für Atomsicherheit und Strahlenschutz
SBZ	Sowjetische Besatzungszone
SDAG	Sowjetisch-Deutsche Aktiengesellschaft
SKK	Sowjetische Kontrollkommission
SMA	Sowjetische Militäradministration
SMAD	Sowjetische Militäradministration in Deutschland
SMT	Sowjetisches Militärtribunal
SPK	Staatliche Plankommission
VEB	Volkseigener Betrieb
WLM	Working Level Month, ›monatliches Arbeitspensum‹

Tabellen und Statistiken

Generaldirektoren der Wismut AG bzw. SDAG Wismut:

Michail M. Malzew	1947–1951
Walentin N. Bogatow	1952–1957
Wassilij A. Sobko	1957–1961
Semen N. Woloschtschuk	1961–1986
Horst Bellmann	1986–1990

Vorsitzende des Vorstandes der SDAG Wismut:

Fritz Selbmann	1954–1958
Robert Steinwand	1958–1959
Kurt Gregor	1959–1963
Erich Markowitsch	1963–1967
Horst Kaminsky	1967–1986
Nikolai Tschesnokow	1986–1990

Tabelle 1:
Die wichtigsten Wismut Bergbau- und Erkundungsobjekte 1946–1952

Objekt-Nr.	Lage und Lagerstätte	Betrieb	Gründung
1	Johanngeorgenstadt	Bergbau	1946
2	Oberschlema	Bergbau	1946
3	Schneeberg	Bergbau	1947
4	Annaberg	Bergbau	1947
5 (22)	Marienberg	Bergbau	1946
6 (25, 96, 49)	Döhlener Becken	Bergbau	1947
6 (25)	Vogtland	Bergbau	1949
7 (24)	Niederschlag-Bärenstein	Bergbau	1948
8 (23)	Breitenbrunn	Bergbau	1949
9 (21)	Niederschlag-Alberoda	Bergbau	1947
15 (26, 52)	Freiberg, Osterzgebirge	Bergbau	1947
21	Schneeberg/Schlema/Alberoda	Erkundung	1947
22	Marienberg	Erkundung	1947
23	Eibenstock	Erkundung	1947
24	Oberwiesenthal	Erkundung	1947
27	Nordthüringen, Sachsen-Anhalt	Erkundung	1949
28	Lausitz	Erkundung	1949
29 (47)	Aue-Lauter-Schwarzenberg	Erkundung	1950
30	Südthüringen	Erkundung	1950
41	Dittrichshütte, Schleusingen	Bergbau	1952
86	Thüringen (bis 1952)	Bergbau	?
90	Sorge-Culmitzsch, Ronneburg	Bergbau	1951
96	Freitaler Revier	Bergbau	1950

Zeitweise liefen die Lagerstätten unter alternativen Objektnummern, diese sind hier in Klammern angegeben.

Quelle: Wismut GmbH (Hg.), Chronik der Wismut, S. 28.

Tabelle 2:
Aufbereitungsbetriebe und ihre Technologien 1947–1990

Betrieb	Ort	Betriebs-zeitraum	1	2	3	4
Objekt 31	Legenfeld	1947–1961	x	x	x	x
Objekt 32	Tannenbergsthal	1946–1957		x	x	x
Objekt 96	Freital (Fabrik 93)	1949–1960		x		
Objekt 96	Gittersee (Fabrik 95)	1952–1962	x	x		
Objekt 98	Johanngeorgenstadt	1949–1956			x	x
Objekt 99	Oberschlema	1948–1957			x	x
Objekt 100	Aue	1947–1957	x	x		
Objekt 101	Crossen	1950–1989		x	x	x
Objekt 102	Seelingstädt	1961–1990	x	x		

Legende: Aufbereitungstechnologien
1 = sauer, 2 = sodaalkalisch, 3 = radiometrisch, 4 = gravitativ

Zusammengestellt nach: Wismut GmbH (Hg.), Chronik der Wismut, S. 453.

Tabelle 3:
Uranerzförderung der Wismut AG 1946–1953 (in t)

Jahr	Förderung	Jahr	Förderung
1946	17,2	1951	1674,6
1947	150,0	1952	2199,1
1948	321,0	1953	3093,9
1949	766,0		
1950	1224,1	Insgesamt	9445,9

Quelle: Archiv der Wismut GmbH, Büro GD, 6. Abt., Nr. 22/4, Bl. 4.

Tabelle 4:
Uranlieferungen der SDAG Wismut an die UdSSR 1954–1990
(in t, Zahlen gerundet)

1954–1955	8574	1976–1980	29686
1956–1960	26529	1981–1985	22892
1961–1965	32766	1986–1990	18845
1966–1970	33929		
1971–1975	33494	Insgesamt	206715

Quelle: Abschlussdokumentation über die Tätigkeit der SDAG, Chemnitz 1991, Unternehmensarchiv der Wismut GmbH.

Tabelle 5:
Uranproduktion 1946–1990 ausgewählter Länder (in 1000 t)

Land	Produktion
USA	334
Kanada	240
DDR	231
Südafrika	140
Frankreich	64

Quelle: Manfred Hagen, 15 Jahre Wismut GmbH. Ein Rückblick auf die erfolgreiche Sanierung der Hinterlassenschaften des Uranerzbergbaus in Sachsen und Thüringen, in: Tagungsband, 10. Bergmännische Tage in Bad Schlema, Chemnitz 2006, S. 11. Differenzen zwischen Förder- und Liefermengen ergeben sich aus späteren Nachberechnungen.

Tabelle 6:
Entwicklung des spezifischen Gesamtaufwandes der Uranproduktion der SDAG Wismut 1956–1985 (in M/kg Uran, Zahlen gerundet)

Jahr	Produktion
1956	301
1960	165
1966	142
1970	166

Jahr	Produktion
1975	155
1980	318
1985	393

Quelle: Abschlussdokumentation über die Tätigkeit der SDAG, Chemnitz 1991.

Tabelle 7:
Gesamtausgaben aus dem Staatshaushalt der DDR zur Finanzierung der SDAG Wismut 1954–1985 (in Mio. M, gerundet)

Zeitraum	direkte Finanzierung	indirekte Ausgaben	Summe
1954–1957	606	925	1531
1958–1960	563	752	1315
1961–1965	787	1252	2039
1966–1970	1517	1254	2771
1971–1975	1828	1315	3143
1976–1980	2718	1151	3869
1981–1985	1211	1425	2636
1954–1985	9230	8074	17304

Direkte Finanzierung:
1) Differenzausgleich Aufwand/Erlös, 2) Investitionsanteile der DDR, 3) Anteile an der geologischen Erkundung, 4) Kursverluste aus Rubelumrechnung, 5) sonstige direkte Aufwendungen (u. a. Bergschäden, Talonsystem)

Indirekte Aufwendungen:
1) Wohnungsbau, 2) Wasserwirtschaft und Verkehrswesen,
3) Renten und Versicherungen, 4) Berufsausbildung

Zahlen zusammengestellt nach: Archiv der Wismut GmbH, GD/Geschäftsstelle Berlin, Nr. 37/2, Aufwand des StHH der DDR für die Wirtschaftstätigkeit der SDAG Wismut 1954 bis 1985, MdF Juli 1986, sowie Büro GD, 6. Abt., Nr. 22/4, Bl. 4

Tabelle 8:
Anerkannte Berufskrankheiten 1952–1990

Jahre	Silikose	Bronchialkrebs	Überlastungs-schäden
1952–1960	2723	51	116
1961–1970	6123	840	1933
1971–1980	3661	2263	1785
1981–1990	2076	2121	1219
1952–1990	14592	5275	5053

Zahlen zusammengestellt nach: Wismut GmbH (Hg.), Chronik der Wismut, S. 690.

Tabelle 9:
Ausgangssituation der Sanierungsbetriebe der Wismut GmbH 1991/1992

Kennzahl	Aue	Königs-tein	Ronne-burg	See-lingstädt	Summe
Betriebsgröße (ha)	569,4	143,4	1670,7	1314,8	3698,3
Tagesschächte (Anzahl)	8	10	38	0	56
Halden					
– Fläche (ha)	342,3	37,9	604,4	533,1	1517,7
– Volumen (Mio. m^3)	47,4	4,5	187,8	72,0	311,5
Schlammteiche					
– Fläche (ha)	3,5	4,6	9,0	706,7	723,8
– Inhalt (Mio. m^3)	0,3	0,2	0,3	159,7	160,5
Grubengebäude					
– Ausdehnung (km^2)	30,7	7,1	74,0	0	112,2
– offene Länge (km)	240	112	1049	0	1395
Tagebaue					
– Fläche (ha)	0	0	160	0	160
– Volumen (Mio. m^3)	0	0	84	0	84

Quelle: Manfred Hagen, 15 Jahre Wismut GmbH, S. 12.

Quellen- und Literaturverzeichnis

Archive

Bundesrepublik Deutschland

A) Staatliche Archive
Bundesarchiv (BArch) Standorte Berlin-Lichterfelde, Hoppegarten und Koblenz.
Bundesbeauftragte für die Unterlagen des ehemaligen Staatssicherheitsdienstes der DDR (BStU).
Deutsches Museum München.
Institut für Zeitgeschichte München (IfZ).
Sächsisches Hauptstaatsarchiv (SÄHStA) Dresden und Außenstelle Chemnitz.

B) Unternehmensarchive
Wismut GmbH.

C) Stiftungen
Friedrich-Ebert-Stiftung Bonn (FES), Ostbüro der SPD.

D) Private Sammlungen und Nachlässe
Prof. Dr. Karl Aurand (Berlin).
Gotthard Bretschneider (Obercrinitz).
Mario Kaden (Annaberg).
Werner Schiffner (Aue).

Russland

Staatsarchiv der Russischen Föderation (GARF), Moskau.
Archiv des Atomministeriums der Russischen Föderation, Moskau.
Archiv der Militärstaatsanwaltschaft, Moskau.
Russisches Staatsarchiv für Wirtschaft (RGAE), Moskau.
Russisches Staatliches Militärarchiv (RGVA), Podolzk.

USA

Hoover Institution Archives (HIA), Stanford.
National Archives (NA), Washington.

Literatur

Uranbergbau und Atomindustrie

Abele, Johannes: »Wachhund des Atomzeitalters«. Geigerzähler in der Geschichte des Strahlenschutzes, Dissertation, TU München 1998.

Abschlussdokumentation über die Tätigkeit der SDAG Wismut, Chemnitz 1991.

Aurand, Karl; Schüttmann, Werner: Die Geschichte der Außenstelle Oberschlema des Kaiser-Wilhelm-Instituts für Biophysik, Frankfurt a.M./Salzgitter 1991.

Bauer, Hans-Dieter: Studie zur retrospektiven Analyse der Belastungssituation im Uranerzbergbau der ehemaligen SDAG Wismut mit Ausnahme der Strahlenbelastung für die Zeit von 1946 bis 1990, St. Augustin 2000.

Behounek, Franz: Über die Verhältnisse der Radioaktivität im Uranpecherzbergbaurevier von St. Joachimsthal in Böhmen, in: Physikalische Zeitschrift 28/1927.

Beleites, Michael: Pechblende – der Uranbergbau in der DDR und seine Folgen, Lutherstadt Wittenberg 1988.

Beleites, Michael: Untergrund. Ein Konflikt mit der Stasi in der Uran-Provinz, Berlin 1991.

Beleites, Michael: Altlast Wismut, Ausnahmezustand, Umweltkatastrophe und das Sanierungsproblem im deutschen Uranbergbau, Frankfurt a.M. 1992.

Beleites, Michael: Konspirative Abschirmung der Umweltschäden durch die SED-Führung und das Ministerium für Staatssicherheit und die Versuche zur Herstellung einer kritischen Öffentlichkeit, in: Materialien der Enquete-Kommission »Überwindung der Folgen der SED-Diktatur im Prozess der deutschen Einheit«, Bd. 3/2, Baden-Baden 1999.

Beyer, Klaus: Die sächsischen Uranlagerstätten aus bergmännischer Sicht, in: Sächsische Heimatblätter, Heft 5/1995.

Beyer, Klaus: Das Abbauverfahren Firstenstoßbau im westsächsischen Uranerzbergbau, in: Bergbau. Zeitschrift für Bergbau und Energiewirtschaft, 2–4/1996.

Beyer, Klaus: Arbeitsschutz und technische Sicherheit im erzgebirgischen Uranerzbergbau. Einige kritische Gedanken zu einem heißen Thema. Schriftenreihe des Museums Uranbergbau, Traditionsstätte des Sächsisch-Thüringischen Uranerzbergbaus, 7/2001.

Beyer, Klaus: Der Uranerzbergbau der SAG/SDAG Wismut im Raum Annaberg, Marienberg, Bärenstein-Niederschlag. Schriftenreihe des Museums Uranbergbau, Traditionsstätte des Sächsisch-Thüringischen Uranerzbergbaus, 14/2004.

Beyer, Klaus: Der westerzgebirgische Gangerzbergbau zu Wismut's Zeiten (1947–1990). Ein Überblick aus der Sicht des Betriebsingenieurs. Schriftenreihe des Museums Uranbergbau, Traditionsstätte des Sächsisch-Thüringischen Uranerzbergbaus, 6/2001.

Bundesamt für Strahlenschutz (Hg.): Jahresbericht 2003, Salzgitter 2003.

Bundesministerium für Wirtschaft (Hg.): Wismut. Stand der Stilllegung, Bonn 1993.

Bretschneider, Gotthard: Kein Schutz vor Willkür? Zur Arbeit der Gewerkschaften in der SAG Wismut 1946–1953. Schriftenreihe des Museums Uranbergbau, Traditionsstätte des Sächsisch-Thüringischen Uranerzbergbaus, 1/1997.

Bretschneider, Gotthard: Warum entstand die SAG/SDAG Wismut? Beginn und

Ende eines Phänomens des »Kalten Krieges«. Schriftenreihe des Museums Uranbergbau, Traditionsstätte des Sächsisch-Thüringischen Uranerzbergbaus, 4/1999.
Bretschneider, Gotthard: Kultur in der Wismut. Schriftenreihe des Museums Uranbergbau, Traditionsstätte des Sächsisch-Thüringischen Uranerzbergbaus, 9/2003.
Breuer, Joachim: Die sozialrechtlichen Folgen der Wismut, in: Die Berufsgenossenschaft, 1/1993.
Brüske-Hohlfeld, I.; Möhner, M.; Wichmann, H. E.: Abschlussbericht zum Forschungsvorhaben »Stichprobenerhebung und Auswertung von Personaldaten der Wismut« für den Hauptverband der Gewerblichen Berufsgenossenschaften e.V., GSF-Bericht 17/95, Neuherberg 1995.
Caufield, Catherine: Das strahlende Zeitalter. Von der Entdeckung der Röntgenstrahlen bis Tschernobyl, München 1994.
Der Uranbergbau in der Sowjetzone, herausgegeben vom Vorstand der SPD, Denkschriften Nr. 27, Hannover/Bonn o.J. [1950].
Deutscher Bundestag (Hg.): Drucksache 13/4522 vom 6.5.1996, Antwort der Bundesregierung auf die kleine Anfrage der Abgeordneten Werner Schulz (Berlin), Antje Hermenau, Steffi Lembke, Vera Lengsfeld und der Fraktion Bündnis 90/Die Grünen, Fortgang der Wismut-Sanierung.
Deutscher Bundestag (Hg.): Drucksache 14/6271 vom 14.6.2001, Antwort der Bundesregierung auf die kleine Anfrage der Abgeordneten Dr. Ruth Fuchs, Eva-Maria Bulling-Schröter und der Fraktion der PDS.
Dietel, Rudolf: Johanngeorgenstadt. Eine Kurzfassung über den Verlauf des Uranerzbergbaus der SAG/SDAG Wismut westlich des Schwarzwassers in den Jahren von 1946 bis 1958. Schriftenreihe des Museums Uranbergbau, Traditionsstätte des Sächsisch-Thüringischen Uranerzbergbaus, 11/2004.
Eigenwillig, Gerd G.; Ettenhuber, Eckhard (Hg.): Strahlenexposition und Strahleninduzierte Berufskrankheiten im Uranbergbau am Beispiel Wismut, Köln 2000.
Elsner, Gine; Karbe, Karl-Heinz: Von Jáchymov nach Haigerloch. Der Weg des Urans für die Bombe, Hamburg 1999.
Engeln, Ralf: Die industriellen Beziehungen im Uranbergbau der SAG Wismut, in: Karlsch, Rainer; Schröter, Harm (Hg.): »Strahlende Vergangenheit«. Studien zur Geschichte des Uranbergbaus der Wismut, St. Katharinen 1996.
Engeln, Ralf: Uransklaven oder Sonnensucher? Die Sowjetische AG Wismut in der SBZ/DDR 1946–1953, Essen 2001.
Feuerborn, Joachim: Untersuchungen zum Verhalten inhalierter uranhaltiger Staubpartikel in Geweben von Bergarbeitern der SAG/SDAG Wismut, Dissertation, Universität Hamburg 2006.
Feirer, Karl; Hiller, Axel: Zur Entwicklung des ostdeutschen Uranbergbaus bis 1960, in: Sächsische Heimatblätter, 5/1995.
Fillippovych, Dmitrij N.; Zacharov, Vladimir V.: Deutsches Uran für die sowjetische Atombombe, in: Der Anschnitt. Zeitschrift für Kunst und Kultur im Bergbau, 2–3/1998.
Frame, Paul W.: Radioactive curative devices and spas, Oak Rigde Newspaper, 5. November 1989.
Friedrich, Ulrike: Die Außenstelle des KWI für Biophysik (Frankfurt a.M.) im Radonbad Oberschlema. Dissertation, Freie Universität Berlin 1997.
Fuchsloch, Norman: Forschungen zur Uranprospektion an der Bergakademie Freiberg im Auftrag der Sowjetunion, in: Der Anschnitt. Zeitschrift für Kunst und Kultur im Bergbau, 2–3/1998.

Grishin, Nikolai: The Saxony uranium mining operation (»Vismut«), in: Slusser, Robert (Hg.): Soviet economic policy in postwar Germany. A collection of papers by former officials, New York 1953.
Hagen, Manfred: 15 Jahre Wismut GmbH. Ein Rückblick auf die erfolgreiche Sanierung der Hinterlassenschaften des Uranerzbergbaus in Sachsen und Thüringen, in: Tagungsband, 10. Bergmännsche Tage in Bad Schlema, Chemnitz 2006.
Hartmann, Thomas (Hg.): Tschernobyl und die DDR: Fakten und Verschleierungen – Auswirkungen bis heute?, Magdeburg 2003.
Heitschmidt, Traci: The quest for uranium. The Soviet uranium mining industry in East Germany 1945–1967, Dissertation, University of California, Santa Barbara 2003.
Helmreich, Jonathan E.: Gathering rare ores. The diplomacy of uranium acquisition 1939–1954, Princeton 1986.
Helmstädter, Axel: Geschichte der Radiumschwachtherapie. Radioaktivität – die pure Lebenskraft?, in: Schweizerische Ärztezeitung, 20/2006.
Hildebrandt, Hans-Jürgen: Die Kernenergie im System der Elektrizitätsversorgung der DDR, in: Energietechnik, April 1957.
Jehles, Ursula: Der Bergbau im Erzgebirge und die Arbeitsmedizin, Erlangen 1961.
Jentsch, Frieder: Begegnungen mit einem Giganten, in: Verein zur Förderung, Bewahrung und Erforschung der Traditionen des sächsisch-thüringischen Uranbergbaus e.V. (Hg.): Ans Licht gebracht. Begegnungen und Erinnerungen, Chemnitz 1998.
Kaden, Mario: Wismut – die »wilde« Zeit. Beiträge zur Geschichte des Landkreises Annaberg, Annaberg 1994.
Kaden, Mario: Kriminalität, Polizei-, Justiz- und Sicherheitsapparat in der »Uranprovinz« 1946 bis 1958, in: Karlsch, Rainer; Schröter, Harm (Hg.): »Strahlende Vergangenheit«. Studien zur Geschichte des Uranbergbaus der Wismut, St. Katharinen 1996.
Kaden, Mario: Auswertung von Zeitzeugenbefragungen, Manuskript, Annaberg 1999.
Kaden, Mario: Uranprovinz. Zeitzeugen der Wismut erinnern sich, Marienberg 2000.
Karlsch, Rainer: Ungleiche Partner – Die vertraglichen Grundlagen des Uranbergbaus und der Verrechnung der Uranerzlieferungen, in: Karlsch, Rainer; Schröter, Harm (Hg.): »Strahlende Vergangenheit«. Studien zur Geschichte des Uranbergbaus der Wismut, St. Katharinen 1996.
Karlsch, Rainer: Der Aufbau der Uranindustrien in der SBZ/DDR und ČSR als Folge der sowjetischen »Uranlücke«, in: Zeitschrift für Geschichtswissenschaft, 1/1996.
Karlsch, Rainer: »Der Erzbergbau ist keine Puppenstube«. Unfälle bei der Wismut AG, Berlin 1998.
Karlsch, Rainer: Der Uranwettlauf 1939 bis 1949, in: Der Anschnitt. Zeitschrift für Kunst und Kultur im Bergbau, 2–3/1998.
Karlsch, Rainer; Zakharov, Vladimir: Ein Gulag im Erzgebirge? Besatzer und Besiegte beim Aufbau der Wismut AG, in: Deutschland-Archiv, 1/1999.
Kramer, Mark: Documenting the early Soviet nuclear weapons program, in: Bulletin of the Cold War International History Project, 6–7/1995.
Kruglow, A. K.; Petrossjanz, A. M: Erste Forschungsinstitute, Konstruktionsbüros und Projektierungsorganisationen, die an der Entwicklung der Atomindustrie gearbeitet haben, in: Kruglow, A. K.; Ministerium der Russischen

Föderation für Atomenergie (Hg.): Die Entwicklung der ersten sowjetischen Atombombe, Moskau 1995 (deutsche Arbeitsübersetzung).
Lehmann, Frank u. a. (Hg.): Belastungen durch ionisierende Strahlung im Uranerzbergbau der ehemaligen DDR. Abschlussbericht zu einem Forschungsvorhaben, St. Augustin 1998.
Lorenz, Egon: Radioactivity and lung cancer. A critical review of lung cancer in the mines of Schneeberg and Joachimsthal, in: Journal of the National Cancer Institute, 5/1944.
Löwy, Julius: Über die Joachimsthaler Bergkrankheit (Vorläufige Mitteilung), in: Medizinische Klinik, 25/1929.
Mager, Diethard: Wismut – die letzten Jahre des ostdeutschen Uranbergbaus, in: Kuhrt, Eberhard (Hg.): Am Ende des realen Sozialismus. Beiträge zu einer Bestandsaufnahme der DDR-Wirklichkeit in den 80er Jahren, Bd. 2, Opladen 1996.
Mager, Diethard: Das Wismut-Gesetz. Hintergründe, Zusammenhänge und erste Bilanz, in: Zeitschrift für Bürgerrecht, 4/1996.
Martignoni, K.: Epidemiologische Studien im Rahmen des Projektes »Altlastenkataster«, in: Bundesamt für Strahlenschutz (Hg.): 2. Biophysikalische Arbeitstagung in Schlema, Berlin 1992.
Müller, Wolfgang D.: Geschichte der Kernenergiewirtschaft in der Bundesrepublik Deutschland, Bd. 1, Stuttgart 1990, Bd. 2, Stuttgart 1996.
Neubert, Werner: Die Aufbereitung der sächsischen Uranerze, in: Sächsische Heimatblätter, 5/1995.
Paul, Reimar: Das Wismut-Erbe. Geschichte und Folgen des Uranbergbaus in Thüringen und Sachsen, Göttingen 1991.
Peterson, Heinrich: Zur Geschichte der Glasfarben-Erzeugung in Joachimsthal, Wien 1894.
von Philipsborn, Henning; Geipel, Rudolf: Uranfarben, Urangläser, Uranglasuren, Ausstellungskatalog des Bergbau- und Industriemuseums, Theuern 2005.
Picugin, Vladimir: Aus der Geschichte des sowjetischen Atomprojektes, in: Karlsch, Rainer; Schröter, Harm (Hg.): »Strahlende Vergangenheit«. Studien zur Geschichte des Uranbergbaus der Wismut, St. Katharinen 1996.
Pflugbeil, Sebastian: Tschernobyl und die DDR – zwischen staatlicher Leugnung und Bürgerbewegung, in: Hartmann, Thomas (Hg.): Tschernobyl und die DDR, Magdeburg 2003.
Port, Andrew: Mates in agents clothing. The Wismut upheaval of August 1951, in: German History 1/1998.
Potratz, Rainer: Zur Entfernung »deklassierter Elemente«. Die Ausweisungen aus den Uranbergbaukreisen 1952–54, in: Karlsch, Rainer; Schröter, Harm (Hg.): »Strahlende Vergangenheit«, St. Katharinen 1996.
Ranyuk, Yurij: Who invented the atomic bomb? in: World of Physics, 3/1999.
Riehl, Nikolaus: Zehn Jahre im goldenen Käfig. Erlebnisse beim Aufbau der sowjetischen Uran-Industrie, Stuttgart 1988.
Rjabew, Lew D. (Hg.), Atomni Projekt w SSSR. Dokumenty i materialy, T. 1: 1938–1945. W 2. Tschast 2. (Das Atomprojekt der UdSSR. Dokumente und Materialien, Bd. 1: 1938–1945, zweiter Halbband), Moskau 2002.
Reichert, Mike: Zusammenhänge zwischen früher Kernenergieplanung und Ansätzen zur Lösung der Brennstoffproblematik, in: Karlsch, Rainer; Schröter, Harm (Hg.): »Strahlende Vergangenheit«, Studien zur Geschichte des Uranbergbaus der Wismut, St. Katharinen 1996.
Reichert, Mike: Kernenergiewirtschaft in der DDR. Entwicklungsbedingungen,

konzeptioneller Anspruch und Realisierungsgrad (1955–1990), St. Katharinen 1999.
Ringholz, Raye C.: Uranium frenzy. Boom and bust on the Colorado plateau, New York 1989.
Roeling, Rob: Arbeiter im Uranbergbau, in: Karlsch, Rainer; Schröter, Harm (Hg.): »Strahlende Vergangenheit«, Studien zur Geschichte des Uranbergbaus der Wismut, St. Katharinen 1996.
Roth, Heidi; Diedrich, Torsten: »Wir sind Kumpel – uns kann keiner«. Der 17. Juni 1953 in der SAG Wismut, in: Karlsch, Rainer; Schröter, Harm (Hg.): »Strahlende Vergangenheit«, Studien zur Geschichte des Uranbergbaus der Wismut, St. Katharinen 1996.
Schiffner, Werner: Agricola und die Wismut. Ein Zeitbogen vom Bergkgeschrey auf Sylber zum Berggetöse ums Uran im Erzgebirge, Leipzig 1994.
Schreiber, R.: St. Joachimsthal, die Stadt der Radioaktivität, in: Bericht der Oberhessischen Gesellschaft für Natur- und Heilkunde, Neue Folge: Naturwissenschaftliche Abteilung, Bd. 32, Gießen 1962.
Schröder, Boris: Zur Geschichte der Uranproduktion im sächsischen Raum, in: Sächsische Heimatblätter, Heft 5/1995.
Schröter, Harm: Die Wismut, der Umweltschutz und ein zentrales Dokument, in: Karlsch, Rainer; Schröter, Harm (Hg.): »Strahlende Vergangenheit«, Studien zur Geschichte des Uranbergbaus der Wismut, St. Katharinen 1996.
Schüttmann, Werner: Die Geschichte des »Schneeberger Lungenkrebses«, in: Der Anschnitt. Zeitschrift für Kunst und Kultur im Bergbau, 2–3/1998.
Schüttmann, Werner; Aurand, Karl: Die Geschichte der Außenstelle Oberschlema des Kaiser-Wilhelm-Instituts für Biophysik Frankfurt a. M. Schriftenreihe des Bundesamtes für Strahlenschutz, Salzgitter 1991.
Schwanitz, Wolfgang W.: Wasser, Uran und Paktfreiheit? Zur Geschichte der Beziehungen zwischen dem Sudan und der DDR (1955–1970), in: Schwanitz, Wolfgang W. (Hg.): Jenseits der Legenden. Araber. Juden. Deutsche, Berlin 1994.
SDAG Wismut (Hg.): Seilfahrt. Auf den Spuren des sächsischen Uranerzbergbaus, Haltern 1990.
Seelig, Rolf: Gesundheitliche Folgen des Uranbergbaus, in: Karlsch, Rainer; Schröter, Harm (Hg.): »Strahlende Vergangenheit«, Studien zur Geschichte des Uranbergbaus der Wismut, St. Katharinen 1996.
Stute, Silvio: Zur Geschichte des Bergbaubetriebes »Willi Agatz«, www.doehlenerbecken.de/bergbau/agatz.html (1.11.2006).
Tagungsbericht: Wismut – ein arbeitsmedizinischer Alptraum, in: Zentralblatt für Arbeitsmedizin, 44/1994.
Titzmann, Oliver: Uranbergbau contra Radiumbad. Die Auswirkungen des Uranbergbaus der SAG Wismut auf die Gemeinde Radiumbad Oberschlema (1946–1955), Schlema 2003.
The secret mines of Russia's Germany, in: Life, 29/1950.
Tschesnokow, Nikolai I.: Sozdanije i razwitije uranodobywajuschtschei promyschlennosti w stranach wostotschnoi ewropje, (Aufbau und Entwicklung der Uranindustrie in den Ländern Osteuropas), Moskau 1998.
Vieten, Andreas: Von Objekt 9 zum Sanierungsbetrieb Aue, in: Sächsische Heimatblätter, 5/1995.
Wächtler, Eberhard; Wagenbreth, Ottfried: Bergbau im Erzgebirge. Technische Denkmale und Geschichte, Leipzig 1990.
Wetrow, W. I.: Bildung von Betrieben für die Gewinnung und Aufbereitung von Uranerz, in: Kruglow, A. K.; Ministerium der Russischen Föderation für

Atomenergie (Hg.): Die Entwicklung der ersten sowjetischen Atombombe, Moskau 1995 (deutsche Arbeitsübersetzung).
Wismut GmbH (Hg.): Chronik der Wismut, CD-ROM, Chemnitz 2011.
Zeman, Zbynek: Der tschechoslowakisch-sowjetische Uranvertrag vom 23. November 1945, in: Karlsch, Rainer; Schröter, Harm (Hg.): »Strahlende Vergangenheit«, Studien zur Geschichte des Uranbergbaus der Wismut, St. Katharinen 1996.

Zeitgeschichte allgemein

Abelshauser, Werner: Der Ruhrkohlenbergbau seit 1945, Wiederaufbau, Krise, Anpassung, München 1984.
Albrecht, Ulrich; Heinemann-Grüder, Andreas; Wellmann, Arnd: Die Spezialisten. Deutsche Naturwissenschaftler und Techniker in der Sowjetunion nach 1945, Berlin 1992.
Andrew, Christopher; Mitrochin, Wassili: Das Schwarzbuch des KGB. Moskaus Kampf gegen den Westen, Berlin 1999.
von Ardenne, Manfred: Sechzig Jahre für Forschung und Fortschritt, Berlin 1987.
Badstübner, Rolf; Loth, Wilfried (Hg.): Wilhelm Pieck – Aufzeichnungen zur Deutschlandpolitik 1945–1953, Berlin 1994.
Buchler, Walter (Hg.): Dreihundert Jahre Buchler. Die Unternehmen einer Familie 1651–1958, München 1958.
Buschfort, Werner: Parteien im Kalten Krieg. Die Ostbüros von SPD, CDU und FDP, Berlin 2000.
Conquest, Robert: Der große Terror. Sowjetunion 1934–1938, München 1992.
Erler, Peter: Zur Tätigkeit der Sowjetischen Militärtribunale (SMT) in der SBZ/DDR, in: Mironenko, Sergej; Niethammer, Lutz; von Plato, Alexander (Hg.): Sowjetische Speziallager in Deutschland, Bd. 1, Berlin 1998.
Foitzik, Jan: Inventar der Befehle des Obersten Chefs der Sowjetischen Militäradministration in Deutschland (SMAD) 1945–1949, München 1995.
Foitzik, Jan: Sowjetische Militäradministration in Deutschland (SMAD) 1945–1949. Struktur und Funktion, Berlin 1999.
Frank, Mario: Walter Ulbricht. Eine deutsche Biographie, Berlin 2001.
Fricke, Karl Wilhelm: Organisation und Tätigkeit der DDR-Nachrichtendienste, in: Krieger, Wolfgang; Weber, Jürgen (Hg.): Spionage für den Frieden? Nachrichtendienste in Deutschland während des Kalten Krieges, München 1997.
Gebietsleitung Wismut der SED, Kommission zur Erforschung der Geschichte der örtlichen Arbeiterbewegung (Hg.): Zur Geschichte der Gebietsparteiorganisation Wismut der SED, Chemnitz 1988.
Golovin, Igor N.: »Beeilt Euch, Genossen!«. Stalins Atombombenprogramm, in: Informationsdienst Wissenschaft und Frieden, 2/1995, www.uni-muenster.de/PeaCon/wuf/wf-95/9521201m.htm (1.11.2006).
Halder, Winfried: Modell für Deutschland? Wirtschaftspolitik in Sachsen 1945–1948, Paderborn 2001.
Heinemann-Grüder, Andreas: Die sowjetische Atombombe, Münster 1992.
Henke, Klaus-Dietmar: Die amerikanische Besetzung Deutschlands, München 1995.
Herken, Gregg: The winning weapon. The atomic bomb in the Cold War 1945–1950, New York 1980.
Hertle, Hans-Hermann: Chronik des Mauerfalls, Die dramatischen Ereignisse um den 9. November 1989, 12. Auflage, Berlin 2009.

Heym, Stefan: Schwarzenberg, Frankfurt a.M. 1984.
Hinsley, Francis H. u.a. (Hg.): British intelligence in the Second World War. Its influence on strategy and operations, Bd. 3, London 1988.
Hoffmann, Dieter (Hg.): Operation Epsilon. Die Farm-Hall-Protokolle oder die Angst der Alliierten vor der deutschen Atombombe, Berlin 1993.
Holloway, David: Stalin and the bomb. The Soviet Union and atomic energy 1939–1956, New Haven/London 1994.
Horlamus, Wolfgang: Die Kernenergiewirtschaft der DDR. Von ihren Anfängen bis zur Abschaltung der Reaktoren im Kernkraftwerk Nord, Berlin 1994.
Jacobsen, Wolfgang; Aurich, Rolf: Der Sonnensucher. Konrad Wolf. Biographie, Berlin 2005.
Jahn, Manfred: Vertriebene Deutsche als attraktive Zielgruppe der Arbeitskräftelenkung in den Uranbergbau, in: Der Anschnitt. Zeitschrift für Kunst und Kultur im Bergbau, 2–3/1998.
Karlsch, Rainer: Allein bezahlt? Die Reparationsleistungen der SBZ/DDR 1945–1953, Berlin 1993.
Karlsch, Rainer: Umfang und Struktur der Reparationsentnahmen aus der SBZ/DDR 1945–1953. Stand und Probleme der Forschung, in: Buchheim, Christoph (Hg.): Wirtschaftliche Folgelasten des Krieges in der SBZ/DDR, Baden-Baden 1995.
Karlsch, Rainer: Wirtschaftliche Belastungen durch bewaffnete Organe, in: Materialien der Enquete-Kommission »Überwindung der Folgen der SED-Diktatur im Prozess der deutschen Einheit«, Bd. 3/2, Baden-Baden 1999.
Karlsch, Rainer: Hitlers Bombe, München 2005.
Knyschweskij, Pavel N.: Moskaus Beute. Wie Vermögen, Kulturgüter und Intelligenz nach 1945 aus Deutschland geraubt wurden, München 1995.
Köhler, Heinz: Economic integration in the Soviet bloc, New York/Washington/London 1965.
Kornai, János: Das sozialistische System. Die politische Ökonomie des Kommunismus, Baden-Baden 1995.
Kowalczuk, Ilko-Sascha; Mitter, Armin; Wolle, Stefan (Hg.): Der Tag X – 17. Juni 1953. Die »Innere Staatsgründung« der DDR als Ergebnis der Krise 1952/53, Berlin 1995.
Krakat, Klaus: Kombinate, in: Lexikon des DDR-Sozialismus, Paderborn/München/Wien, Zürich 1996.
Kusch, Günter; Montag, Rolf; Specht, Günter; Wetzker, Konrad: Schlussbilanz – DDR. Fazit einer verfehlten Wirtschafts- und Sozialpolitik, Berlin 1991.
Laufer, Jochen: Die UdSSR und die Zonenteilung Deutschlands (1943/44), in: Zeitschrift für Geschichtswissenschaft, 4/1995.
Laufer, Jochen: Politik und Bilanz der sowjetischen Demontagen in der SBZ/DDR 1945–1950, in: Karlsch, Rainer; Laufen, Jochen (Hg.): Sowjetische Demontagen in Deutschland 1944–1949. Hintergründe, Ziele und Wirkungen, Berlin 2002.
Lota, Wladimir: GRU i atomnaja Bomba (GRU und die Atombombe), Moskau 2002.
Mai, Gunther: Der Alliierte Kontrollrat in Deutschland 1945–1948. Alliierte Einheit – deutsche Teilung?, München 1995.
Merseburger, Peter: Der schwierige Deutsche. Kurt Schumacher, Stuttgart 1995.
Müller-Enbergs, Helmut; Wielgohs, Jan; Hoffmann, Dieter; Herbst, Andreas; Kirschey-Feix, Ingrid; Reimann, Olaf W. (Hg.): Wer war wer in der DDR? Ein Lexikon ostdeutscher Biographien, 2 Bd., 5. Auflage, Berlin 2010.

Naimark, Norman M.: Die Russen in Deutschland. Die Sowjetische Besatzungszone 1945–1949, Berlin 1997.
Naimark, Noman M.: The Russians in Germany, Cambridge/London 1995.
Potthoff, Heinrich: Die Koalition der Vernunft. Deutschlandpolitik in den 80er Jahren, München 1995.
Prieß, Lutz u. a. (Hg.): Die SED und der »Prager Frühling« 1968: Politik gegen einen »Sozialismus mit menschlichem Antlitz«, Berlin 1996.
Radó, Sándor: Deckname Dora, Stuttgart 1971.
Radó, Sándor: Dora meldet, Ost-Berlin 1974.
Roesler, Jörg: Momente deutsch-deutscher Wirtschafts- und Sozialgeschichte 1945 bis 1990. Eine Analyse auf gleicher Augenhöhe, Leipzig 2006.
Roesler, Jörg: Ostdeutsche Wirtschaft im Umbruch 1970–2000, Bonn 2003.
Roth, Heidi: Der 17. Juni 1953 in Sachsen, Köln 1999.
Satjukow, Silke; Gries, Rainer (Hg.): Sozialistische Helden. Eine Kulturgeschichte von Propagandafiguren in Osteuropa und der DDR, Berlin 2002.
Schirdewan, Karl: Aufstand gegen Ulbricht, Berlin 1994.
Schröter, Harm: Ölkrisen und Reaktionen in der chemischen Industrie beider deutscher Staaten. Ein Beitrag zur Erklärung wirtschaftlicher Leistungsdifferenzen, in: Bähr, Johannes; Petzina, Dietmar (Hg.): Innovationsverhalten und Entscheidungsstrukturen, Berlin 1996.
Sieber, Günter: Ustinow tobte, Gorbatschow schwieg, in: Zimmermann, Brigitte; Schütt, Hans Dieter (Hg.): ohnMacht. DDR-Funktionäre sagen aus, Berlin 1992.
Sowjetische Enzyklopädie, Moskau 1986.
Sudoplatow, Pawel A.: Special tasks, Boston 1994.
Statistisches Jahrbuch der DDR, Berlin lfd. Jahre.
Steiner, André: Von Plan zu Plan. Eine Wirtschaftsgeschichte der DDR, München 2005.
Zubok, Vladislav; Pleshakov, Constantine: Inside the Kremlin's Cold War, Cambridge 1996.

Bildnachweis

Die Mehrzahl der Abbildungen stammt aus dem Archiv der Wismut GmbH, für deren Unterstützung wir herzlich danken (S. 17, 58, 65, 79, 91, 97, 103, 119, 125, 129, 133, 141, 151, 157, 164, 165, 169, 172, 175, 183, 197, 200, 205, 209, 214, 215, 223, 225, 226, 227, 230). Darüber hinaus stellte das Diamo-Archiv Pribram drei Fotos zur Verfügung (S. 11 o., 19), vier Abbildungen stammen aus dem Museum Schlema (S. 11 u., 13, 25), fünf aus dem Archiv von Mario Kaden (S. 49, 51, 67, 71, 85), eine vom Verein Altbergbau Frohnau (S. 73), eine aus dem DEFA-Archiv (S. 143), eine von Sabine Levinger (Frankfurter Allgemeine Zeitung, S. 8) und elf Abbildungen stellte der Autor aus seinem Archiv bereit (S. 18, 29, 32, 34, 44, 87, 93, 111, 189, 193, 195).

Ortsregister

Personenregister

Angaben zum Autor und Danksagung

Rainer Karlsch

Dr. oec., Studium der Wirtschaftsgeschichte an der Humboldt-Universität zu Berlin, 1983–1991 und 1995–2000 wissenschaftlicher Mitarbeiter am Lehrstuhl für Wirtschafts- und Sozialgeschichte der Humboldt-Universität zu Berlin, 1992–1994 Historische Kommission Berlin, 2000–2001 Freie Universität Berlin, 2001–2004 Privatinstitut für angewandte Demographie; seitdem Arbeit als freier Publizist mit den Forschungsschwerpunkten Wirtschafts- und Unternehmensgeschichte sowie Zeitgeschichte; 1996 Erster Preis der Stinnes-Stiftung für Studien zu den Reparationsleistungen der SBZ/DDR.

Wichtigste Publikationen: *Allein bezahlt? Die Reparationsleistungen der SBZ/DDR 1945–1953,* Ch. Links Verlag, Berlin 1993; *Urangeheimnisse. Das Erzgebirge im Brennpunkt der Weltpolitik* (mit Zbynek Zeman), Ch. Links Verlag, Berlin 2002; *Faktor Öl. Die Mineralölwirtschaft in Deutschland 1859–1974,* C.H. Beck Verlag, München 2003; *Hitlers Bombe,* DVA, München 2005; *Wirtschaftsgeschichte Sachsens im Industriezeitalter,* Edition Leipzig, Leipzig 2006.

Dank

Von ehemaligen Bergleuten, Traditionsvereinen, Historikerkollegen und Freunden erhielt ich zahlreiche wertvolle Hinweise und Kommentare zum Manuskript. Ihnen allen sei herzlich gedankt. Mein Dank gilt insbesondere Wladimir Sacharow, Zbynek Zeman, Matthias Uhl, Manfred Hagen, Rudolf Daenecke, Gotthard Bretschneider, Rainer Kohlisch, Jürgen Ziller, Mario Kaden und Christoph Links.

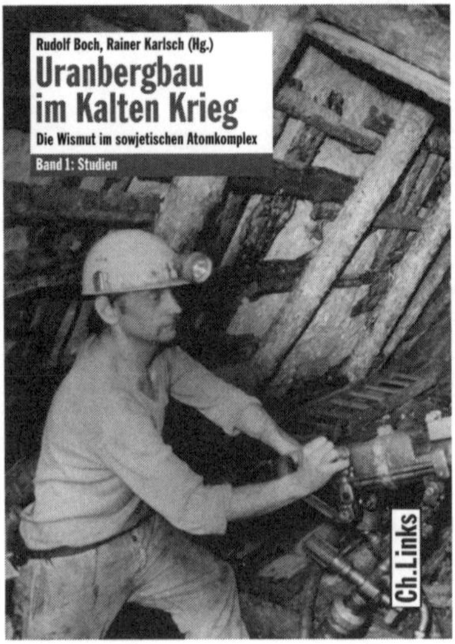

Band 1: Studien
720 Seiten
30 Abbildungen
Festeinband mit
Schutzumschlag
ISBN 978-3-86153-653-6
39,90€ (D); 41,40€ (A);
53,90 sFr (UVP)

Band 2: Dokumente
400 Seiten
20 Abbildungen
Festeinband mit
Schutzumschlag
ISBN 978-3-86153-654-3
34,90€ (D); 35,90€ (A);
47,90 sFr (UVP)